中國學術思想 研究輯刊

十二編

林慶彰 主編

第 **17** 冊

先秦諸子之人格類型論（下）

王季香 著

花木蘭文化出版社

國家圖書館出版品預行編目資料

先秦諸子之人格類型論（下）／王季香 著 — 初版 — 新北市：
花木蘭文化出版社，2011〔民100〕
目 8+208 面；19×26 公分
（中國學術思想研究輯刊 十二編；第 17 冊）
ISBN：978-986-254-658-1（精裝）
1. 先秦哲學　2. 人格類型
030.8　　　　　　　　　　　　　　　　100015773

ISBN-978-986-254-658-1

9 789862 546581

中國學術思想研究輯刊
十二編　第十七冊　　　　　　　ISBN：978-986-254-658-1

先秦諸子之人格類型論（下）

作　　　者　王季香
主　　　編　林慶彰
總 編 輯　杜潔祥
出　　　版　花木蘭文化出版社
發 行 所　花木蘭文化出版社
發 行 人　高小娟
聯絡地址　新北市永和區中正路五九五號七樓
　　　　　電話：02-2923-1455 ／傳眞：02-2923-1452
網　　　址　http://www.huamulan.tw 信箱 sut81518@gmail.com
印　　　刷　普羅文化出版廣告事業
封面設計　劉開工作室
初　　　版　2011 年 9 月
定　　　價　十二編 55 冊（精裝）新台幣 90,000 元

先秦諸子之人格類型論（下）

王季香　著

目

次

第六章　依政治事功區分的人格類型

　　先秦諸子雖各有其政治思想，然而以政治事功做爲立論的主軸並以恢復國家秩序爲優先的思想家，莫過於墨子和韓非子。由他們標名註記留下來的文獻資料看來，兩者都有一個共同的姿態，就是「非儒」。《墨子》有〈非儒〉篇，《韓非子》有〈五蠹〉篇，都對儒家學說大肆批駁。如墨子認爲儒者「不事生產、法古、詐爲」，甚至譏評孔子爲一「用權術以亂別國」的縱橫家。[註1] 謂其「勞思盡知以行邪」、「其道不可以期世，其學不可以導眾」（〈非儒〉）。在〈公孟〉篇，墨子更說「儒之道足以喪天下」。而韓非說儒者之學是愚誣之學，並指斥儒者爲「以文亂法」、虛談無用、無益於世的「蠹者」。兩者的論點和目的雖然不盡相同，但他們對當時政治脫序的亂象都有深切的省思，意圖藉由政治的力量改變社會亂象和國家失序以「備世之急」（《莊子・天下》）的義理方向則無異致。

　　上述的觀點反映在對人的看法上，都反對儒家的道德人格概念，也顚覆儒家賢能觀，而改由「政治事功」去界定人格內涵，比較偏就才能的特質表現。是故由他們的文本所反映出來的人格類型，雖也有聖人、聖王、仁人、君子、士等名稱，內涵卻與儒家大有不同。以下分由思想家與時代所交響出來的人格形象和思想型態說起，再分析說明兩者對人格類型的分判和內涵。

第一節　《墨子》的人格類型

　　墨子的學說雖號稱「十務」，同時根據各國不同的情況提出不同的治國方

〔註1〕 參見勞思光《中國哲學史》第一冊第五章〈墨子與墨辯〉（香港：崇基，1980），頁 248～52。

略，其中最響亮並衝擊儒家的是「兼愛非攻」說。然而墨子認爲國家若要撥
亂反治，最重要的還是要落實「尙賢」、「尙同」的政治理想。其言曰：

> 凡入國，必擇務而從事焉。國家昏亂，則語之尙賢、尙同；國家貧，
> 則語之節用、節葬；國家憙音湛湎，則語之非樂、非命；國家遙僻
> 無禮，則語之尊天、事鬼；國家務奪侵凌，即語之兼愛、非攻，故
> 曰擇務而從事焉。（〈魯問〉）

墨子心目中的人格類型和人格層次，便是緊扣尙同的政治組織框架和尙
賢的人才思想所提出來的。依墨子之見，天下所以混亂，在於沒有行政長官
一同天下之義：「夫明虖天下之所以亂者，生於無政長。」（〈尙同上〉）由於
缺乏政治領導人，社會缺乏一致的道德標準和刑法制度，於是一人一義，二
人二義，十人十義，眾人眾義。加上人人「是己之義而非人之義」，以致彼此
交相非、互相怨惡，從而發生攻伐、毒害，天下陷入大亂的現象。爲了解決
這個問題，墨子提出層層「尙同而不下比」的人事結構設計。

「尙同」的人事結構設計是：「上之所是，必亦是之，上之所非，必亦非
之。」（〈尙同中〉）在下位者要聽從上面的意見，而非附和下面的意見，一切
以統治者所制定的標準來統一天下的是非、思想，使「國之萬民上同乎天子」。
墨子的思考是：當大家的口徑一致，思想同歸一義、一元時，天下自然撥亂
返治。當然，天子能一同天下之義，其是非能爲天下的是非標準，除了因爲
天子有最高的權力外，還有主客觀兩方面的依據。客觀方面，墨子推到超越
於人之上而具有「廣行無私」特質的「天志」，以「天志」作爲「尙同」的最
高標準：「天子又總天下之義，以尙同於天。」主觀方面則必須天子爲「天下
之賢可者」（〈尙同上〉）「天下賢良聖知辯慧之人」（〈尙同中〉）。復因天子一
人的力量無法遍及天下，墨子的理想是：讓所有的在位者都是「賢可者」。天
子是「天下之賢可者」，爲「天下之義」的總管。天子的是非須靠下面的諸侯
三公、左右將軍大夫及鄉里長們來執行傳達，所以這些行政官長們也必須是
「賢者」：諸侯三公是「天下贊閱賢良聖知辯慧之人」，左右將軍大夫是「國
之賢者」，里長爲「里之仁人也」，鄉長爲「鄉之仁人也」（〈尙同中〉）。

如此一來，天子、諸侯、左右將軍大夫、鄉里長等行政首長無一不是賢
者，且層級越高人就越賢能。那麼層層「上同不下比」的「尙同」政治階層，
不僅象徵權位的高低，同時意味著人格的優劣。墨子對人格高下的判準正在
於「賢能」與否，因此欲明瞭墨子對人格類型的觀察和劃分，須先考察他對

賢能的概念分析，而其賢能觀又從他個人鮮明的人格形象導出，故先勾畫其人格形象再論析其賢能觀。

一、墨子的人格與賢能觀

（一）墨子的人格形象

　　墨子曾稱自己是「上無君上之事，下無耕農之難」（〈貴義〉）的「北方鄙人」，[註2] 生前即有「聖人」的稱譽。[註3] 論者大都認為他是善於勞作的工匠。平民出身的背景，使他繫念的不再是孔子那種「吾從周」「斯文在茲」的文化意識，而是如何為天下「興利除害」、改善人民生活的平民意識。此由他屢屢在書中說：「興天下之利，除天下之害」[註4] 和掛懷「民之三患」（〈非樂上〉）可證。依他的考察，當時平民百姓主要的「三患」是：「飢者不得食，寒者不得衣，勞者不得息」。三患能除，就是人民最大的滿足。至於儒家那一套不下庶人的郁郁周文，離人民的現實生活太遙遠。因此，墨子雖也講仁倡義，仁義並稱、貴義，甚至說：「萬事莫貴於義」（〈貴義〉），認為「義」為「天下之良寶」（〈貴義〉）「天下之大器」（〈公孟〉）；並說：「義者，善政也。何以知義之為善政也？曰：天下有義則治，無義則亂，是以知義之為善政也」（〈天志中〉）。通觀《墨子》全書，時時言及「義」。「義」可說是墨子判斷事物善惡好壞和政治良惡治亂的價值規範。然而，墨子所貴的「義」，不像儒家孔子的「罕言利」或孟子的「辨義利」般地把「利」和「義」一刀兩切，視「利」為「君子不貨取」的「財貨之利」，而是將義視為可以「利民」、「利人」的「天下良寶」（〈耕柱〉）。也就是主張「義，利也」（〈經上〉），視「公利」為義，從而將義利做有機的結合。

　　墨子甚且明確宣稱要講實利：「凡言凡動，利於天鬼百姓者，為之；凡言凡動，害於天鬼百姓者，舍之。」（〈貴義〉）而在他立論的標準——三表法中，最重要的第三表，也以國家百姓之利優先：「發以為刑政，觀其中國家百姓人民之利。」（〈非命上〉）他更對巫馬子說：「若無所利而必言，是蕩口也。」（〈耕柱〉）可見墨子所肯定的「義」，既要和百姓的公益、公利結合，還要化為行

〔註2〕　《呂氏春秋·愛類》記載墨子自魯往見荊王，曰：「臣，北方之鄙人也。」。
〔註3〕　〈公孟〉記載：墨子的學生跌鼻稱墨子為「聖人」。
〔註4〕　此如〈兼愛中〉、〈兼愛下〉、〈非攻下〉、〈節葬下〉、〈天志中〉、〈明鬼下〉、〈非樂上〉、〈非命下〉和〈非儒下〉等篇皆有記載。

動，達到真正裨益群生百姓的功效，故他教人「戒蕩口而貴實行」，梁啓超即以此稱他是「實行家的面目」。〔註5〕

此處要特別指出的，墨子雖然主張言行合一，強調「志功」（〈魯問〉）「志功為辯」（〈大取〉）和人格良惡的關係，非常重視行為功效。然墨子並不像一般膚淺的功利主義者，一切以行為的結果來論是非功過，其所謂「志功不相從也」（〈大取〉）意謂心理所想的和實際所做到的未必一致，但心理的動機和過程還是很重要的。所以當巫馬子質疑他說：「子兼愛天下，未云利也；我不愛天下，未云賊也。功皆未至，子何獨自是而非我哉？」墨子馬上成竹在胸的反問他：「今有燎者於此，一人奉水將灌之，一人摻火將益之，功皆未至，子何貴於二人？」以水救火的人和以火益火的人，兩者雖然都未能救火，但連巫馬子也不得不承認「奉水者」才是對的。同理，提倡兼愛雖未必馬上帶給天下大利，不愛天下也未必馬上有害天下，但就行為動機來說，兼愛的人好比那個以水救火的人，即使未能救天下，動機至少是純良，值得肯定的。由這一則記載可知墨子雖計其功未必不明其誼。

穿過歷史的迴廊，我們看到墨子穿粗衣、著草鞋、整天領著他的徒眾，以嚴明的紀律積極宣揚「為義」的理念，為了天下國家、百姓爭取利益而奔波勞作不休。〈公孟〉篇記載墨子在當時人的眼裡是一個「獨自苦而為義」的人，甚至朋友勸阻他說：天下人都沒有人為義，何苦獨自形勞自苦以為義呢？他卻向友人說：若一個人有十個兒子，只有一個兒子耕種，九個閒著，那麼從事耕種的那一個兒子不能不更加加緊幹活了！因為吃飯的人多而耕種的人少啊！同理，正因天下沒有人行義，才更需要去做呢。

像墨子這樣堅持做一個「利天下而為之」，並奔走天下宣揚自己理念以致於摩頂放踵的人，在當時人眼裡簡直不可思議。公孟子便曾提出質疑，墨子明白申言：一個行仁義而以「興利除害」為己任的人就像是那個出外替人算卦的筮者一樣，要到處勸說，到社會天下的每一個角落宣揚愛的種子，這樣「行說人者，其功善亦多，何故不行說人也！」（〈公孟〉）因此，從墨子和隱者吳慮的對話中，可以窺知墨子不願做一個徒有高潔的美德，卻對世亂起不了任何的作用的隱者。而要以「上說王公大人，次匹夫徒步之士」的「行說人者」為志業，扮演社會導師的角色，用好的治國理念到各國遊說王公大人和一般百姓，讓為政者瞭解什麼是人民的問題和想望，讓天下人知道何者是

〔註5〕見梁氏所著之《墨子學案》（上海：新華，1992）第六章，頁67。

眞正的社會公平和正義。他認爲如此影響社會的層面更廣，發揮的功效更大：
「若得鼓而進於義，則吾義豈不益進哉？」（〈公孟〉）爲此，墨子孜孜矻矻於
古聖典籍，即使南遊衛，仍載書同行，勤讀不輟，無非想藉著「誦先王之道，
而求其說」，通「聖人之言，而察其辭」周遊列國、倡導爲義的精神，這樣的
行徑連他的學生都大惑不解，墨子的回答是：

> 昔者周公旦朝讀書百篇，夕見漆（七）十士。故周公旦佐相天子，
> 其脩至於今。翟上無君上之事，下無耕農之難，吾安敢廢此？（〈貴
> 義〉）

墨子也和孔子一樣對周公望風慕想，只是孔子夢想的是周公的「郁郁乎周
文」；而墨子仰慕的則是「佐相天子」的抱負。

　　由上述，吾人所見的墨子是抱著救世的熱忱，平日「默則思」苦讀博覽
群籍，一有機會就到處「言則誨」教人爲義的側影。尤其他率著自己的徒眾，
經常奔走各國，勸阻強國攻打弱國，解決不少的國際糾紛，更呈顯出他自苦
爲義和急於爲義「動則事」的精神。其中尤以「止楚攻宋」的事情最震動人
心，由《呂氏春秋・愛類》的記載，我們看到人在宋國的墨子，一聽到公輸
般替楚國製造攻城的雲梯，準備侵略弱小宋國的消息，就十萬火急的出發，
日夜不休，走了十天十夜，雙腳長起水泡，猶然裂裳裹足，繼續趕路，一到
楚國郢都便立刻去找公輸般理論。墨子在處處機鋒的對話中一直採取攻勢，
讓公輸般和楚王無地遁逃，最後還來個攻守戰的沙盤推演，公輸般自知若攻
宋未必穩操勝券，技窮之餘，本想來個「先下手爲強」殺了墨子再說，不意
墨子膽略十足的說：他早已料定公輸般這一著，他的學生禽滑釐正帶著三百
餘人在城外守著呢！墨子就這樣，憑著苦行式的救世熱誠和智謀一流的辯才
及藝高人膽大的膽識，不戰而屈楚之兵，和平解決了一場國際間的戰爭。

　　墨子不僅教一般人爲義，對暴戾成性的人也不放棄施教的機會，他曾指
出：應當爲暴戾者闡明上天所作所爲，讓暴戾者效法上天兼愛天下人。如若
只向暴戾者歌誦上天的所作所爲，而不能教其爲義，反是不當行爲。由此可
見墨子不只是宣揚理念而已，更有改善社會人心的具體行動。即使是自私自
利的暴人，墨子仍說：「不可正而正之」。（〈大取〉）這在《呂氏春秋・尊師》
可以找到具體的事例。高何、縣子碩兩人本是齊國的「暴者」，後來成爲墨子
的學生，不僅免於刑戮，還成了「天下名士」。這和孔子「有教無類」「知其
不可而爲之」的精神一樣積極有爲，同時流露出一股強韌的生命力。

這股堅忍不拔的生命韌性，其實源於墨子「賴力自爲」的自信心。吾人從墨子在〈貴義〉篇中和楚國大臣穆賀的對話，便可窺知墨子自信的尊嚴和對自己學說的堅定。〔註6〕〈貴義〉篇另則記載墨子以石頭比喻自己的學說，用卵比喻他人對自己言論的非毀攻擊，並說即使用盡所有的言論來攻擊自己的言論，將好比「以卵投石」般，當天下所有的蛋都打光了，石頭依舊完好如初、不可毀也。因著這樣的自信和生命熱情，墨子的「爲義」行動是超乎世俗、不計毀譽、更不求回報的。即使有人質疑他有「狂疾」，墨子依舊默默爲義（〈耕柱〉）。

由上述，可歸結出：墨子是以「仗義勇爲」和「強力自信」的「義人」形象行走天下。希望能通過政治的興革，實施「義政」以期建立一個「公平正義」的社會進而達到「興天下之利，除天下之害」的目的。

（二）《墨子》的賢能觀

就墨子尚同的國家組織規劃，天子、國君及各鄉里長都是「賢者」，而墨子所謂的賢者包括：「厚乎德行，辯乎言談，博乎道術者」，德、言、術可說是賢者的三項標準。墨子首重「厚乎德行」，此似與孔子的賢才概念頗爲相近，然究實分析，墨子所謂的「德行」乃從治亂問題著眼，較偏於「事功意義」的內涵，〈尚賢下〉說：

> 爲賢之道將奈何？曰有力者疾以助人，有財者勉以分人，有道者勸
> 以教人。若此則飢者得食，寒者得衣，亂者得治。若飢則得食，寒
> 則得衣，亂則得治，此安生生。（〈尚賢下〉）

助人、分人、教人以使「飢者得食，寒者得衣，亂者得治」，三者都是通過具體的行動來解決民生憂患，讓社會走上治道，人民生活回歸安定，此所以墨子在〈尚同上〉、〈天志中〉和〈兼愛下〉等篇中，反覆闡發「有力相營，有道相教，有財相分」的「利用厚生」思想。其次是「辯乎言談」，墨子所謂的

〔註6〕 這段對話的背景是墨子想見楚王，但楚王以墨子出身賤人爲由，派出大臣穆賀托辭婉拒。在與穆賀的對話中，墨子不避諱自己「賤人」的身分，但對於楚國的君王，因爲鄙夷賤人之說而稱老推辭，深不以爲然，故爲之設喻取譬，申述言論學說無關乎階級貴賤，只要是好的、可行的，天子和一般老百姓都一樣高貴。好的道理猶如良藥，雖賤如一棵草，若吃了有效，病情得癒，權貴如天子難道會因爲是一棵草就不吃嗎？再說，天子平時所用來做祭祀的祭品不都是出於一般賤民納稅而來，難道因爲出於賤民，天子就棄而不用嗎？末了，墨子還以湯見賤人伊尹的史例，對穆賀的托辭做了有力的反擊。

辯論不單是為了「利口」，而是為了推行政治主張：「夫辯者，將以明是非之分，審治亂之紀。」同時也是認識事物，明察事裡的手段：「明同異之處，察名實之理，處利害，決嫌疑。」（〈小取〉）。墨子反對空談妄說，主張言語要「足以復行」，「政者，口言之，身必行之。」（〈公孟〉），否則是「蕩口也」（〈耕柱〉）。身口合一、言行一致不僅是墨子的主張，他本人也身體力行，在〈耕柱〉、〈貴義〉、〈公孟〉等有關墨子言行的篇章中即多處提到墨子「言則誨」的身影。因而他對告子「口言之，而身不行」的行為斥之為「蕩口」，認為是白費唇舌，不適合從政（見〈公孟〉）。第三是「博乎道術」，以「術業有專攻」的人為賢，這是他「為義」行動中的「從事」一科，也就是從事農、工、商、兵各種行業的人。

墨子從政治事功的實用層次，來界定「賢能」的意義。按照這樣的判準，崇禮尚樂、注重人文陶養，「稱情立禮」臨喪而哀的儒者便成了比「愚之至」的「嬰兒」還不如的無知者（見〈公孟〉）。而對時人都稱孔子為賢人的稱頌，墨子後學更借晏子之口加以反駁：

> 今孔某深慮同謀以奉賊，勞思盡知以行邪，勸下亂上，教臣殺君，
> 非賢人之行也；入人之國而與人之賊，非義之類也；知人不忠，趣
> 之為亂，非仁義之也。逃人而後謀，避人而後言，行義不可明於民，
> 謀慮不可通於君臣。（〈非儒下〉）

姑不論上述引用的事例是否符合史實，〔註7〕倒是反映出墨家反人文，非禮、非樂的立場。〔註8〕同時也透露出墨子學派的「賢」有一個很重要的內涵就是「行義」，有仁義之行的人才是賢者。因此所謂的「賢者」就是「仁人」也是「義人」，三者的概念相通。而「義人」意為「行義的人」，依前文所述，墨子正是以一個「義人」的形象行走天下者。墨子對「賢能」概念的界定不無反映墨子「義人」的人格特質。再看墨子對「賢人」特質的規定：

> 賢者之治國也，蚤朝晏退，聽獄治政，是以國家治而刑法正。賢者
> 之長官也，夜寢夙興，收斂關市、山林、澤梁之利……。賢者之治
> 邑也，蚤出莫入，耕稼、樹藝、聚菽粟，是以菽粟多而民足乎食。

〔註7〕　周富美認為〈非儒〉篇中所論多不是事實，是墨者故意捏造出來毀謗孔子、影射儒者，借此來攻擊儒家的。語見其所著之《救世的苦行者——墨子》（台北：時報文化出版，1998），頁119。

〔註8〕　參見韋政通〈墨子非儒思想平議〉《中國哲學思想批判》（台北：水牛出版，1986），頁115～24。

故國家治則刑法正，官府實則萬民富。（〈尚賢中〉）

墨子的賢者形象，不管是治國者，還是治邑者，都是：「蚤朝晏退」、「夜寢夙興」和「蚤出莫入」者，無一不是以國家天下爲己任的「任事」者。這和墨子「形勞天下」、「以自苦爲極」的形象相應符契。

二、《墨子》反映的人格類型

在尚同的組織架構中，墨子顯然將統治天下國家的「天子」、「王公大人」，列爲重要的指標人物；把身爲人臣的「士」、「士君子」視爲社會正義的關鍵及執行者。所以期待這些爲人君、爲人臣的執政者能成爲天下賢者，當然這只是墨子的理想。現實上，理想的人事結構不可能完全落實，但墨子關心民瘼的熱情，仍然托古力陳建言，並以古今對照的方式呈顯理想和現實對比的人格類型，提供典範人物給當時的爲政者借鏡。即如古者之言：「君子不鏡於水，而鏡於人。鏡於水見面之容，鏡於人則知吉凶」（〈非攻中〉）。

古之聖人、聖王、仁人是現今王公大人——統治者的鏡子，而賢士、義士、仁士、君子是今之士、今之士君子——人臣的鏡子。總括起來，《墨子》書中提到的人格類型雖有各色人等和名稱，但多集中在君王、人臣兩部分，而各有現實、理想兩型。在君王部分還提出反面的鏡子——暴王以資警惕。

（一）君王部分

1、現實的統治者——今之王公大人、當今之主、別君

《墨子》一書中所謂的「今之王公大人」或稱「大人（仁）」，[註9] 指的是「君人民，主社稷，治國家」者，常與「古者聖王」對舉而言，通觀全書語脈，乃是墨子寄言、建言的對象。以當時社會背景而言指的是「天子」或是「諸侯國君」。〈尚賢中〉：

今王公大人之君人民，主社稷，治國家，欲脩保而勿失，故不察尚賢爲政之本也。（〈尚賢中〉）

〔註9〕 《墨子》書中的「大人」有的是指德行高的人，其與「小人」對舉而言，相當於有德的「君子」，如〈大取〉：「天之愛人心，薄於聖人之愛人也；其利人也，厚於聖人之利人也。大人之愛小人也，薄於小人之愛大人也；其利小人也，厚於小人之利大人也。」但也僅此一見。餘皆指「天下爲政者」，統治國家的人。相當於「王公大人」。如〈公孟〉、〈節用上〉、〈貴義〉等篇中所提到的「大人」，意皆相同。〈大取〉所說的「大仁」亦然。

今之王公大人的本分是「蚤朝晏退，聽獄治政」（〈非樂上〉）而使國家社會「脩保而勿失」。他們的願望是國富、民眾、刑治：

> 古者王公大人，爲政國家者，皆欲國家之富，人民之眾，刑政之治。（〈非命上〉）

> 古（今）〔註10〕者王公大人，爲政於國家者，情欲譽之審，賞罰之當，刑政之不過失。（〈非攻中〉）

但因施政不得法，於是出現欲治而得亂，所得與所欲完全背離的結果：

> 今者王公大人爲政於國家者，皆欲國家之富，人民之眾，刑政之治，然而不得富而得貧，不得眾而得寡，不得治而得亂，則是本失其所欲，得其所惡。（〈尚賢上〉）

要探討現實政治欲治反亂的箇中原因，不得不從「今之王公大人」的行爲模式和人格特質來看，歸納起來，有下列數點：

（1）不察尙賢使能

墨子主張「賢才」是「國家之珍，社稷之佐」，一個國家賢士的多寡關係國家政治風氣的厚薄，因此「尙賢」是「爲政之本」，「眾賢」是王公大人的要務：

> 王公大人爲政於國家者，不能以尙賢事能爲政也。是故國有賢良之士眾，則國家之治厚，賢良之士寡，則國家之治薄。故大人之務，將在於眾賢而己。（〈尚賢上〉）

偏偏今之王公大人反其道而行：

> 天下之王公大人皆欲其國家之富也，人民之眾也，刑法之治也，然而不識以尙賢爲政其國家百姓，王公大人本失尙賢爲政之本也。（〈尚賢下〉）

王公大人不知道「尙賢爲政之本」，不懂得「任人唯賢」和「唯才是用」之道，用人往往憑自己的直覺和感性的好惡，於是在位者不是自己的「骨肉親戚」就是「無故富貴」或「面目姣好者」：

> 今王公大人其所富，其所貴，皆王公大人骨肉之親，無故富貴、面目美好者也。今王公大人骨肉之親，無故富貴、面目美好者，焉故必知哉！（〈尚賢下〉）

〔註10〕依孫詒讓説「古」當從王念孫之校作「今」者。參見孫詒讓《墨子閒詁》卷五（台北：河洛，1980），頁8。

日莫若爲王公大人骨肉之親，無故富貴、面目美好者。王公大人骨
肉之親，無故富貴、面目美好者，此非可學能者也。（〈尚賢下〉）

王公大人未知以尚賢使能爲政也。逮至其國家之亂，社稷之危，則
不知使能以治之，親戚則使之，無故富貴、面目佼好則使之。夫無
故富貴、面目佼好則使之，豈必智且有慧哉！（〈尚賢中〉）

像這種完全不考慮學養、專長和智慧的用才方式，根本毫無理性依據，只要
和王公大人沾了親，即使身罹殘疾無法聽政，或凶暴成性如桀紂者，一樣可
以登龍門、居要津：

王公大人骨肉之親，躄、瘖、聾，暴爲桀、紂，不加失也。（〈尚賢
下〉）

或因擁有天生麗質的姿色，取悅龍心而獲得王公大人的眷顧，從此青雲平步：

且夫王公大人有所愛其色而使其心不察其知而與其愛。（〈尚賢中〉）

總之，當時的王公大人不尚賢使能，以下賢爲政，故而「欲治反亂」：

王公大人不明乎以尚賢使能爲政也。……以下賢爲政而亂者，若吾
言之謂也。（〈尚賢中〉）

這就是當時王公大人用人失當的情形，墨子質疑他們的智慧：「豈必智且有慧
哉！」認爲他們看待自己的國家還不如一張壞弓、一匹病馬、一件衣服、一
頭牛羊，蓋當時的王公大人們若有衣裳不會裁制，一定找手藝精巧的裁縫；
有牛羊不會宰殺，一定找技術良好的屠夫。看到自己的病馬不堪騎、壞弓不
能用這樣的小事，也一定會尋找專家來修理，絕不會找一個「無能不可使」
的「骨肉之親，無故富貴、面目美好者」。換言之，面對小事，王公大人知道
「尚賢使能」，然而當自己「國家之亂，社稷之危」時，卻是「親戚則使之，
無故富貴、面目佼好則使之」而不知「尚賢使能」。如此根本無法發揮人力的
資源，反而形成冗員的負擔，即使爲政者自己再努力的「日夜相接以治若官」，
仍無法把國家治理好。（〈尚賢中〉）因此，墨子總結的說：「王公大人之親其
國家也，不若親其一危弓、罷馬、衣裳、牛羊之財與」。（〈尚賢下〉）

墨子還提到，當時有些王公大人雖認知到「尚賢」的重要，也效法先王
以「尚賢使能」爲政，但是誠如〈大取〉所說：「知與意異」，認知上的「知
道」和眞正內在的「意會」是不一樣的。執政者不能意會「尚賢」的精神，
對於「尚賢使能」的作法，充其量只做到「高予之爵」，雖給賢士官職，卻不
能同時讓他享有相當的俸祿。以是，這些賢才徒有其名卻不得權力之實，當

然無法讓人民產生威信：

> 今王公大人亦欲效人以尚賢使能爲政，高予之爵，而祿不從也。夫
> 高爵而無祿，民不信也。（〈尚賢中〉）

當天下的賢人沒有足夠的尊嚴來到王公大人身邊，賢才們便一一悄然告退，環伺左右反倒是　些不肖者：

> 請問天下之賢人將何自至乎王公大人之側哉？若苟賢者不至乎王公
> 大人之側，則此不肖者在左右也。不肖者在左右，則其所譽不當賢，
> 而所罰不當暴，王公大人尊此以爲政乎國家，則賞亦必不當賢，而
> 亦必不當暴（〈尚賢中〉）

這樣會引來很可怕的效應，那就是「其所譽不當賢，而所罰不當暴」，如此顛倒是非善惡所帶來的結果是刑政失靈。此時，人民看不到統治者的「德義」，所剩的僅有森冷的威力和強權：

> 今王公大人欲王天下，正諸侯，夫無德義將何以哉？其說將必挾震
> 威彊。今王公大人將焉取挾震威彊哉？傾者民之死也。民生爲甚欲，
> 死爲甚憎，所欲不得而所僧屢至，自古及今未有嘗能有以此王天下、
> 正諸侯者也。（〈尚賢中〉）

當挾震威彊的行徑既不能「王天下，正諸侯」，反而逼使人民走上絕路，如何能得意於天下呢？所以墨子向當時的王公大人提出呼籲：

> 今大人欲王天下，正諸侯，將欲使意得乎天下，名成乎後世，故不
> 察尚賢爲政之本也。此聖人之厚行也。（〈尚賢中〉）

> 則王公大人明乎以尚賢使能爲政。是以民無飢而不得食，寒而不得
> 衣，勞而不得息，亂而不得治者。（〈尚賢中〉）

爲政者如果有聖人一樣足夠的德行誠意，以尚賢使能爲政，人民不愁有三患，而王公大人們想要王天下、正諸侯的願望也就不遠了！從上述「今之王公大人」的行徑看來，現實的爲政者是個挾勢威下，毫無德義且不能尚賢使能的統治者。

（2）不行尚同之治

依道家《莊子》的觀點看，最好的世代是「禽獸成群，草木遂長」「禽獸可系羈而遊」的「至德之世」，社會上人與人之間沒有上下隸屬的關係；「相忘乎江湖」是最合乎自然的理想王國。然就墨子角度，這卻是「人人異義，彼此是己非他，交相非也，天下亂如禽獸」的亂象。墨子對這樣的亂象，歸

咎於「生於無政長」。所以他認爲古代所以有國家、有政府組織的設計都是爲了平治百姓：「古者之置正長也，將以治民也」，而所有層層尚同而不下比的政治組織乃是「以連役天下淫暴，而一同其義」，好讓天下的淫暴之行都能在社會國家的正義下消弭於無形，以爲萬民「興利除害，富貴貧寡，安危治亂」。（〈尚同中〉）

依墨子考察，當時的王公大人，濫用自己的權力，不任人以賢，而把政治家族化，把那些佞倖得寵的人和宗族父兄故舊安置在左右，並給他們做行政首長，這完全失去了所謂「政長」治理百姓的作用和意義：

> 今王公大人之爲刑政則反此。政以爲便譬，宗於父兄故舊，以爲左右，置以爲正長。（〈尚同中〉）

當人民知道天子設立行政首長不是爲了治理人民，大家便朋比矇蔽，不願尚同其上，造成上下異義，互相欺蒙，使上下賞罰的步調標準不一，而不能勸賞止暴，形同回到「若禽獸然」，天下失政、脫序的年代。（〈尚同中〉）

由上述，墨子對於當時爲政者不能通過政府組織運作，有效治理人民，導致「賞譽不足以勸善，而刑罰不沮暴」（〈尚同中〉）的亂局深致不滿，不由得跳出來反問說：這不是和「始生未有正長」的無政府一樣嗎？「今之王公大人」缺乏「治民一眾」領導駕馭臣民的治國能力，於此可見。

（3）喜攻伐兼併

墨子認爲「兼愛」是「王公大人之所以安，萬民衣食之所以足」（〈兼愛下〉）的要務。但當時的王公大人是不能將萬民之身看作己之身，沒有兼愛情懷的「別君」，墨子對於別君所以不恤民患，反而虧民自利的原因，曾做出如下的解釋：

> 別君之言曰「吾惡能爲吾萬民之身，若爲吾身，此泰非天下之情也。人之生乎地上之無幾何也，譬之猶駟馳而過隙也」。是故退睹其萬民，飢即不食，寒即不衣，疾病不侍養，死喪不葬埋。別君之言若此，行若此。（〈兼愛下〉）

原來別君的生命價值觀是建立在「現實自利的滿足上」，他們心中只有自己，沒有別人，在「人之生乎地上之無幾何」「猶駟馳而過隙」的有限人生中，但求自我的幸福。因此不行兼愛，置民之三患於不顧，甚且隨時「差論其爪牙之士」從事「攻伐兼併」的戰爭，意圖擴張自己的領土，統馭更多的臣民，以滿足自己的名聲利欲。像這樣師出無名，毀人城國，攻城掠地的開疆拓土，

雖滿足了統馭的權力慾望，同時也造成更多的生靈塗炭：

> 今王公大人天下之諸侯則不然……入其國家邊境，芟刈其禾稼，斬
> 其樹木，墮其城郭，以湮其溝池，攘殺其牲牷，燔潰其祖廟，勁殺
> 其萬民，覆其老弱，遷其重器，卒進而柱乎鬭，曰：「死命爲上，多
> 殺次之，身傷者爲下，又況失列北橈乎哉，罪死無赦」，以譚其眾。
> （〈非攻下〉）

墨子指出當時王公大人的矛盾是：對於偷盜、殺人者，他們會按照不義的情節輕重加以懲罰；而「攻伐無罪之國」的不義比殺一不辜之人多出數千萬倍；比踰人牆垣，竊人金玉布帛又多數千萬倍；而和「竊人牛馬與竊人桃李的偷盜」相比，又是數千萬倍。然王公大人卻將之合理化，視「侵凌攻伐兼并」、「殺其鄰國之人」（〈天志下〉）爲義，但墨子認爲這是王公大人們徒有「譽義之名，而不察其實」的盲點。墨子將他們比喻爲「能命物而不能分物」的盲人。今天下諸侯這樣的行爲簡直是顛倒黑白、混淆甘苦之別：

> 此譬猶盲者之與人，同命白黑之名，而不能分其物也。（〈兼愛下〉）
>
> 今天下之諸侯，將猶皆侵凌攻伐兼并，此爲殺一不辜人者，數千萬
> 矣；此爲踰人之牆垣，格人之子女者，與角人府庫，竊人金玉蚤絫
> 者，數千萬矣；踰人之欄牢，竊人之牛馬者，與入人之場園，竊人
> 之桃李瓜薑者，數千萬矣，而自曰義也。故子墨子言曰：「是蕡我者，
> 則豈有以異是蕡黑白甘苦之辯者哉！……不知黑白之別。……不知
> 其甘苦之味。今王公大人之政也，或殺人，其國家禁之，此蚤越有
> 能多殺其鄰國之人，因以爲文（之）義，此豈有異蕡白黑、甘苦之
> 別者哉？（〈天志下〉）

更何況「兼國覆軍，賊虐萬民」除了不義外，所換來的慾望城國眞的是利嗎？墨子以當時好攻伐的國家爲例，評估「虧人之國以自利」和「殺人以利」究竟是否有利？結果是：即使有利，也很薄少，更何況戰爭所需耗的費用裝備，無一不取之衣食民財，「竭天下百姓之財用」（〈非攻中〉）。首先，發動戰爭不止外耗人力征戰期間，「上不暇聽治，士不暇治其官府，農夫不暇稼穡，婦人不暇紡績織紝」對國家內政更是耗損，再者，兩國戰爭常是征途遼遠，期間若糧食不繼，則「廁役以此飢寒凍餒疾病，而轉死溝壑中者，不可勝計也。」

準上所述，攻伐兼併對天下，不僅無義、無利甚且危害極大：「此其爲不

利於人也，天下之害厚矣」（〈非攻中〉）但是，當時的王公大人們還是樂此不疲：

> 而王公大人，樂而行之。則此樂賊滅天下之萬民也，豈不悖哉！（〈非攻中〉）

墨子特別點名「齊、晉、楚、越」這四個國家是「今天下好戰之國」，並提出一個假設：「若使此四國者得意於天下，此皆十倍其國之眾」，即領土擴充了，人民數目也增爲十倍的話，也「未能食其地」。相對的，爲了爭地而互相殘害，反造成「人不足而地有餘」，形同資源的浪費，而且如此「虧不足，而重有餘」（〈非攻下〉）的結果，人民三患不絕，必生怨心；那麼即使擁有天下，民心不服，又何利之有？墨子甚至訴諸天志、鬼神加以仲裁，指控這些王公大人是用「天之人」，以「攻天之邑」，此乃「刺殺天民，剝振神之位，傾覆社稷，攘殺其犧牲」的行爲，已經犯了「違天」的大忌；而且「滅鬼神之主，廢滅先王，賊虐萬民，百姓離散」（〈非攻下〉），這又不合鬼神之利。

以上墨子從民利、鬼神和天志三方面都不利的角度指陳出當時統治者好戰喜攻的面向。並提出建言：如果能把攻伐兼併，爭城以戰的資源轉成爲國際支援：「大國之攻小國也，則同救之；小國城郭之不全也，必使修之；布粟之絕，則委之；幣帛不足，則共之」，或將攻打他國的力量轉化成治國的能源：「易攻伐以治我國」則「功必倍」（〈非攻下〉）。總之，若「督以正，義其名，必務寬吾眾，信吾師」，以此「授諸侯之師」（〈非攻下〉），則天下無敵矣。墨子稱：「此天下之利」，可惜的是「王公大人不知而用」，眞可謂：「不知利天下之巨務矣。」（〈非攻下〉）

由上所述，當時的王公大人一味兼併攻伐他國以自利，是無利又無義之人，而其所以無利無義者，實乃因其輕賤人民的生命，沒有「愛人之國若吾國」的兼愛胸懷。

（4）不節用而聽樂

墨子認爲當時的君主奢華成性，不懂得節用之道，雕鏤宮室、做錦衣以求美觀、飾舟車以文采刻鏤及造樂器等個人極品的享受，無一不是厚斂百姓，暴奪人民衣食之財：

> 當今之主，其爲宮室則與此異矣。必厚作斂於百姓，暴奪民衣食之財以爲宮室臺榭曲直之望、青黃刻鏤之飾。（〈辭過〉）
>
> 當今之主，其爲衣服，則與此異矣。冬則輕煗，夏則輕凊，皆已具

矣，必厚作斂於百姓，暴奪民衣食之財，以爲錦繡文采靡曼之衣，
鑄金以爲鉤，珠玉以爲珮，女工作文采，男工作刻鏤，以爲身服。
此非云益煖之情也，單財勞力畢歸之於無用也。(〈辭過〉)

當今之主，其爲舟車與此異矣。全固輕利皆已具，必厚作斂於百姓，
以飾舟車，飾車以文采，飾舟以刻鏤。女子廢其紡織而脩文采，故
民寒，男子離其耕稼而脩刻鏤，故民饑。(〈辭過〉)

今王公大人，雖無（唯毋）造爲樂器，以爲事乎國家，非直掊潦水
折壤坦而爲之也，將必厚措斂乎萬民，以爲大鍾、鳴鼓、琴瑟、竽
笙之聲。(〈非樂上〉)

今王公大人，唯毋爲樂，虧奪民衣食之財，以拊樂如此多也。(〈非
樂上〉)

在上位者奢靡成性，在下位者跟著上行下效地淫辟成風。而製造裝飾和樂器，
必待人力而後成，因此「女子廢其紡織而脩文采」，故「民寒」，男子「離其
耕稼而脩刻鏤」，故「民饑」(〈辭過〉)。一旦人民飢寒並至，接著可能就會爲
生存鋌而走險，作出姦邪的事。姦邪的事一多，刑罰就會加重，刑罰一重，
國家就亂了！加上王公大人造好樂器，不可能一個人聽樂而已，於是「與君
子聽之」，「廢君子聽治」；與「賤人聽之」，「廢賤人之從事」，結果「上不聽
治，卜不從事」(〈非樂上〉)，終將造成國家內耗，民生凋敝，墨子對此政亂
民貧的現象深以爲憂，所以告訴王公大人們，如果要讓國家走上治道，就要
節用：

君實欲天下之治而惡其亂也，當爲宮室不可不節。(〈辭過〉)

君實欲天下之治而惡其亂，當爲衣服不可不節。(〈辭過〉)

君實欲天下之治而惡其亂，當爲舟車不可不節。(〈辭過〉)

爲樂，非也。(〈非樂上〉)

尤有甚者，當時的爲政者不僅生前奢侈，連死後也一樣講究排場，厚葬
久喪的風氣在上層社會極爲風行：

此存乎王公大人有喪者，曰棺槨必重，葬埋必厚，衣衾必多，文繡
必繁，丘隴必巨；存乎匹夫賤人死者，殆竭家室；（在）乎諸侯死者，
虛車府，然後金玉珠璣比乎身，綸組節約，車馬藏乎壙，又必多爲
屋幕。鼎鼓几梴壺濫，戈劍羽旄齒革，寢而埋之，滿意。(〈節葬下〉)

不僅厚葬形成「死者與生者爭食」，久喪也將使王公大人「不能蚤朝，五官六府，辟草木，實倉廩」，農夫「不能蚤出夜入，耕稼樹藝」，百工「不能修舟車爲器皿」，婦人，不能「夙興夜寐，紡績織絍」。（〈節葬下〉）此誠如〈節葬下〉所言：

> 今唯無以厚葬久喪者爲政，國家必貧，人民必寡，刑政必亂。若法若言，行若道，使爲上者行此，則不能聽治；使爲下者行此，則不能從事。上不聽治，刑政必亂；下不從事，衣食之財必不足。

依上述，王公大人生前極耳目聲色的享受，死後又厚葬久喪，是爲暴奪民食、民財，促使刑政大亂、人民財用不足的禍首。

（5）不辨執命之言

墨子認爲當今王公大人想要國家富足、人民眾多、刑政安治，卻適得其反的原因，有部分緣於王公大人不能分辨「執有命」的錯誤，以致「命定論」流行於民間。命定論者認爲貧富、眾寡、治亂、壽夭都是命中注定，再費勁努力也不濟事，這樣的言論滲透到人的心理，人的自由意志容易被剝奪，不願再強力從事自己的本務，於是形成「上不聽治，下不從事」的現象：

> 古（今）〔註11〕者王公大人，爲政國家者，皆欲國家之富，人民之眾，刑政之治。然而不得富而得貧，不得眾而得寡，不得治而得亂，則是本失其所欲，得其所惡。是故何也？子墨子言曰：「執有命者以雜於民間者眾。執有命者之言曰：「命富則富，命貧則貧，命眾則眾，命寡則寡，命治則治，命亂則亂，命壽則壽，命夭則夭，命〔註12〕……雖強勁何益哉？」以上說王公大人，下以駔百姓之從事，故執有命者不仁。故當執有命者之言，不可不明辨。（〈非命上〉）

「命定論」促使在上位者無能、在下位者怠惰，是危害社會國家刑政民生的論調。因此，身爲國家領導的王公大人不能不辨。墨子甚至指出：「執有

〔註11〕據《墨子》一貫的文例，「古者王公大人」僅兩例，除〈非命上〉一例外，另外則是〈非攻中〉也有一例，孫詒讓已依據文意脈絡改「古」爲「今」，獨〈非命上〉此例未改，吾人以爲〈尚賢上〉與此有相同的例句，故此處之「古」應爲「今」。此張純一亦曰：「古者誤，與尚賢上篇、非攻中篇同。今校改。」參見張氏《墨子集解》卷九（台北：文史哲，1982），頁316。

〔註12〕張純一以爲有脫字，並依〈非儒〉「強執命以說議曰：壽夭貧富，安危治亂，固有天命，不可損益。窮達賞罰幸否有極，人之知力，不能爲焉。」認爲脫「窮則窮，命達則達，命賞則賞，命罰則罰」十五字。

命」是「立命」，〔註13〕封限生命的「暴人之道」。亦爲「覆天下之義」，陷天下百姓於深憂之中以致「滅天下之人」的大不利者（〈非命上〉）。其實，造成上下怠惰的原因很多，墨子直接歸之於「執有命」，未必如理。〔註14〕但從中反映出「命定論」對當時社會的深鉅影響。王公大人不明辨箇中是非，社會又姑息邪說當道，終嘗「欲富反貧、欲眾仍寡、欲治得亂」的惡果。

根據上面的論述，墨子認爲現實爲政者把生命價值誤置在「自利」的人生態度上，其人格特質，既缺乏「尚賢使能」和「尚同齊民」的領導能力，又有攻伐好戰和不知節用利民的慾望和習性，這些都是社會積弊的種子，若要「興天下之利，除天下之害」，需從領導人的風格、作爲上改革。此其所以抱著救世的熱忱奔走天涯，到處向各國的執政者和世人勸說、建言，希望他們能聽聽自己的聲音並化爲具體的行動，好讓社會早日回歸治道：

> 上說王公大人，次匹夫徒步之士。王公大人用吾言，國必治；匹夫徒步之士用吾言，行必脩。故翟以爲雖不耕而食飢，不織而衣寒，功賢於耕而食之、織而衣之者也。（〈公孟〉）

墨子從現實爲政者的人格特質，及由此特質反映出來的領導風格，亟思對治之道，什麼是對天下人民百姓最有利的施政要務呢？什麼樣的統治者可以成爲現今爲政者的學習典範？什麼統治者又是負面的教材？墨子既揭舉出「暴王」的行徑和形象以供警惕，又抬出「聖人」、「古之聖王」出來，並創了個「兼君」的人格類型以做爲當時國家統治者的典範，以下即提出墨子對負面形象的統治者和理想統治者所作的觀察。

2、負面的統治者——暴王

（1）反天意而行

「暴王」意謂「行暴政的國君」。〈魯問〉篇說：「三代之暴王桀紂幽厲，讎怨行暴，失天下。」指出桀、紂、幽、厲等是歷史上無道的暴虐之君，說明暴政的結果是身死國亡，失天下。這種說法儒家也有。不過儒家認爲：暴君是因爲失去民心，不行仁政才會走上滅亡的路上。但墨子指出暴王所以爲暴王、亡天下是因爲「倒行逆施」，沒有遵從天志、詬天侮鬼且執著有命的論調：不行兼愛爲人民謀福施利，反而兼惡百姓、賊天下、圖利於民並耽於享樂，所以上天懲罰他，使其「身死而爲刑戮，子孫離散，室家喪滅，絕無後

〔註13〕墨子此處的「立命」意指限定生命之意，和孟子所謂的「立命」不同。
〔註14〕參見蔡仁厚《墨家哲學》第四章（台北：東大，1983），頁 61。

嗣」，還因此遺臭萬年：

> 暴王桀紂幽厲，兼惡天下之百姓，率以詬天侮鬼，其賊人多，故天
> 禍之，使遂失其國家，身死爲僇於天下，後世子孫毀之，至今不息。
> （〈法儀〉）
>
> 昔三代之暴王桀紂幽厲，此反天意而得罰者也。（〈天志上〉）
>
> 故使不得終其壽，不歿其世，至今毀之，謂之暴王。（〈天志上〉）
>
> 故昔也三代之暴王桀紂幽厲之兼惡天下也，從而賊之，移其百姓之
> 意焉。（〈天志中〉）

以上皆就暴王反天意不行兼愛，不尊天志明鬼受到天鬼的懲罰而言。

（2）執有命而爲

暴王不僅相信「執有命」之言，同時是命定論的始作俑者：

> 命者，暴王所作，窮人所術，非仁者之言也。（〈非命下〉）
>
> 昔者暴王作之，窮人術之，此皆疑眾遲樸，先聖王之患之也，固在
> 前矣。（〈非命下〉）

暴王自以爲貴爲天子、富有天下，遂而馳騁田獵、恣意享樂、繁爲無用，暴
逆百姓，全然不顧國政：

> 然今以命爲有者，昔三代暴王桀紂幽厲，貴爲天子，富有天下，於
> 此乎，不而矯其耳目之欲，而從其心意之辟，外之歐騁、田獵、畢
> 弋，內湛於酒樂，而不顧其國家百姓之政，繁爲無用，暴逆百姓，
> 遂失其宗廟。（〈非命下〉）

影響所及，其臣民也將賞罰視爲天命注定，反其道而行，不再努力爲義、做
好自己的本分，結果「上不聽治，下不從事」。當舉國上下都沉浸在「命定論」
裡，不思振作努力，將一切作爲、責任都委諸無憑的、偶然的命，人就活在
失重脫序的世界裡，沒有什麼是值得信賴和努力的眞理，因此人人不務本分：
「爲君則不義，爲臣則不忠，爲父則不慈，爲子則不孝，爲兄則不良，爲弟
則不弟」，於是「君不君、臣不臣、父不父、子不子」（〈非命上〉）這就是三
代暴王桀紂幽厲會喪失國家、覆亡社稷的原因：

> 故雖昔者三代暴王桀紂幽厲之所以共（失）〔註15〕抎其國家，傾覆

〔註15〕「共」，「失」字之誤。王念孫《讀書雜誌》：共字義不可通，當是失之誤。參
見孫詒讓前揭書，同註10，頁26。

其社稷者，此也。（〈非命下〉）

（3）不修政而亂國

前文提到今之王公大人「不察尚賢使能」，因此欲治不得，而暴王非但不察，且使「下賢為政」，造成人事結構的混亂，這樣明小不明大的昏闇，是導致國家失措、社稷傾覆的主因：

> 若苟賞不當賢而罰不當暴，則是為賢者不勸而為暴者不沮矣。……
> 昔者三代暴王桀紂幽厲之所以失措其國家，傾覆其社稷者，以此故
> 也。何則？皆以明小物而不明大物也。（〈尚賢中〉）

暴王不修明內政，肆欲兼併篡奪他國，以大攻小、以強劫弱、以貴傲賤、以詐欺愚，其「上不利於天，中不利於鬼，下不利於人。三不利無所利」，因此集天下惡名於一身，這就是暴王自作孽不可活的作風：

> 處大國攻小國，處大家篡小家，強者劫弱，貴者傲賤，多詐欺愚。
> 此上不利於天，中不利於鬼，下不利於人。三不利無所利，故舉天
> 下惡名加之，謂之暴王。（〈天志上〉）

暴王既不尊天、明鬼、兼愛以順天意行，又不「非命」致力為政，復耽於享樂不知「節用愛民」，且不知「尚賢使能」為政，但知窮兵黷武攻伐篡併他國。「今之王公大人」作風、行徑無不與之接近，墨子唯恐當今統治者重蹈覆轍，因此諄諄其言：

> 凡言凡動，合於三代暴王桀紂幽厲者舍之。（〈貴義〉）

墨子著墨描寫暴王的部分不多，只點出統治者的負面形象所在。把重點集中在大量濡染理想統治者的內涵和特質上，明確的塑造出理想統治者的人格類型。

3、理想的統治者──聖人、聖王（明王、兼王、兼君）

墨子所設計的理想統治者有諸多名稱：「聖人」、「聖王」、「明王」與儒、道家兩家相同，「兼王」、「兼君」則是墨子獨抒的設計。此「多名同義」，無層次之別，皆指理想的統治者。聖人就理想為政者的德行內涵說；「聖王」、「明王」著重於理想統治者的才能和治績表現說；兼王、兼君則針對理想統治者的兼愛特質而言。其中尤以「聖王」出現的次數最多，約有一百二十一次之多，他認為「古者聖王」是足堪楷式典範的人：

> 凡言凡動，合於三代聖王堯舜禹湯文武者為之。（〈貴義〉）

故言語行動與聖王堯舜禹湯文武相合的就做，如果能像聖人一樣批評該批評的事卻不失正理，這叫做「正五諾」。反之，明知是錯誤的事仍堅持己意則稱

做「過五諾」：

> 若聖人有非而不非，正五諾。皆人於知有說，過五諾。(〈經說上〉)

然而，古聖王俱已往矣，他們的言行何由可見？當然是通過現存的歷史文獻：

> 古之聖王，欲傳其道於後世，是故書之竹帛，鏤之金石，傳遺後世子孫，欲後世子孫法之也。今聞先王之遺而不爲，是廢先王之傳也。(〈貴義〉)

是見墨子與儒家一樣皆主張法古尊古且以「堯舜禹湯文武」爲代表。不過，《墨子》也說：「聖者用而勿必」(〈經說上〉)、「堯之義也，聲於今而處於古而異時」(〈經上〉)申明古今異時，古之義未必今之義，且反對當時的儒者以「君子必古言服」(〈非儒下〉)的說法，墨子對儒家的理解雖有問題，墨子尊古不循古的態度於此可見。儒墨兩家尊古聖最大的不同在於賦予理想人格的身分和內涵不同。儒家所指的聖人不一定要得位，而墨子的聖人是剋就「王天下，正諸侯」的統治者而言的：

> 古者明王聖人，所以王天下，正諸侯者，彼其愛民謹忠，利民謹厚，忠信相連，又示之以利，是以終身不饜，歿世而不卷。古者明王聖人，其所以王天下正諸侯者，此也。(〈節用中〉)

綜納《墨子》一書，聖人所呈顯出來的人格特質是：具有貴義的精神、兼愛的胸懷、強力的特性、節儉的作風、〔註16〕尊天明鬼的態度和尚賢尚同的領導專才等特性。

(1) 貴義的精神

墨子貴義，以「義」爲行爲的準則。「義」是墨子衡斷事物和政治的價值規範，他自己也被時人視爲「義人」。而「義」即「仁義」，仁義並列使用，《墨子》各篇都有。墨子同儒家孔孟一樣也講仁義，認爲仁和義的含意相通，仁義內外兩分是錯誤的：「仁，愛也。義，利也。愛利，此也。所愛所利，彼也。愛利不相爲內外，所愛利亦不相爲外內。其爲仁內也，義外也，舉愛與所利也，是狂舉也。若左目出右目入。」(〈經說下〉)。仁，是愛人。義，是利人。

〔註16〕 崔永東〈試析墨子的理想人格設計〉一文即以「兼愛的胸懷、貴義的精神、節儉的作風、強力而爲」分析墨子理想人格的特性，本文借用之而有不同的詮釋。參見《清華大學學報》(哲學社會科學版第 9 卷第 2 期，1994)，頁 28 ～33。

愛人利人都由我，所利所愛都在他人。愛人者利人，故不相爲外內，所愛所利也不宜相互爲外內。因此仁者，義也；義者，亦仁也。若說仁內義外，是將能愛與所利分開，這是妄舉，就像左眼外視，右眼內觀一樣的怪異。於此，墨子將仁、愛和利聯繫起來。此與儒家的角度明白有別。

儒家視「義」和「利」分屬不同的價值取向，墨子所謂的「義」，則和「利」結合，主張「義」說到盡頭，還是一個利，所以〈經上篇〉說：「義，利也」。不過，墨家的利指的是公眾公益之利，〈經說上〉有言：「義：志以天下爲芬，而能能利之，不必用。」眞正的義是善利天下而不求人之必用，而「義人」就是以天下爲己任，利天下而爲之的人。亦即「上利天、中利鬼、下利人，三利而無所不利」者（〈天志下〉）。反之，自利而不利他人者就是「不義」。以是，〈非攻〉每每說到，「虧人以自利」，便謂之「不義」。

墨子心目中的「聖人」即是「手足口鼻耳，從事於義」的「義人」：

> 必去喜，去怒，去樂，去悲，去愛，而用仁義。手足口鼻耳，從事
> 於義，必爲聖人。（〈貴義〉）

聖人就是能去六辟，將個人情緒上的六種偏好去掉，一切以仁義爲依歸，終致「嘿則思，言則誨，動則事」三者代御之境者，此即聖人貴義的精神。義人若在上位的話，天下必治，上帝山川和鬼神就有人主祭，萬民也將受益獲利。墨子舉出湯、文王爲例，說明義人在上位，天下必治的情形。此處的「義人」相當於聖人、古之聖王。

> 是以天鬼富之，諸侯與之，百姓親之，賢士歸之，未歿其世，而王
> 天下，政諸侯。鄉者言曰：義人在上，天下必治，上帝山川鬼神，
> 必有幹主，萬民被其大利。吾用此知之。（〈非命上〉）

聖王以貴義的精神爲政，舉義用人而不避貧賤、疏遠者，流風所及，上行下效，義帶來更多的義，於是親者、近者、逮至遠鄙郊外之臣，門庭庶子，國中之眾、四鄙之萌人競相爲義了：

> 是故古者聖王之爲政也，言曰：「不義不富，不義不貴，不義不親，
> 不義不近。」是以國之富貴人聞之，皆退而謀曰：「始我所恃者，富
> 貴也，今上舉義不辟貧賤，然則我不可不爲義。」親者聞之，亦退
> 而謀曰：「……然則我不可不爲義。」近者聞之，亦退而謀曰：「……
> 然則我不可不爲義。」遠者聞之，亦退而謀曰：「……然則我不可不
> 爲義。」逮至遠鄙郊外之臣，門庭庶子，國中之眾、四鄙之萌人聞

之，皆競爲義。(〈尚賢上〉)

「義」除了「利天下而爲之」，還具有「匡正」的意味，天子爲政於三公、諸侯、士、庶人，而天又爲政於天子，最後的指導者是「天」，天是超越的人格神，天子是現實世界的統治者：〔註17〕

> 夫義者政也，無從下之政上，必從上之政下。是故庶人竭力從事，未得次己而爲政，有士政之；士……，未得次己而爲政，有將軍大夫政之；將軍大夫……，未得次己而爲政，有三公諸侯政之；三公諸侯……，未得次己而爲政，有天子政之；天子未得次己而爲政，有天政之。……故昔三代聖王禹湯文武，欲以天之爲政於天子，明說天下之百姓，故莫不犓牛羊，豢犬彘，潔爲粢盛酒醴，以祭祀上帝鬼神，而求祈福於天。我未嘗聞天下之所求祈福於天子者也，我所以知天之爲政於天子者也。(〈天志上〉)

如此說來，墨子的「義」乃以外在超越的「天志」爲價值根源，此與儒家孟子根於內在道德心性主體，自本自立的「仁義」之說判然兩途。故墨子的聖王雖爲居天子之位的天下「窮富窮貴」者，仍要受到「天志」的匡正，所以墨子理想的人格不僅有貴義的精神，還有「尊天明鬼」的心態。此將在下文論及。

至於義人執政的成效如何？墨子說：

> 義人在上，天下必治，上帝山川鬼神，必有幹主，萬民被其大利。(〈非命上〉)

能順天應人，讓天下走上治道，萬民皆蒙其利就是「義政」，反之則爲「力政」。「義政」乃相對於「力政」提出：

> 順天意者，義政也。反天意者，力政也。(〈天志上〉)

這是墨子對理想政治的嚮往。〈天志下〉對墨子的理想政治藍圖有清楚的描寫：

> 處大國不攻小國，處大家不篡小家，強者不劫弱，貴者不傲賤，多詐者不欺愚。此必上利於天，中利於鬼，下利於人，三利無所不利，故舉天下美名加之，謂之聖王。
>
> 曰義正者何若？曰大不攻小也，強不侮弱也，眾不賊寡也，詐不欺愚也，貴不傲賤也，富不驕貧也，壯不奪老也。

〔註17〕參見陳問梅《墨學之省察》(台北：學生，1988)，頁123。

　　總結《墨子》關於「義」的內容非常廣泛，如上所說至少就有「仁」「利」「政（正）」三項內容。〔註18〕聖王以「貴義」的精神治理國家，在自己的政權範圍內，以愛利人民百姓的心出發，宣傳正義、主持正義、伸張正義，將國家建立成為人人平等、互愛互利；國際間沒有戰爭只有和平，人與人之間沒有欺詐，只有溫情的理想天下。

　　（2）兼愛的胸懷

　　《墨子·兼愛上》即說：「聖人以治天下爲事者也」，文中每一段都以這樣的話引領開頭，涵義約有二端：聖人是以外王事業爲己任者，此其一；反映墨子對在位者的提醒和建言，此其二。同時說明理想爲政者的首務在於瞭解天下的亂源，故有聖人欲治天下「必知亂之所自起」之言，好比醫生給人治病一樣，一定要知道疾病的來源才能醫治，若「不知亂之所自起，則不能治」（〈兼愛上〉）。據墨子考察，天下的亂源來自於不相愛，不相愛又源於只知自愛。此處所謂的自愛，乃就「自私自利」說，也就是所謂的「虧人以自利」。不管是君臣、父子、兄弟，彼此之間都「虧人以自利」，造成彼此之間的爭亂攻伐，是即「臣子之不孝君父，所謂亂也。子自愛不愛父，故虧父而自利；弟自愛不愛兄，故虧兄而自利；臣自愛不愛君，故虧君而自利，此所謂亂也。」（〈兼愛上〉）所以墨子指出：要有「兼愛」天下胸懷的人站出來，國家才能止亂返治，教天下的人彼此相愛：「天下兼相愛則治」。此人無他，正是聖人也。

　　「兼」是視人如己，不分彼此、沒有人我。「兼愛」就是「同等的愛」，或「無等差的愛」。墨子的「兼愛」相對於儒家的「仁愛」，從「兼」的角度來看，墨子認爲儒家的「仁愛」是一種「體愛」：「仁，體愛也。」（〈經上〉），是「分於兼」的愛（〈經上〉），「有愛而無利」（〈大取〉）的表現，即以自我爲中心，由親及疏的推愛，這種由厚而薄的愛，〈大取〉篇曾以「江上井」譬之，指出這樣的情懷，縱然有愛也是有限的（〈大取〉），〔註19〕此非眞正的「仁愛」。只有「厚不外己，愛無厚薄」的「兼愛」，才是眞正爲民興利除害的「仁愛」。故「兼者，聖王之道也。」（〈兼愛下〉）以「兼」爲懷的聖人，必以兼爲政。

〔註18〕吳晉生曾就此三項內容分析墨子的正義觀，詳見其著之〈試論墨子的正義觀〉《墨子研究論叢二》（山東大學，1993），頁238～49。

〔註19〕參見勞思光《中國哲學史》第一冊第五章〈墨子與墨辯〉（香港：崇基，1980），頁237。

〈大取〉篇曾以「爲漏甕除漏以盛水」、「追迷途之人」爲喻，說明聖人兼愛天下，爲民興利除害的過程：「凡興利除害也，其類在漏甕」（〈大取〉）「聖人也，爲天下也，其類在于追迷。」（〈大取〉）蓋天下昏亂不治，人民之患如「漏甕」又如「行人之迷失道路」一般，聖人以兼爲政，愛人利民、爲民除患，無疑爲人民帶來生命的活泉和方向，所以墨子稱用兼愛爲民興利除害的過程爲「漏甕」、「追迷」。墨子的「聖人」對天下百姓的悲愍之情由此可見一斑。不過，聖人兼愛天下的胸懷，愛的是「好人」，並非因此縱容濫愛巧取豪奪的盜匪和殺人的凶手，故曰：「愛盜非愛人也，不愛盜非不愛人也，殺盜人非殺人也。」（〈小取〉）

具體言之，從積極正面來說，聖王的「兼愛」表現在：主動愛別的國像愛自己的國，愛別人的家像愛自己的家，愛別人像愛自己一樣，當天下有愛而不再有禍篡怨恨，天下就太平了。從消極反面來說，兼愛的胸懷將化爲不主動出擊的和平宣言——「非攻」。如此便有「上利乎天，中利乎鬼，下利乎人，三利無所不利」的「天德」：

> 兼者，處大國不攻小國，處大家不亂小家，強不劫弱，眾不暴寡，
> 詐不謀愚，貴不傲賤。觀其事，上利乎天，中利乎鬼，下利乎人，
> 三利無所不利，是謂天德。聚斂天下之美名而加之焉，曰：此仁也，
> 義也，愛人利人，順天之意，得天之賞者也。（〈天志中〉）

此與前文所提過的天、鬼、人三利無不利的「義政」理想一致（〈兼愛中〉），且因愛利人，順天意得天賞，故能「聚斂天下之美名而加之焉」，並稱爲「仁義」之人（〈天志中〉）。惟聖王雖「非攻」，並非毫無原則、無條件反對一切戰爭。聖王所反對的是窮兵黷武，若基於兼愛情懷，承天命「誅」討有罪的國家，實乃順天應人、爲民除害的戰爭，因此墨子認爲「禹征有苗，湯伐桀，武王伐紂」是這三位聖王愛民利民、弔民伐罪的義舉，是「誅」而非「攻」：

> 禹之征有苗也，非以求以重富貴、干福祿、樂耳目也，以求興天下
> 之利，除天下之害，即此禹兼也。（〈兼愛下〉）

> 昔者禹征有苗，湯伐桀，武王伐紂，此皆立爲聖王，……若以此三
> 聖王者觀之，則非所謂攻也，所謂誅也。（〈非攻下〉）

準此可見，聖人兼愛的胸懷是爲了實現興利天下的「義政」。因此爲了藏富天下，聖人寧可放棄自己的利益，鎮日勞行以興天下之利爲務，甚至因此不能親侍父母左右；而其父母死後節葬短喪，也是基於「體渴興利」的原則：

> 聖人不爲其室，臧之故，在於臧。聖人不得爲子之事。聖人之法，
> 死亡親，爲天下也。厚親，分也，以死亡之，體渴興利。（〈大取〉）

要之，聖人胸懷兼愛，一切以興利除害，平亂反治爲最高原則。對人無分親疏、厚薄、貴賤、古今，也不受外在權位、利祿的影響：

> 聖人之拊潰也，仁而無利愛，利愛生於慮。昔者之慮也，非今日之
> 慮也；昔者之愛人也，非今之愛人也。愛獲之愛人也，生於慮獲之
> 利，慮獲之利，非慮臧之利也，而愛臧之愛人也，乃愛獲之愛人也。
> 昔之知嗇，非今日之知嗇也。貴爲天子，其利人不厚於匹夫。二子
> 事親，或遇孰，或遇凶，其親也相若。非彼其行益也，非加也。外
> 執無能厚吾利者。藉臧也死而天下害，吾持養臧也萬倍，吾愛臧也
> 不加厚。（〈大取〉）

墨子並舉古代聖王如大禹治水、周文王治岐周、和周武王定天下的事功等例子（〈兼愛中〉），說明聖王具有兼愛精神，並從「先聖六（四）王」留下的竹帛、金石找到證據（〈兼愛下〉）。堯舜禹湯文武即因兼愛天下、利天下，天以是立之爲天子，名曰聖人：

> 以昔者三代之聖王知之。故昔也三代之聖王堯舜禹湯文武之兼愛之
> 天下也，從而利之，移其百姓之意焉，率以敬上帝山川鬼神，天以
> 爲從其所愛而愛之，從其所利而利之，於是加其賞焉，使之處上位，
> 立爲天子以法也，名之曰聖人，以此知其賞善之證。（〈天志下〉）

墨子理想的君主具有兼愛的人格特質，是行兼愛的君主，又稱之爲「兼君」，其人「必先爲萬民之身，然後爲自己之身」，其使萬民能「飢即食之，寒即衣之，疾病侍養之，死喪葬埋之」，是位愛天下人而天下人也愛之的「明君」：

> 我以爲當其於此也，天下無愚夫愚婦，雖非兼者，必從兼君是也。（〈兼
> 愛下〉）

> 吾聞爲明君於天下者，必先萬民之身，後爲其身，然後可以爲明君
> 於天下。是故退睹其萬民，飢即食之，寒即衣之，疾病侍養之，死
> 喪葬埋之。兼君之言若此，行若此。（〈兼愛下〉）

用此觀之，儒家孟子曾批評墨子說：「兼愛」是「無父」的禽獸之道。言下之意行兼愛有害於盡孝道。究竟聖人會不會因兼愛而忽略了自己和自己的親人呢？此墨子於〈兼愛中〉曾說：

> 兼相愛，交相利……。夫愛人者，人必從而愛之；利人者，人必從

而利之。

墨子沒有正面去分析在愛的根源上是否有「二本」(《孟子‧滕文公上》)的問題，而直接從互利互惠的結果來肯定「兼愛」不害孝。倒是墨子的後學特別指出：聖人雖胸懷兼愛，以蒼生為念，去己私就公利而勞苦天下，但尚不至於毀身傷己：

> 聖人惡疾病，不惡危難。正體不動，欲人之利也，非惡人之害也。(〈大取〉)

聖人深知唯有愛重身體不染病，才能「利天下而為之」，因此有時也會「正體不動」，這是「欲存身以利人」，並非畏難苟安而「惡人之以危難害己」。

墨子後學還進一步從群體生命的角度闡明兼愛的必要性，故有言曰：

> 有厚而毋薄，倫列之興利為己。
>
> 不為己之可譽也，其類在獵走。愛人非為譽也，其類在逆旅。愛人之親若愛其親，其類在官苟。兼愛相若，一愛相若，一愛相若，其類在死(也，畢沅云：一本作虵，蛇之俗字)也。(〈大取〉)

人生如逆旅過客，短暫難久，群體生命才是永久的，理想的治者當以群體利益優先，個人名譽放兩邊，且當一個人能做到人我不分、公爾忘私時，不僅群體獲利，個人同樣雨露同沾，共蒙其利，誠如蛇一般，首尾相救時也等同於自救。

總之，兼愛是理想為政者應然的本質，無論壽夭，都是以兼愛為懷，利天下為目的：「或壽或卒，其利天下也指若。」絕不因壽夭而貳其心。可見墨子的功利價值取向，乃建立在利他愛人的道德基礎上。從是觀之，儘管儒墨兩家對理想人格愛人的根源和方式有不同的體會，但都是為了解決人類因追逐利益所造成的相互剝削與殘殺，以恢復人間和諧的秩序，及寄言為政者要有寬闊愛人的胸懷和高度的道德理想。〔註20〕

（3）強力的特性

執持命定論者，往往認為「命富則富，命貧則貧，命眾則眾，命寡則寡，命治則治，命亂則亂，命壽則壽，命夭則夭」一切接受命運的安排和播弄，人力完全發揮不了作用。墨子認為這是像桀、紂等暴君所認定的生命態度，

〔註20〕關於儒墨兩家秩序觀念的形成的同異處，蔡英文的〈儒墨兩家的秩序觀念與韓非秩序觀念的形成〉論之甚詳，可參看其所著之《韓非的法治思想及其歷史意義》第三章（台北：文史哲，1986），頁 39～115。

聖人不取。墨子心目中理想的治者乃憑著「非命尚力」的積極人生態度，努力實踐生命意義，絕不將自己政治的責任推給虛無的命運：

> 天下之治也，湯武之力也；天下之亂也，桀紂之罪也。若以此觀之，夫安危治亂存乎上之為政也，則夫豈可謂有命哉！故昔者禹湯文武方為政乎天下之時，曰：「必使飢者得食，寒者得衣，勞者得息，亂者得治」，遂得光譽令問於天下。夫豈可以為命哉？故以為其力也！（〈非命下〉）

故禹湯文武所以能使「飢者得食，寒者得衣，勞者得息，亂者得治」而獲得美好的聲譽，原因無他，皆「以為其力也」，此處的「力」乃相對於「命」而言。重視「力」是墨子思想的特點，墨子認為人生而有生命力、勞動力，經由後天人事的努力，可以發揮改善人類生活的目的。這種後天「人力」的發揮是人和禽獸最大的不同，也是人類擺脫動物而突顯人之所以為人的根本分界點。〈非樂上〉曰：

> 今人固與禽獸麋鹿、蜚鳥、貞蟲異者也，今之禽獸麋鹿、蜚鳥、貞蟲，因其羽毛以為衣裘，因其蹄蚤以為褲屨，因其水草以為飲食。故唯使雄不耕稼樹藝，雌亦不紡績織紝，衣食之財固已具矣。今人與此異者也，賴其力者生，不賴其力者不生。君子不強聽治，即刑政亂；賤人不強從事，即財用不足。（〈非樂上〉）

在墨子看來，力的功能是全方位的，個人的飢餓、寒暖、溫飽、榮辱、貧賤，乃至於整個社會的安危、治亂，都取決於人格主體生命力的強弱和大小。故而古先聖王禹、湯、文、武所以能「禁暴止亂，天下得治」，實得力於「賞賢罰暴」的為政作風，絕非命定：

> 故昔者三代聖王禹湯文武方為政乎天下之時，曰：「必務舉孝子而勸之事親，尊賢良之人而教之為善。」是故出政施教，賞善罰暴。且以為若此，則天下之亂也，將屬可得而治也，社稷之危也，將屬可得而定也。（〈非命下〉）

墨子更引典籍加以印證，古聖王商湯、武王時期，就曾經反對駁斥暴王桀、紂執有命的說法，顯見古代聖王強力主張「非命」，而務於後天的人事努力：

> 繁飾有命，以教眾愚樸人久矣。聖王之患此也，故書之竹帛，琢之金石，於先王之書仲虺之告曰：「我聞有夏，人矯天命，布命於下，帝式是惡，用闕師。」此語夏王桀之執有命也，湯與仲虺共非之。

> 先王之書太誓之言然曰：「紂夷之居，而不用事上帝，棄闕其先神而
> 不祀也」，曰：「我民有命，毋僇其務。天不亦棄縱而不葆。」此言
> 紂之執有命也，武王以太誓非也。（〈非命中〉）

由此觀之，墨子是從賴力仗義〔註21〕的人格理想去理解古聖先賢的。將
理想統治者塑造成一個充滿自信、積極進取，不向命運低頭並能為人民除三
患、為天下興利除害而使天下撥亂反治的政治強人。

（4）節儉的作風

「節儉」是墨子作為區別一個統治者是「聖人」還是「小人」〔註22〕的
標準。他指出：在「舟車、宮室、衣服、食糧、私蓄」這五個方面。能節儉
的就是聖人，國必昌盛；淫佚無度的就是小人，國必滅亡：

> 凡此五者，聖人之所儉節也，小人之所淫佚也，儉節則昌，淫佚則
> 亡，此五者不可不節。夫婦節而天地和，風雨節而五穀孰，衣服節
> 而肌膚和。（〈辭過〉）

可見墨子很重視節儉和人格的關係，並以「節儉」做為理想統治者的重要素
質。聖王本著利民福國的原則，藉著「節用之法」一則減輕人民的負擔，一
則為民興利。墨子說：

> 古者聖王，制為節用之法，曰：……「凡足以奉給民用，則止。」
> 諸加費不加于民利者，聖王弗為。（〈節用中〉）

因此聖王在食衣住行各方面都要力行節儉，凡是「費財勞力，不加利者，不
為也」。（〈辭過〉）其中又以「食」的部分最重要，「糧食」是國家經濟民生的
根本，「聖人以之為寶」（〈七患〉）。聖人一方面教人民耕稼種植，供應人民糧
食，一方面節飲食，只要能「增氣充虛，強身適腹」即可，不必去追求山珍
海味（〈辭過〉）。「衣、住、行」也只要滿足基本的物質需求便可。如穿衣只
要「冬暖夏涼」能「適身體，和肌膚」，不必追求雍容華貴以誇耀耳目，眩動
愚民；居室只要能遮風雨雪露，防禦盜賊即可，不必追求雕樑畫棟，宏偉瑰
麗；而舟車也只消合於「全、固、輕、利」，任重致遠，不必刻鏤文采；至於
後宮也不再有「蓄私以傷行」，私蓄太多造成太多的「曠男怨女」，將影響人

〔註21〕 參見朱義祿《從聖賢人格到全面發展──中國理想人格探討》（陝西：人民，
1992），頁63。

〔註22〕 《墨子》書中「小人」多指「百姓」之意，如〈尚同下〉、〈兼愛下〉、〈非樂
上〉；而與「大人」對言，亦為「百姓」之謂，如〈辭過〉、〈大取〉。〈非儒下〉
的「小人」與「聖人」相對成文則是就「德行說」。

口的繁殖生產。(〈辭過〉、〈節用中〉)

聖王不但在日常生活、基本需求上要節用，文化休閒方面也當節用而「非樂」。據〈非樂上〉的說法，聖王所以非樂，並非因為「大鍾、鳴鼓、琴瑟、竽笙之聲，以為不樂也」，墨子不反對笙樂具有休閒娛樂和藝術的功能，然根據他的歷史考察，笙樂隨著時代不斷繁飾增衍，國家卻沒有隨著朝代的更迭而變得更上軌道，且「樂愈繁者，其治愈寡」(〈非樂上〉)，就治國層面而言，音樂有耽樂敗國的危機；而就群體利益而言，「厚斂製作樂器」、「征民充當樂工」以及「聽樂廢其分事」也可能帶來經濟和社會的失序，音樂不中萬民之利於此可見。換言之，笙樂不僅無法解決諸侯力征、天下大亂以治國安民，且可能影響人民生產的正常運作，無法為民生財、不合於萬民之利，故而聖王非樂。除非人民造樂器能像造舟車一樣使萬民有舟楫之利，音樂也不再有階級之分而能成為與民同樂的活動，那麼，「古者聖王亦嘗厚措斂乎萬民」(〈非樂上〉)。由此觀之，墨子係站在平民的立場，從政治、經濟的效用，看到當時民生的問題不在精神的苦悶，而是「飢者不得食，寒者不得衣，勞者不得息」的生活巨患。而音樂既「無益於政，不利於民」，且無法解決「民衣食之財」和帶給人民生活的幸福，故墨子賦予聖王非樂的主張。

上述就「生」的層次說節用，至於處置喪葬的方式，聖王也以不破壞民生實利的節用為原則，墨子指出儒家的厚葬久喪實非聖王之道，古聖王並有葬埋方法的制定：

> 故古聖王制為葬埋之法，曰：「棺三寸，足以朽體；衣衾三領，足以覆惡。以及其葬也，下毋及泉，上毋通臭，壟若參耕之畝，則止矣。死則既以葬矣，生者必無久哭，而疾而從事，人為其所能，以交相利也。」此聖王之法也。(〈節葬下〉)

墨子還舉堯、舜、禹三聖都薄葬的例子加以證明：

> 昔者堯北教乎八狄，道死，葬蛩山之陰，衣衾三領，穀木之棺，葛以緘之，既窆而後哭，滿埳無封。已葬，而牛馬乘之。舜西教乎七戎，道死，葬南已之市，衣衾三領，穀木之棺，葛以緘之，已葬，而市人乘之。禹東教乎九夷，道死，葬會稽之山，衣衾三領，桐棺三寸，葛以緘之，絞之不合，通之不埳，土地之深，下毋及泉，上毋通臭。既葬，收餘壤其上，壟若參耕之畝，則止矣。若以此若三聖王者觀之，則厚葬久喪果非聖王之道。故三王者，皆貴為天子，

富有天下，豈憂財用之不足哉？以爲如此葬埋之法。(〈節葬下〉)
按照墨子的思考，聖王並非財用不足而採取薄葬的作法，而是認爲厚葬者將有
害於整個國家和天下萬民「富貧、眾寡、治亂」的「三利」，故聖王不取。此部
分在〈節葬下〉有清楚的敘述，論者也有詳細的論證，茲不再贅述。〔註23〕

　　據上述，聖人、聖王「生而勤，死無服」的節用之道，都是就理想統治
者體恤人民而欲減輕人民負擔的部分來說，看似消極的「節流」，但墨子卻指
出節用爲政才是積極「倍天下之利」(〈辭過〉)的開源之道。墨子的推論是：
統治者若能「因其國家，去其無用之費」，「無不加用而爲者」，如節用「爲衣
裳之道」、「爲宮室」、「作甲盾五兵」和「爲舟車之道」等日常生活所需，那
麼，「用財不費，民德不勞」自然「其興利多矣」。當天下百工不再爲滿足統
治者奢華生活耗時費財，就有餘裕「各從事其所能」(〈節用中〉)而「生財密」
(〈七患〉)；且由於聖王「節私蓄」，又制定「早婚政策」：「聖王之法：丈夫
二十而娶，女子十五而嫁」(〈節用上〉)，人口跟著繁殖，實有助於「增產報
國」，凡此都可「倍國、倍天下之利」。故「去無用之費」，表面上雖是消極之
道，實際上含有積極成分：「去無用之費，聖王之道，天下之大利也。」(〈節
用上〉)是以聖王雖不能讓五穀永遠豐收，然因平日節用生財，即使鬧水患或
旱災，也不會有凍餒之民：

　　故雖上世之聖王，豈能使五穀常收，而旱水不至哉？然而無凍餓之
　　民者何也？其力時急，而自養儉也。故夏書曰：「禹七年水」，殷書
　　曰：「湯五年旱」，此其離凶餓甚矣，然而民不凍餓者何也？其生財
　　密，其用之節也。(〈七患〉)

　　理想的統治者係基於愛民利民的用心而有節儉作風，眞正目的乃在於減
輕人民負擔、增加人民國家天下的大利。職是，墨子所謂「聖王制之」的節
用之道，並非針對人民提出的要求，而是爲統治者量身訂做的政策，希望統
治者不要太鋪張浪費而「厚作斂於百姓，暴奪民、食之財」，意即在上位者若
能節欲、去奢、崇儉，減少無益的消費，人民就有餘食、餘財、餘用；國家
財政也就可以免於匱乏。是知墨子以「節儉」作爲理想統治的重要素質，正
如荀子所說的「昭昭然爲天下憂不足」，同時反映墨子的救世情懷，絕無「刻

〔註23〕參見蔡仁厚前揭書，同註14，頁51～7及陳問梅前揭書，同註17，頁245～
　　　55。

薄天下人」的意思。〔註24〕不然，「勞者不得息」的民患豈不更惡化？實有違聖人、聖王除三患、興三利的原則。故有論者批評墨子的節用是「要人節用，要人過著其生也勤，其死也薄的生活」，〔註25〕「只爲政治服務，而不是爲人民服務」的說法，對照墨子所描寫的聖王節儉作風來看，此說幾乎不攻自破。

（5）尊天明鬼的態度

聖人貴義，「義」是其行爲的準則，而「義」源乎既超越且外在於人的「天志」，故從根源義探討，「天志」是聖人衡量天下刑政善與不善、天下萬民的言行舉止和王公大人卿大夫「義不義」或「仁不仁」的法儀標準（〈天志中〉）。

聖王凡事必察天志、順天意而行，不可任憑己意去做：「不得次（恣）己而爲政，有天正之」（〈天志上〉），是以聖王雖是天下「窮富窮貴」者（〈天志上〉），卻非極權者，因他所施行的「義政」需要受到「天志」的匡正和檢驗：「天子爲善，天能賞之；天子爲暴，天能罰之。」（〈尚同上〉）否則難逃上天的懲罰。三代的聖王，禹、湯、文、武明白向百姓宣稱要以盛禮祭祀上帝、鬼神以「祈福於天」：

> 天子爲政於三公、諸侯、士、庶人，天下之士君子固明知，天之爲政於天子，天下百姓未得之明知也。故昔三代聖王禹湯文武，欲以天之爲政於天子，明說天下之百姓，故莫不犓牛羊，豢犬彘，潔爲粢盛酒醴，以祭祀上帝鬼神，而求祈福於天。我未嘗聞天下之所求祈福於天子者也，我所以知天之爲政於天子者也。（〈天志上〉）

並揭示上天是人間正義的制定和執行者：「天之志者，義之經也。」（〈天志下〉）人間的賞罰由乎天志決定。故當天下有「聽獄不中，天下疾病禍福，霜露不時」等問題產生時，天子就要「犓豢其牛羊犬彘，絜爲粢盛酒醴，以禱祠祈福於天」：

> 是故古者聖人，明以此說人曰：「天子有善，天能賞之；天子有過，天能罰之。」天子賞罰不當，聽獄不中，天下疾病禍福，霜露不時，天子必且犓豢其牛羊犬彘，絜爲粢盛酒醴，以禱祠祈福於天。（〈天志下〉）

〔註24〕參見蔡仁厚前揭書，同註14，頁52～3。

〔註25〕引言部分爲唐端正語，顯見唐氏之見未符合《墨子》書中「節用」的用意。參見氏著之〈從墨子之十務辨儒墨之異〉，收入《先秦諸子論叢（續篇）》一書（台北：東大，1983），頁61。

墨子這裡所謂的向天祈福，不是爲了鞏固天子個人權力，旨在爲天下國家百姓的福利生計著想。聖人昭示人們必須隨時「戒之、愼之、必爲天之所欲，而去天之所惡」（〈天志下〉），是見聖人對天抱著虔誠寅畏的心情。而天所以能成爲賞罰天子的最高價值規範和最高的權原，乃因天是德性的、價值的人格神，其以愛、利爲本質：「今夫天，兼天下而愛之」（〈天志中〉）所以聖王敬天並以天爲法，以天爲法儀，效法上天「行廣而無私」的廓然大公、「施厚而不息」的博厚無疆、「明久不衰」的永恆悠久。所有的行爲皆視天志而定，以天的欲惡爲欲惡，也就是以兼愛兼利爲原則：「順天意兼相愛，交相利，必得賞。反天意者，別相惡，交相賊，必得罰。」（〈天志上〉）

　　理想的統治者敬天、法天也「明鬼」，故而古代聖人的尺帛之書屢屢提到鬼神的存在，證明鬼神爲實有。古代聖王都認爲鬼神是神明的，能「爲禍福，執有祥不祥」。因爲聖王明鬼，擔心鬼神降禍施懲，爲政不敢放肆，所以「政治而國安」（〈公孟〉）：

> 古者聖王必以鬼神爲（有），其務鬼神厚矣，又恐後世子孫不能知也，故書之竹帛，傳遺後世子孫；咸恐其腐蠹絕滅，後世子孫不得而記，故琢之盤盂，鏤之金石，以重之；有恐後世子孫不能敬若以取羊，故先王之書，聖人一尺之帛，一篇之書，語數鬼神之有也，重有重之。此其故何？則聖王務之。（〈明鬼下〉）

順此文義以推，神明的鬼神同天志一樣，也以義爲本質，並具備「賞賢罰暴」的作用，其地位乃在「人之上，天之下」，輔助天以爲政於天下。其賞賢罰暴的標準與天志一樣，都是根據人的行爲是義或不義來決定，行義爲賢則賞，行不義爲暴則罰。此所以禹湯文武因爲「愛忠行義」而得天下；三代的暴王桀紂幽厲因爲「仇忠行暴」而失天下（〈魯問〉）。古聖王即以「明鬼」爲「治國家利萬民之道（〈明鬼下〉）：「聖王明天鬼之所欲，而避天鬼之所憎，以求興天下之利，除天下之害。」（〈天志中〉）並「率其百姓，以上尊天事鬼」（〈非命上〉），且使「天下之人」「信鬼神之能賞賢而罰暴」（〈天志下〉）。墨子並將天下大亂的因素歸咎於大家都疑惑鬼神的存在，不願相信鬼神具有賞賢罰暴的功能：

> 三代聖王既沒，天下失義，諸侯力正，是以存夫爲人君臣上下者之不惠忠也，父子弟兄之不慈孝弟長貞良也，正長之不強於聽治，賤人之不強於從事也，民之爲淫暴寇亂盜賊，以兵刃毒藥水火，退無

> 罪人乎道路率徑，奪人車馬衣裘以自利者並作，由此始，是以天下
> 亂。此其故何以然也？則皆以疑惑鬼神之有與無之別，不明乎鬼神
> 之能賞賢而罰暴也。(〈明鬼下〉)

這樣的歸因雖然太簡略，反而顯出墨子的明鬼，不具心靈淨化提升和對彼界
嚮往的功能，其重心不在天上宗教的救贖而在人間政教的治亂。

　　職是之故，墨子所設計的古代聖王，相信鬼神具有「賞賢罰暴」輔助政
教的功能：「其賞也必於祖，其僇也必於社」(〈明鬼下〉)，且聖王侍奉鬼神，
也如敬天一般，懷著虔誠敬畏的心情和態度加以祭祀。惟祭祀無須鋪張，若
重禮求福而無敬慎之心，則「其富不如其貧」：

> 古者聖王事鬼神，祭而已矣。今以豚祭而求百福，則其富不如其貧
> 也。(〈魯問〉)

這和前文所述的聖王節儉作風一致而不矛盾。同時也反映墨子「尊天事鬼」
的風俗，早已甩脫原始先民求神致福的迷信色彩。證諸〈公孟〉篇的記載：
墨子生病，他的學生跌鼻由果推因的問說：「今聖人也，何故有疾？意者之言
有不善乎？鬼神不明知乎？」(〈公孟〉)墨子的回答很有人文理性意味：「雖
使我有病，何遽不明？人之所得於病者多方，有得之寒暑，有得之勞苦，百
門而閉一門焉，則盜何遽無從入？」(〈公孟〉)跌鼻的看法是很多宗教信徒常
有的迷思，以為生病、遇禍罹災一定是自己犯了錯、有了罪或造了孽；殊不
知因果循環善惡有報固為實理，卻不宜簡單的由果推因，認定怎樣的果一定
出於怎樣的因。再就〈魯問〉墨子對曹公子說的話來分析，可知墨子的明鬼
不是迷信更不是為了個人的祈福消災。平日虔誠祭祀，並不能保證不生病；
故而真正的尊天事鬼者應當好好修德，「處高爵祿」則以「讓賢」也，「多財」
則以「分貧」也：

> 夫鬼神之所欲於人者多，欲人之處高爵祿則以讓賢也，多財則以分
> 貧也。夫鬼神豈唯攫黍拑肺之為欲哉？(〈魯問〉)

　　總上所言，墨子賦予理想統治者「尊天明鬼」的形象，認為古聖王是「尊
天事鬼，愛人節用」的智者。於是「尊天、事鬼、愛人」三者是身為理想統
治者必備的特質。只有「上尊天、中事鬼、下愛人」後世盛稱其德，教化遍
施於天下者，才稱得上是「貴為天子，富有天下，子孫世代不絕」的聖王：

> 其事上尊天，中事鬼神，下愛人，故天意曰：「此之我所愛，兼而愛
> 之；我所利，兼而利之。愛人者此為博焉，利人者此為厚焉。」故

使貴爲天子，富有天下，業萬世子孫，傳稱其善，方施天下，至今
稱之，謂之聖王。（〈天志上〉）

故子墨子曰：「今天下之王公大人士君子，中實將欲求興天下之利，
除天下之害，當若鬼神之有也，將不可不尊明也，聖王之道也。（〈明
鬼下〉）

由此，墨子一方面藉著對「天志明鬼」的宣示，輔助政教興利除害，期
待當時的統治者不要把弄操縱政權，將權力無限上綱，爲所欲爲，而能以謙
和、公正的態度從事政治統治的工作；另一方面也反映墨子個人對天和鬼神
的看法是承認其爲實有的客觀存有，試看下列的記載：

巫馬子謂子墨子曰：「鬼神孰與聖人明智？」子墨子曰：「鬼神之明
智於聖人，猶聰耳明目之與聾瞽也。」（〈耕柱〉）

使聖人聚其良臣與其桀相而謀，豈能智數百歲之後哉！而鬼神智
之。故曰，神之明智於聖人也，猶聰耳明目之與聾瞽也。（〈耕柱〉）

墨子指出聖人雖然明智，若相較於鬼神，則鬼神監臨人間，古今相繼，其明
智尤勝於聖人，鬼神的明智和聖人相比，如同聰耳明目之於聾瞽。而〈明鬼
下〉也對主張無鬼的人是「上逆聖王之書，內逆民人孝子之行」者。此即表
示墨子必然肯定鬼神爲客觀眞實的存在，由此也才能解釋墨子何以和孔子一
樣主張要敬愼祭祀，卻批評儒家「以天爲不明，鬼爲不神，天鬼不說（悅），
此足以喪天下。」（〈公孟〉）甚至批評儒家「祭如在，祭神如神在」（《論語‧
八佾》）的祭祀是「執無鬼而學祭禮，是猶無客而學客禮也，是猶無魚而爲魚
网也。」（〈公孟〉）

（6）以政齊民的領導

墨子心中理想的統治者有尊天事鬼、以義爲法、心懷兼愛、克勤克儉又
積極進取等精神品質和生活作風，但做爲領導者尙有一個很重要的素質——
即所謂的領導能力，墨子所設計的理想統治者，其領導能力展現在「尙賢」
的用人之道和「尙同」的組織架構上，旨在希望建立一個上通於「天志」下
及於「萬民」的政府：

故古者聖人之所以濟事成功，垂名於後世者，無他故異物焉，曰唯
能以尙同爲政者也。（〈尙同中〉）

且以尙賢爲政之本者，亦豈獨子墨子之言哉！此聖王之道，先王之

書距年之言也。傳曰：「求聖君哲人，以裨輔而身」，湯誓云：「聿求
元聖，與之戮力同心，以治天下。」則此言聖之不失以尚賢使能為
政也。故古者聖王唯能審以尚賢使能為政，無異物雜焉，天下皆得
其利。（〈尚賢中〉）

以上所說的聖人「能以尚同為政」故「濟事成功，垂名於後世」，復因「尚賢
使能為政」，是以「天下皆得其力」。都是從政治立場說明理想治者的事功和
為政風格。

　　「尚同」政治的用意和已如上文所述，至於方法是通過人事和地域兩方
面的政治組織設計和政治規定加以操作。此陳問梅〔註26〕析論甚詳，茲犖括
略述如下：在人事方面，天子、諸侯、鄉長、里長等四級為主幹；三公、大
夫等都是各級主幹的輔佐者。地域方面，天子統治天下，其下分設許多鄉及
里，由國君、鄉長、里長加以統治。合之即為整個天下。在這組織中有天子
對天下萬民的總規定，也有由各級正長的分別規定。這些規定可歸併為四點，
即聞、見善和不善必以告其上；必以上之是非為是非；旁薦己善，規諫上過；
必學上位者之善言善行。

　　墨子認為古代聖王便是通過這樣「若絲縷之有紀、網罟之有綱」，細密而
完整的政治機構予以綱紀網羅天下、運役天下淫暴，使天下萬民都能尚同於
其上，一同其義（〈尚同中〉）。如果有人不服從上述所提的四點政治規定，古
代的聖王也會制定刑法懲處，其刑網也是「若絲縷之有紀、網罟之有綱」細
密而完整，人民無所遁逃：

古者聖王為五刑，請以治其民。譬若絲縷之有紀，罔罟之有綱，所
連收天下之百姓不尚同其上者也。（〈尚同上〉）

　　聖王即通過尚同政治機構進行賞罰，要求天下萬民，將其耳目所聽聞的
善與不善往上通報、告發。合法者得賞；反之則罰，聖王就是按照這一套緊
密、滴水不漏的通報系統來執行人間的正義：「賞當賢，罰當暴，不殺不辜，
不失有罪」（〈尚同中〉）。且由於聖王制定的賞罰制度明確：「上有隱事遺利，
下得而利之；下有蓄怨積害，上得而除之。」（〈尚同中〉）人民在欲得賞譽，
害怕毀罰的心理作用下，無不竭盡自己的耳目、口吻、心思和股肱為聖王服
務。以是「數千萬里之外，有為善者，其室人未遍知，鄉里未遍聞，天子得
而賞之。數千萬里之外，有為不善者，其室人未遍知，鄉里未遍聞，天子得

[註26] 參見陳問梅前揭書，同註17，頁159～64。

而罰之」而使「舉天下之人皆恐懼振動惕慄，不敢爲淫暴」。至此，天子的耳目視聽無所不在，有如神明，故曰：「天子之視聽也神」（〈尚同中〉）。

聖王就這樣依著尚同的政治結構，使天下一人一義、十人十義的紛亂危局歸於一致，所以墨子說：

> 聖王皆以尚同爲政，故天下治。（〈尚同下〉）

> 謀事得，舉事成，入守固，出誅勝者，何故之以也？曰唯以尚同爲
> 政，故古者聖王之爲政若此。（〈尚同中〉）

照這樣「尚同不下比」的人事組織設計看來，人似乎變得沒有自由意志，而在「金字塔式組織」最上端的天子也好像是極權統治者。就理論和實踐層次來看確有此流弊。但推原墨子之心，當無此意。此蕭公權即說：墨子雖未如孔子一般慕周之制度，標明「從周」思想，然其尚同的人事組織設計，實同於西周「天子當陽，諸侯分治，列國可以並存，七雄無因而起」的封建政治之反映，〔註 27〕這樣的說法跟前文提到墨子「自比周公」的心聲亦極爲吻合。更何況聖王的「尚同」之政並非只以富貴、刑罰爲事，而是建立在「愛民」的基礎上：

> 凡使民尚同者，愛民不疾，民無可使，曰必疾愛而使之，致信而持
> 之，富貴以道其前，明罰以率其後。（〈尚同下〉）

故在墨子的設計上，尚同與兼愛的關係密切。且尚同機制要發揮績效，還有一個前提，即所有隸屬政府的「正長」須爲「賢能」者，亦即尚賢和尚同根本是一體爲用。此墨子曰：

> 故古者聖王唯而審以尚同，以爲正長，是故上下情（請爲）〔註 28〕
> 通。上有隱事遺利，下得而利之；下有蓄怨積害，上得而除之。（〈尚
> 同中〉）

聖王行尚同之政，在於使上下的情意相通，毫無隱情，而能有效管理天下。這一方面有賴賢者在位，一方面要善用刑法工具。任賢尤其重要，墨子即曾提到：刑法是種工具，本身沒有好壞，其好壞繫於人。善用者天下得治，不善用者天下大亂：

> 昔者聖王制爲五刑，以治天下，逮至有苗之制五刑，以亂天下。則
> 此豈刑不善哉？（〈尚同中〉）

〔註 27〕 參見蕭公權《中國政治思想史》，台北：中國文化大學部，1985，頁 137～8。
〔註 28〕 「請爲」二字衍文，據王念孫應刪。參見孫詒讓前揭書，同註 10，頁 19。

古代聖王將「尚同」、「尚賢」皆視為「政之本」，〔註29〕二者無不兼施並用，使天下所有的正長皆為賢者，讓尚同的政治機制得以順利推動，並完全發揮到君臣上下一體，天下皆得其利的效果：

> 古者聖王唯毋得賢人而使之，般爵以貴之，裂地以封之，終身不厭。
> 賢人唯毋得明君而事之，竭四肢之力以任君之事，終身不倦。若有
> 美善則歸之上，是以美善在上而所怨謗在下，寧樂在君，憂感在臣，
> 故古者聖王之為政若此。（〈尚賢中〉）

故古代聖王治理天下，左右輔臣都是賢良，使千里內外的人民願為其耳目，是以聖王能耳聰目明的知道人民的善、暴而加以賞罰：

> 故古之聖王治天下也，其所差論，以自左右羽翼者皆良，外為之人，
> 助之視聽者眾。（〈尚同下〉）

> 是故古之聖王之治天下也，千里之外有賢人焉，其鄉里之人皆未之
> 均聞見也，聖王得而賞之。千里之內有暴人焉，其鄉里未之均聞見
> 也，聖王得而罰之。故唯毋以聖王為聰耳明目與？（〈尚同下〉）

墨子出身微賤，對人民的三患：「飢不得食，寒不得衣、勞不得息。」有深切的同情和關懷，他認為解決這三種民患，最直接的方式就是透過對政府的改造，怎樣實現社會的理想和政治改革的宏圖？人才毋寧是最重要的，故以「尚賢」為「政之本」。並認為聖人的厚行之一就是能以尚賢為政之本：

> 得意賢士不可不舉，不得意賢士不可不舉，尚欲祖述堯舜禹湯之道，
> 將不可以不尚賢。夫尚賢者，政之本也。（〈尚賢上〉）

> 則此言聖之不失以尚賢使能為政也。故古者聖王唯能審以尚賢使能
> 為政，無異物雜焉，天下皆得其利。（〈尚賢中〉）

理想的統治者當施行「尚賢之治」。尚賢是持政保國的保證，墨子將人才與國家的興亡聯繫起來，賢士的多寡關係著國家興衰，為人君主若能「急賢親士」，國家將存續得治，反之，「緩賢忘士」則亡國（〈親士〉）。

因此聖王取法於天，以尚賢使能為政，並將「尚賢」的主張書諸竹帛（〈尚賢中、下〉）。原則上，古者聖王法天志，不辯「貧富、貴賤、遠邇、親疏」的精神，秉持「不黨父兄，不偏貴富，不嬖顏色」的三不原則，按照德性、才能的高低來評定人才的優劣。因此，「官無常貴，而民無終賤」。官民之間

〔註29〕見〈尚賢上、中、下〉〈尚同下〉。

的階級是流動的，不再有「工農之子恆爲工農之子」般固定不變，更完全打破貴戚政治，使富貴在位者不再只是「王公大人骨肉之親、無故富貴、面目美好者也。」（〈尙賢下〉）墨子特別以堯之擧舜、禹之擧益、湯之擧伊尹及文王之擧閎夭、泰顚爲例，證明賢才來自「農與工肆」之間（〈尙賢上〉）。

　　尙賢的方法有二：一曰「進賢」，二曰「使能」。也就是讓能者在位，各當其職。「進賢」即〈尙賢上〉所謂的「衆賢」，用現代的話說就是增加賢者的人數，其方式是取法於天，打破傳統任人惟親的風氣，任人唯賢；「賢者擧而上之、富而貴之；不肖者抑而廢之、貧而賤之。」人民在「尙賢」的用才政策下產生「「勸賞畏罰」的心理，影響所及必「相率爲賢」，自然形成一股風氣。於是「賢者衆多」，此謂之「衆賢」。「使能」亦即「量能授官」，賢者衆多，才能各具，聖王藉著「聽其言、跡其行、察其所能而愼予之官」的考核程序，「以勞殿賞，量功而分祿」：「可使治國者，使治國，可使長官者，使長官，可使治邑者，使治邑。」（〈尙賢中〉）。

　　此外，爲了留住人才，還要爲賢臣置三本——高予之爵、重予之祿、斷予之令：

> 高予之爵，重予之祿，任之以事，斷予之令，曰：「爵位不高則民弗敬，蓄祿不厚則民不信，政令不斷則民不畏」，擧三者授之賢者，非爲賢賜也，欲其事之成。故當是時，以德就列，以官服事，以勞殿賞，量功而分祿。（〈尚賢上〉）

> 何謂三本？曰爵位不高則民不敬也，蓄祿不厚則民不信也，政令不斷則民不畏也。故古聖王高予之爵，重予之祿，任之以事，斷予之令，夫豈爲其臣賜哉，欲其事之成也。（〈尚賢中〉）

這裡體現出「多勞多得，優質優酬」的分配原則，〔註30〕旨在優渥的待遇下，凡治「國家、官府、邑里」者，皆爲「國之賢者也」（〈尙賢中〉）。當天下賢者都投入尙同的國家人事結構時，就可使君臣「上下一義」、「上下之情通」而形成堅實有力的政府團隊。一旦啓動這強而有力、效率十足的團隊，將使「國家治」、「官府實」。「國家治」則「刑法正」，「官府實」則「萬民富」（〈尙賢中〉），如此便可上有天帝鬼神的降福、外有諸侯的親善、內有萬民的擁戴和賢人的歸附，面面具全，無往不利，這就是三代聖王王天下、正諸侯的方

〔註30〕參見王裕安〈墨子的人才觀〉《墨子研究論叢三》（濟南：山東人民，1995），頁474。

法。是以墨子說：

> 上者天鬼富之，外者諸侯與之，内者萬民親之，賢人歸之，以此謀
> 事則得，舉事則成，入守則固，出誅則彊。故唯昔三代聖王堯、舜、
> 禹、湯、文、武之所以王天下，正諸侯者，此亦其法已。(〈尚賢中〉)

　　從是觀之，聖王乃為天所選出來的「天下之賢可者」，其效法天志為義的
精神推動「尚同尚賢」的政治機制。其中尚同之政以「愛民」為前提，以平
治天下為目的；而進賢使能的尚賢之道更打破了世卿世祿制度，不論出身門
第的高低、職業的貴賤，「有能則舉之，無能則下之」，凡此都充分展現理想
統治者「一同天下」的政治理想和「用人惟賢」的人事管理能力。

　　依《墨子》，古聖王或聖人均為天所舉尚，聖王意同於聖人，都是理想統
治者的代稱。其中堯舜禹湯文武所以成為聖王，乃因其能「富貴為賢者」，居
富貴而能行「兼愛天下、愛利萬民、尊天事鬼」的仁政，因此天鬼賞之，立
為天子：

> 曰若昔者三代聖王堯、舜、禹、湯、文、武者是也。所以得其賞何
> 也？曰其為政乎天下也，兼而愛之，從而利之，又率天下之萬民以
> 尚尊天、事鬼、愛利萬民，是故天鬼賞之，立為天子，以為民父母，
> 萬民從而譽之曰「聖王」，至今不已。(〈尚賢中〉)

而墨子所提到的三聖人：伯夷、禹、后稷。其中伯夷制定憲典，人民有法可
循；禹平治水，制定山川名稱；后稷教民播種，勉勵大家種植。三者皆因能
「謹其言，慎其行，精其思慮，索天下之隱事遺利」，而「上事天，則天鄉其
德，下施之萬民，萬民被其利，終身無已」(〈尚賢中〉)。

　　上述的「聖人」之德，都是理想統治者愛利萬民、事天利民的政治事功
表現。墨子曾引用周頌來稱頌理想統治者的形象：其德行彰明廣大「若天之
高，若地之普，其有昭於天下也」，而顯現出來的人格力量若「地之固，若山
之承，不坼不崩」般堅牢而長久，又若「日之光，若月之明」可以和天地一
樣悠久。

> 故先王之言曰：「此道也，大用之天下則不窕，小用之則不困，脩用
> 之則萬民被其利，終身無已。」周頌道之曰：「聖人之德，若天之高，
> 若地之普，其有昭於天下也。若地之固，若山之承，不坼不崩。若
> 日之光，若月之明，與天地同常。」則此言聖人之德，章明博大，
> 埴固，以脩久也。故聖人之德蓋總乎天地者也。(〈尚賢中〉)

綜合上述，墨子所謂的古之聖人、聖王指的是三代的「堯舜禹湯文武」和稷、伯夷。這樣的崇古傾向和儒家一致，連讚頌的對象也沒有兩樣，對古聖先王所賦予的道德理想也無不同。所不同的是稱揚的內涵有別，墨子較著重尊天事鬼，愛人節用的德行和政治事功的表現。

> 吾以昔者三代之聖王知之。故昔也三代之聖王堯舜禹湯文武之兼愛
> 之天下也，從而利之，移其百姓之意焉，率以敬上帝山川鬼神，天
> 以爲從其所愛而愛之，從其所利而利之，於是加其賞焉，使之處上
> 位，立爲天子以法也，名之曰「聖人」，以此知其賞善之證。(〈天志
> 下〉)

因此，在他看來「博於詩、書，察於禮樂，詳於萬物」的孔子，沒有資格成爲天所選立的聖王、天子，墨子還嘲諷的說，如果孔子可以爲天子，簡直是數著別人契刻上的刻數，自以爲富有般異想天開(〈公孟〉)。

準此理想人格的型範來衡量評估當時的王公大人，當然更不夠格。墨子將所有施政的理想藍圖都依託在理想的人格設計上，並以古今對比的方式對顯出現實爲政者的施政問題，從而提出建言。陳問梅即認爲墨子用「古之聖王」和「今之王公大人」這樣古今的對比立說方式實有其深意，意在藉著尊崇古聖託古立象以矯今。〔註31〕由此以觀，古者聖王、聖人無疑是墨子學說的背書者。

（二）人臣部分

墨子對當時的士君子也深有期許，在書中提到希望他們能成爲「上士」，「上士」即是「賢士」的意思。老子視「上士」爲「勤而行之者」的第一等人。墨子則認爲「上士」是「上欲中聖王之道，下欲中國家百姓之利」的人，他說：

> 今天下之王公大人士君子，中實將欲爲仁義，求爲上士，上欲中聖
> 王之道，下欲中國家百姓之利。(〈尙賢下〉)

> 今欲爲仁義，求爲上士，上欲中聖王之道，下欲中國家百姓之利(〈非
> 攻〉)

> 今天下之士君子，中請將欲爲仁義，求爲上士，上欲中聖王之道，
> 下欲中國家百姓之利。(〈節葬下〉)

〔註31〕參見陳問梅前揭書，同註17，頁155～6。

按上面兩節文字，士君子和王公大人指的都是在位者。一如前述，王公大人是「君人民，主社稷，治國家」，而「蚤朝晏退，聽獄治政」的「國之爲政者」，或曰國家領導人。「士君子」則是「內治官府，外收斂關市、山林、澤梁之利，以實倉廩府庫」的官員，屬於人臣的身分：

> 士君子竭股肱之力，亶其思慮之智，內治官府，外收斂關市、山林、澤梁之利，以實倉廩府庫，此其分事也。（〈非樂上〉）

墨子不斷寄言當時天下的士君子要和王公大人一樣負起「爲天下興利除害」的政治責任。身爲人臣、做爲國家的官員，應當秉持「非命」的信念效法聖王，尊天志、明鬼神的精神，行兼愛非攻、尚同尚賢、節葬非樂節用之政。墨子說：

> 且今天下之士君子，中實將欲爲仁義，求爲上士，上欲中聖王之道，下欲中國家百姓之利者，當天之志，而不可不察也。天之志者，義之經也。（〈天志下〉）

> 今天下之君子，中實將欲遵道利民，本察仁義之本，天之意不可不慎也。（〈天志中〉）

> 天下之王公大人士君子，中實將欲遵道利民，本察仁義之本，天之意不可不順也。順天之意者，義之法也。（〈天志中〉）

以上俱言士君子當察天志爲「仁義之本」、「義之所從出」和「義之經」，故當尊天志、順天意。而鬼神在天之下、人之上，同樣具有賞罰禍福的作用，因此士君子法聖王之道、尊天志的同時也要明鬼：

> 今天下之王公大人士君子，中實將欲求興天下之利，除天下之害。（〈明鬼下〉）

> 今天下之王公大人士君子，實將欲求興天下之利，除天下之害，故當鬼神之有與無之別，以爲將不可以不明察此者也。（〈明鬼下〉）

至於順天之意，表現在人間就是要：效法天愛利天下萬民一樣的「兼愛天下之人」。故「兼愛」是君子爲義、順天意的表現，也是「治天下之亂」的根本要務：

> 今天下之士君子之欲爲義者，則不可不順天之意矣。曰順天之意何若？曰兼愛天下之人。（〈天志下〉）

> 今天下之士君子，忠（中）實欲天下之富，而惡其貧；欲天下之治，

而惡其亂，當兼相愛，交相利，此聖王之法，天下之治道也，不可
不務爲也。(〈兼愛中〉)

　　兼愛天下人的具體作法即爲非攻，蓋當時王公大人喜攻伐兼併，繁爲攻
伐實爲天下巨害，因此身爲國家政令的執行者，不可不「非攻」：

天下之王公大人士君子，中情將欲求興天下之利，除天下之害，當
若繁爲攻伐，此實天下之巨害也。今欲爲仁義，求爲上士，尚欲中
聖王之道，下欲中國家百姓之利，故當若非攻之爲說，而將不可不
察者此也。(〈非攻下〉)

「攻伐」必然造成天下的巨害和國家的內耗，欲使自己的國家富有、人民眾
多、刑政治理，國家安定，不可不察爲政的根本——尚同、尚賢之政：

且今天下之王公大人士君子，中實將欲爲仁義，求爲上士，上欲中
聖王之道，下欲中國家百姓之利，故尚賢之爲說，而不可不察此者
也。(〈尚賢下〉)

今天下王公大人士君子，中情將欲爲仁義，求爲上士，上欲中聖王
之道，下欲中國家百姓之利，故當尚同之說，而不可不察尚同爲政
之本，而治要也。(〈尚同下〉)

今天下之王公大人士君子，請將欲富其國家，眾其人民，治其刑政，
定其社稷，當若尚同之不可不察，此政之本也。(〈尚同中〉)

　　國家內政安定，必賴民生經濟的繁榮富裕，節用生財也當重視，以是，
士君子對於「節喪」「非樂」之道也不得不察：

今天下之士君子，中請將欲爲仁義，求爲上士，上欲中聖王之道，
下欲中國家百姓之利，故當若節喪之爲政，而不可不察此者也。(〈節
葬下〉)

今天下士君子，請將欲求興天下之利，除天下之害，當在樂之爲物，
將不可不禁而止也。」(〈非樂上〉)

以上所有的作爲和主張，都有賴人的強力實踐，若相信「命定論」，抱著貧富、
貴賤都是命中注定的話，將走上「暴王所作，窮人所術」的路：

今天下之士君子，或以命爲有。蓋嘗尚觀於聖王之事，古者桀之所亂，
湯受而治之；紂之所亂，武王受而治之。此世未易民未渝，在於桀紂，
則天下亂；在於湯武，則天下治，豈可謂有命哉！(〈非命上〉)

因此士君子切不可輕易相信命定論，且要極力非之，亦即要有「非命」的信念，強力而為、積極進取。墨子說：

> 今天下之士君子，將欲辯是非利害之故，當天有命者，不可不疾非也。」執有命者，此天下之厚害也，是故子墨子非也。（〈非命中〉）

> 今天下之士君子，中實將欲求興天下之利，除天下之害，當若有命者之言，不可不強非也。曰：命者，暴王所作，窮人所術，非仁者之言也。今之為仁義者，將不可不察而強非者，此也。（〈非命下〉）

> 今天下之士君子，中實欲天下之富而惡其貧，欲天下之治而惡其亂，執有命者之言，不可不非，此天下之大害也。（〈非命上〉）

以上是墨子對身為人臣者，輔君為政時的原則性要求與期待。至於人臣個人應具備的條件和作為也有所論述，在這方面，墨子將人臣分兩等，觀其文義，我們將之名為「世俗的人臣」和「理想的人臣」。

1、世俗的人臣──今之士君子、士、君子

墨子對當時治官府的官員深致期許，然他們積弊甚深，往往「心行相違」，墨子的期許顯然是落空的，據《墨子》，凡言「今之士君子」「今之君子」「今之士」指的都是世俗的人臣。歸納墨子的描述，世俗人臣的內涵與外在是這樣子的：

（1）不辨仁義

墨子曾提到當今天下的士君子所著的書和其言語多到不可勝載、不可盡計，他們上面遊說諸侯國君，下面遊說列士，但是對於所謂的「仁義」，所書所言卻相去甚遠，甚至不會分辨仁與不仁、義與不義：

> 今天下之士君子之書，不可勝載，言語不可盡計，上說諸侯，下說列士，其於仁義則大相遠也。何以知之？曰我得天下之明法以度之。（〈天志上〉）

> 今天下之君子之名仁也，雖禹湯無以易之。兼仁與不仁，而使天下之君子取焉，不能知也。故我曰天下之君子不知仁者，非以其名也，亦以其取也。（〈貴義〉）

墨子舉例說：當時的士君子都知道「虧人自利」是不義的行為，且「虧人愈多，其不仁茲甚，罪益厚」，大家都知道殺人非常不義，攻人之國更是「大不義」的「大非」，然而士君子竟然不知其非，從而譽之為「義」，所以墨子

嘲諷的說：「天下之君子也，辯義與不義之亂也」。也就是說他們混淆是非：

> 苟虧人愈多，其不仁茲甚，罪益厚。至殺不辜人也，扡其衣裘，取
> 戈劍者，其不義又甚入人欄廄，取人馬牛。此何故也？以其虧人愈
> 多。苟虧人愈多，其不仁茲甚矣，罪益厚。當此天下之君子皆知而
> 非之，謂之不義。今至大為攻國，則弗知非，從而譽之，謂之義，
> 此可謂知義與不義之別乎？（〈非攻上〉）

> 今小為非，則知而非之；大為非攻國，則不知非，從而譽之，謂之
> 義，此可謂知義與不義之辯乎？是以知天下之君子也，辯義與不義
> 之亂也。（〈非攻上〉）

（2）知而不行

墨子認為當時的士君子雖然知道兼愛很好，卻畏難不前而不做，甚至錯誤類比為有如「挈太山越河濟」那樣困難：

> 然而今天下之士君子曰：「然，乃若兼則善矣。雖然，不可行之物也，
> 譬若挈太山越河濟也。」（〈兼愛中〉）

墨子對這種「知而不行」的看法是：現在的士君子所以不行兼愛，實因其「不識其利，不辯其故」，如果君主能將兼愛施行到政治上，應用到行為上，就會有上行下效的結果。當年的晉文公喜歡士人穿粗布衣服，所以他的臣子們都穿著粗布的衣服，腳上穿著草編的鞋子進宮；從前楚靈王喜歡士人腰部細小，所以他的臣子每天都只吃一頓飯以為節制，一年後，滿朝的臣子變得又黑又瘦；勾踐喜歡士人勇敢，教導訓練他的臣子們能響應並符合勇的要求，就放火燒寢宮並說：越國的財寶全部都在裡面。結果勇士們紛紛爭先赴火而死。因此墨子總結出：「君說之，故臣為之也。」

> 然而今天下之士君子曰：「然，乃若兼則善矣，雖然，天下之難物于
> 故也。」子墨子言曰：「天下之士君子，特不識其利，辯其故也。今
> 若夫攻城野戰，殺身為名，此天下百姓之所皆難也，苟君說之，則
> 士眾能為之。……特上弗以為政，士不以為行故也。昔者晉文公好
> 士之惡衣，故文公之臣皆牂羊之裘，韋以帶劍，練帛之冠，入以見
> 於君，出以踐於朝。是其故何也？君說之，故臣為之也。（〈兼愛中〉）

不過，在墨子「尚同不下比」的政治結構中，士君子若沒有在上位者君主的指令，士君子當然缺乏動力執行，這雖透露了尚同人事結構的盲點，但也指出當時士君子何以知而不能行的毛病。

（3）明小不明大

世俗的人臣不懂得分辨義和不義，其實說穿了就是闇於識見，少見多怪，積非成是，因此墨子謂其為「知小物而不知大物」，知竊犬彘為不仁，而不知竊國為不義：

> 世俗之君子，皆知小物而不知大物。今有人於此，竊一犬一彘則謂之不仁，竊一國一都則以為義。譬猶小視白謂之白，大視白則謂之黑。是故世俗之君子，知小物而不知大物者，此若言之謂也。（〈魯問〉）

對於「知而不行」光說不鍊的士君子，墨子也認為是「明於小而不明於大」。對於當時的官員，居處言語無一不說尚賢的好，等到發政治民卻又「知而不行」。凡此將知、行割裂為二者，墨子均斥其為「明於小而不明於大」：

> 而今天下之士君子，居處言語皆尚賢，逮至其臨眾發政而治民，莫知尚賢而使能，我以此知天下之士君子，明於小而不明於大也。（〈尚賢下〉）

至於當今的士君子但知「子之不事父，弟之不事兄，臣之不事君」者為不祥不仁，卻不知天愛利萬民，若不能回報天，也是不仁不祥的，墨子於此也直指其為「明細不明大」：

> 則是天下士君子，皆明於小而不明於大。何以知其明於小不明於大也？以其不明於天之意也。（〈天志下〉）

> 今天下之士君子，皆明於大子之正天下也，而不明於天之正天子也。（〈天志下〉）

> 今天下之士君子，知小而不知大。何以知之？以其處家者知之。（〈天志上〉）

> 然而天下之士君子之於天也，忽然不知以相儆戒，此我所以知天下士君子知小而不知大也。（〈天志上〉）

> 且夫天下蓋有不仁不祥者，曰當若子之不事父，弟之不事兄，臣之不事君也。故天下之君子，與謂之不祥者。今夫大兼天下而愛之，撽遂萬物以利之，若豪之末，非天之所為也，而民得而利之，則可謂否矣。然獨無報夫天，而不知其為不仁不祥也。此吾所謂君子明細而不明大也。（〈天志中〉）

大抵而言，世俗的人臣，因「明小不明大」，故不明天志，也不知義不義

的區別，甚而即使知道，也因瞭解得不夠徹底，畏難而不行。是位心中想「貴義」，實不能「爲義」，且是「去義遠」者（〈天志下〉）。〈貴義〉篇甚至認爲世俗的人臣不如商人：

> 今士之用身，不若商人之用一布之愼也。商人用一布布，不敢繼苟而讎焉，必擇良者。今士之用身則不然，意之所欲則爲之，厚者入刑罰，薄者被毀醜，則士之用身不若商人之用一布之愼也。（〈貴義〉）

墨子指出當時的士人以身處世，不如商人用一個錢的謹愼，他們想什麼就做什麼，不考慮可能的後果，情節嚴重到遭受非議和羞辱。計算利害也比不上商人來得精明，商人可以爲利益四方冒險，士人們光是坐而言義，即使無「關梁之難，盜賊之危」又可得數倍的利益，還是不願爲義。墨子曰：

> 商人之四方，市賈信徙，雖有關梁之難，盜賊之危，必爲之。今士坐而言義，無關梁之難，盜賊之危，此爲倍徙，不可勝計，然而不爲。則士之計利不若商人之察也。（〈貴義〉）

世俗人臣看待義士還不如一個背米的人，且對義士之言「縱不說而行」，又「從而非毀之」地加以毀謗：

> 世俗之君子，視義士不若負粟者。今有人於此，負粟息於路側，欲起而不能，君子見之，無長少貴賤，必起之。何故也？曰義也。今爲義之君子，奉承先王之道以語之，縱不說而行，又從而非毀之。則是世俗之君子之視義士也，不若視負粟者也。（〈貴義〉）

世俗人臣這般心、行不一，所思與所行相互矛盾，反映出來的人格特質是：雖想於義有所成就，卻對別人的幫助感到不悅；明明無義，卻無自知之明；對別人謬賞爲義，又沾沾自喜：

> 世之君子欲其義之成，而助之修其身則慍，是猶欲其牆之成，而人助之築則慍也，豈不悖哉！（〈貴義〉）

> 世俗之君子，貧而謂之富，則怒，無義而謂之有義，則喜。豈不悖哉！（〈耕柱〉）

更離譜的是，明知無能爲一國之相偏又逞強爲之：

> 世之君子，使之爲一犬一彘之宰，不能則辭之；使爲一國之相，不能而爲之。豈不悖哉！（〈貴義〉）

總而言之，墨子心目中理想的、眞正稱得上賢臣的人，絕非王公大人的骨肉之親或無故富貴、面目佼好之人，也非識見短淺、光說不鍊又自以爲是

的俗人君子。所以今之士君子若想要富貴，莫若致力於「爲賢」，此即：

　　有力者疾以助人，有財者勉以分人，有道者勸以教人。（〈尙賢下〉）

　　士君子若有此「三有」之德，則民之「飢者得食，寒者得衣，亂者得治」三患可解（〈尙賢下〉）。用此觀之，墨子的賢臣必須是投入社會，深具救世胸懷和熱忱的賢才。以下將析論之。

2、理想的人臣──賢士、仁士、義士、義人

　　依墨子，「任賢使能」是爲政之本，「士」是國家的「輔相承嗣」（〈尙賢下〉）。因此墨子說：「歸國寶不若獻賢而進士」（〈親士〉）。墨子便曾勸公良桓子要將裝飾車子，飼養馬匹的費用，和錦緞繡花衣服的錢拿來「養士」，遇到患難就可以保安無虞（〈貴義〉）。足見墨子對「士」的重視。據王冬珍、王讚源〔註32〕統計，《墨子》書中提到「士」總共一百五十次以上。有所謂勇士、死士、武士、貢士、上士、人士、國士、吏士、高士、賢士、義士、良士、兼士、別士、謀士、巧士、卿士、仁士、儒士等，也有與其他階級連用的，如士大夫、士臣、士卒、士民、士庶人、士君子等，「士」在墨子筆下有多種的面貌，多是指治官府之士和具各種專業的士人。他認爲大都是值得延攬的人臣。墨子理想的人臣，有稱爲「賢士」或稱「良士」、「上士」、「兼士」、「高士」、「義士」和「仁士」，或與「君子」合稱爲「士君子」，或稱「仁人」、「君子」，凡此要皆爲「國家之珍、社稷之佐」（〈尙賢上〉）。他們具有下列的人格特質：

　　（1）向義的價值觀

　　仁者或曰「仁士」、「仁人」，相當於所謂「賢可者」的「賢士」和爲義的「義士」、「義人」，此於上一節已做論述，毋庸細論。且〈經說上〉：「仁，愛己者非爲用己也，不若愛馬者，著若明。」眞正的愛就是以愛爲目的，別無其他目的。故曰：「兼即仁矣，義矣。」（〈兼愛下〉）「兼」爲「仁人之事」，仁人「以兼爲正（政）」，用現代的話說意即：仁人是心中充滿愛並以兼爲政的人。他們對「天下之人皆不相愛，強必執弱，富必侮貧，貴必敖賤，詐必欺愚」的現象極痛深惡並加以非之（〈兼愛中〉），由此吾人可說「仁人」、「仁士」即爲「兼士」。

　　墨子所謂的「仁人」是能以天下爲度，「興利除害」爲本務者：：

　　仁之事者，必務求興天下之利，除天下之害，將以爲法乎天下。利

────────────────
〔註32〕參見王冬珍、王讚源校注之《墨子》上（台北：國立編譯館，2001），頁 23～4。

人乎，即爲；不利人乎，即止。且夫仁者之爲天下度也，非爲其目之所美，耳之所樂，口之所甘，身體之所安，以此虧奪民衣食之財，仁者弗爲也。（〈非樂上〉）

仁人之所以爲事者，必興天下之利，除去天下之害，以此爲事者也。（〈兼愛中〉）

興利天下的方向主要有三，即「富貧、眾寡、治亂」三利：

雖仁者之爲天下度，亦猶此也。曰：「天下貧則從事乎富之，人民寡則從事乎眾之，眾而亂則從事乎治之。」當其於此，亦有力不足，財不贍、智不智，然後已矣。無敢舍餘力，隱謀遺利，而不爲天下爲之者矣。若三務者，此仁者之爲天下度也，既若此矣。（〈節葬下〉）

這「三利」、「三務」者，所利所務都是指向公眾的利益，或說社會公益。仁者固可因其德行、才能、道術的不同擔任不同的行政長官：「里長者，里之仁人也」「鄉長者，鄉之仁人也」（〈尚同上〉）且站在君主角度，應爲他們置三本。然而，對仁者而言，爵祿權位等私人利益，並非公益，更非其核心價值，因此墨子一方面鼓勵學生「入仕」以興利天下，一方面極度嘉許高石子「背祿向義」的行爲，而高石子所以捨祿向義，實乃聽受墨子「天下無道，仁士不處厚焉」的教言：

高石子曰：「石去之，焉敢不道也。昔者夫子有言曰：『天下無道，仁士不處厚焉。』今衛君無道，而貪其祿爵，則是我爲苟啗人食也。」子墨子説，而召子禽子曰：「姑聽此乎！夫倍義而鄉祿者，我常聞之矣。倍祿而鄉（向）義者，於高石子焉見之也。」（〈耕柱〉）

於此，我們可以說高石子爲了成全「仁士」之道，做出「背祿向義」的選擇。「向義」乃是墨子對士人要求的核心價值，因此當孟山盛讚王子閭拒絕接受天下乃爲「仁者」的表現時，墨子雖肯定其身處「斧鉞鉤要，直兵當心」猶然堅持的作爲，卻以爲尚未臻於「仁」。理由是：「若以王爲無道，則何故不受而治也？若以白公爲不義，何故不受王，誅白公然而反王？故曰：「難則難矣，然而未仁也。」（〈魯問〉）高石子因「棄祿」被許爲「仁士」；王子閭「棄天下」而未能爲仁，關鍵就在於是否有「義」上。前者爲了公利放棄私人利祿，這才是墨子認爲的眞「義」，後者雖也背祿，卻連天下也跟著背棄了，此何「義」之有？此墨子曰：

孟山譽王子閭曰：「昔白公之禍，執王子閭斧鉞鉤要，直兵當心，謂

之曰：『爲王則生，不爲王則死。』王子閭曰：『何其侮我也！殺我
親而喜我以楚國，我得天下而不義，不爲也，又況於楚國乎？』遂
而不爲。王子閭豈不仁哉？」子墨子曰：「難則難矣，然而未仁也。
若以王爲無道，則何故不受而治也？若以白公爲不義，何故不受王，
誅白公然而反王？故曰：難則難矣，然而未仁也。」（〈魯問〉）

　　仁人與否決定於「義或不義」，而「義」的選擇，依照墨子的說法，非爲
避毀、就譽：「且翟聞之爲義非避毀就譽」（〈耕柱〉），這和孟子所謂的惻隱之
心非出於「要譽鄉黨朋友，非惡其聲然也」一樣，都出於「內在動機」。

　　（2）以忠事君的操守

　　墨子筆下的「君子」「爲文學出言談也，非將勤勞其惟（喉）〔註33〕舌，
而利其脣呡（吻）〔註34〕也，中實將欲其國家邑里萬民刑政者也。」（〈非命
下〉），又說其不反「聖王之務」（〈明鬼下〉）而務行兼愛者，準此，「君子」
亦爲「仁人」、「兼士」，也是墨子屬意的理想人臣：

　　　　故君子莫若審兼而務行之，爲人君必惠，爲人臣必忠，爲人父必慈，
　　　　爲人子必孝，爲人兄必友，爲人弟必悌。故君子莫若欲爲惠君、忠
　　　　臣、慈父、孝子、友兄、悌弟，當若兼之不可不行也。（〈兼愛下〉）

此處值得注意的是墨子所講的「兼愛」之道是「爲人君必惠，爲人臣必忠，
爲人父必慈，爲人子必孝，爲人兄必友，爲人弟必悌」，這些倫理守則和儒家
修身之道幾乎無二。就爲人臣子來說，其中以「忠德」的操守又最重要：

　　　　夫仁人事上竭忠，事親得孝，務善則美，有過則諫，此爲人臣之道
　　　　也。（〈非儒下〉）

　　　　魯陽文君謂子墨子曰：「有語我以忠臣者，令之俯則俯，令之仰則仰，
　　　　處則靜，呼則應，可謂忠臣乎？」子墨子曰：「令之俯則俯，令之仰
　　　　則仰，是似景也。處則靜，呼則應，是似響也。君將何得於景與響哉？
　　　　若以翟之所謂忠臣者，上有過則微之以諫，己有善，則訪之上，而無
　　　　敢以告。外匡其邪，而入其善，尚同而無下比，是以美善在上，而怨
　　　　讎在下，安樂在上，而憂感在臣。此翟之所謂忠臣者也。」（〈魯問〉）

墨子指出人臣之道是：事上必忠，事親必孝；有善就稱揚，有過就諫阻。這裡
所揭示出來的忠臣迥非「令之俯則俯，令之仰則仰，處則靜，呼則應」的唯唯

〔註33〕王念孫說：「惟」當作「喉」。見孫詒讓前揭書，同註10，頁23。
〔註34〕據孫詒讓改「呡」爲「吻」。見孫詒讓前揭書，同註10，頁23。

諾諾,因爲墨子認爲這對君王根本沒有任何幫助。且人臣若「大寇亂,盜賊將作」時,如仍固守儒家君子「擊之則鳴,弗擊不鳴」的德目,反而不忠:

> 夫仁人事上竭忠,事親得孝,務善則美,有過則諫,此爲人臣之道
> 也。今擊之則鳴,弗擊不鳴,隱知豫力,恬漠待問而後對,雖有君
> 親之大利,弗問不言,若將有大寇亂,盜賊將作,若機辟將發也,
> 他人不知,己獨知之,雖其君親皆在,不問不言。以是爲人臣不忠,
> 爲子不孝,事兄不弟友,遇人不貞良。(〈非儒下〉)

儒家所謂的「擊之則鳴,弗擊不鳴」,指的是一種教學的態度,如同「不憤不啓,不悱不發」(《論語・述而》)的啓發方式,實非爲固守不徹的守則。儒家孔子甚至指出,身爲忠臣就不當只會唯諾稱是。《論語・先進》中,孔子即曾對子路、冉有說過:身爲人臣應當做個「以道事君,不能則止」的「大臣」,不要做一個惟命是從的「具臣」。此與墨子「君有過則諫」的事君原則一致,而且孔子主張君臣的關係是「君使臣以禮,臣事君以忠」的相對倫理,比起墨子「上同不下比」的君臣關係,甚至更強調下言上達的互動。用此觀之,墨子「非儒」的批評實爲過當。不過在〈非儒〉篇中,墨子引用當時儒者之言加以批判,若非是墨子斷章取義以自道,也可能是當時儒者已背離孔子的眞精神,故而墨子有此「非儒」之說。

(3)反身自信的修爲

墨子所說的忠臣是:「己有善,則訪之上,而無敢以告。外匡其邪,而入其善,尙同而無下比」,即忠臣對於所有的美善安樂都要歸於君上,怨讎憂戚則自行承擔。墨子認爲一位稱職的,可以興利除害的人臣,當要有番修爲功夫。墨子非常重視士、君子的德行修養,〈修身〉篇曾提到士人學問固然重要,品行仍是最根本的:「士雖有學,而行爲本焉」君子之道是:「力事日彊,願欲日逾,設壯日盛。」(〈修身〉)以德業日進來自我要求。又說:

> 君子察邇而邇脩者也。見不脩行,見毀,而反之身者也,此以怨省
> 而行脩矣。

君子善於點化別人,別人不脩德或自己被人毀謗,一定先自我檢討,故能怨省而行脩。君子雖嚴以律己、寬以待人,然絕不因反省太過而挫傷自己的信心,君子即秉此自信,「雖雜庸民,終無怨心」:

> 君子自難而易彼,眾人自易而難彼。君子進不敗其志,內究其情,
> 雖雜庸民,終無怨心,彼有自信者也。(〈修身〉)

君子的美名並非無故產生的，全然靠身體力行，言行如一，一點一滴積累而成的：

> 名不可簡而成也，譽不可巧而立也，君子以身戴行者也。思利尋焉，
> 忘名忽焉，可以為士於天下者，未嘗有也。（〈修身〉）

就此觀之，墨子為理想的人臣填上不少道德理想的色彩，其兼愛、尚義、力行的精神和自律自省的修身之道及忠誠事君的態度，無一不是興天下之利的「仁義之行」，使之足堪勝任「治人任官」的工作：

> 夫一道術學業仁義者，皆大以治人，小以任官，遠施周偏，近以脩
> 身，不義不處，非理不行，務興天下之利，曲直周旋，利則止，此
> 君子之道也。（〈非儒下〉）

三、小　結

根據上面的論述，墨子眼中所看到的現實的統治者──「今之王公大人」沒有愛心、正義、不知節用利民、不辨「有命之非」，只會挾勢威下而毫無德義；其缺乏「治民一眾」領導駕馭臣民的治國能力，卻又攻伐好戰；是位既缺德又無能的統治者。現實的人臣──「今之士君子」，則心行矛盾不一，明小不明大，既不能辨明仁義又知而不行，然而有官祿可圖時又自不量力的去爭取。從墨子的視角望去，這兩種類型的人格特質都不是能治國使人的「賢良辯慧者」、「賢可者」或「仁人」、「義人」。於是墨子設計了理想的人臣，讓上述的現實政治人物找到可供嚮往、模效的典型。

在理想統治者的人格設計上，墨子舉目向上，往古推溯到三代的古者聖王、聖人。並在這個充滿想像空間的古聖先王的模型上塗上貴義的精神、兼愛的情懷、節儉的作風、強力自為的特性、尊天明鬼的態度和尚同尚賢的領導能力等色彩，鮮明的呈現出一個充滿愛心，勤儉力行；積極能動又充滿政治理想、人事規劃的政治強者。而理想的人臣，墨子著重在其兼愛、尚義、力行的精神和自律自省的修身之道及忠誠事君的態度等道德修為上。當然，統治者也必須是賢士、仁人、義人或是君子。因此凡是理想人臣所有的德行，理想的統治者亦當有之。兩者比較起來，不論是理想的統治者或為人臣子也都具有「賴力仗義」的人格特質。在這樣的人格設計上，賴力自強、仗義而為，用自己的力量去拯人之危、解人之難就構成了墨子人格理想的基本內容。

〔註35〕 此朱義祿說：

> 墨子在人格上，形成賴力仗義爲核心的人格理想，與儒家內聖外王、
> 道家順天人格鼎足而三。〔註36〕

而王翔〔註37〕也說：

> 在先秦有「顯學」之稱，弟子曾「充滿天下」的墨家，也提出過獨
> 樹一幟的人格學說，形成了「賴力仗義」爲核心的人格理想。

　　不過，在理想的統治者上，墨子較強調政治上的領導能力和治國的大原則，而理想人臣則偏於個人道德實踐和忠主事上的操守上。且在比重上，理想統治者佔去最多的篇幅。不管是不是經意爲之，都很清楚反映墨子心中對今之王公大人的殷殷切盼。此其所以除了提供理想的人格模範，還附上負面的鏡子，讓今之王公大人兩相比較，希望他們能知所得失興替，從而捨「暴王亡國失天下」之道，而行聖王「興利天下賞譽後世」之道。

　　再者，從墨子托古的理想人格中，我們發現墨子提到的聖王中：堯舜禹湯文武並稱者六，禹湯文王者四，文王者三，而未專及禹或堯舜，可見禹、堯舜在墨子心目中未必特別重要。那麼，一般論者談及墨學淵源時往往拘牽於禹或夏政，或源於堯舜的說法恐怕有待商榷。其實說墨子之學源於夏政或大禹者，乃是斷《墨子・公孟》所說的章義：「且子法周未法夏也，子之古非古也。」〔註38〕及採納《莊子・天下》的意見而來；〔註39〕而源於堯舜的說法則或依《韓非子・顯學》、或見諸《史記・太史公自序》，〔註40〕至於綜合

〔註35〕 朱義祿前揭書，同註21，頁65。

〔註36〕 朱義祿前揭書，同註21，頁63。

〔註37〕 參見王翔《逍遙人生——道家的人格理想》（江蘇：江蘇教育，1996）頁 16
〜7。

〔註38〕 《墨子・公孟》中墨子對公孟子所說的那番話，旨在於辯明君子是否必古言服，而非可由此推論說墨子有「法夏」不「法周」的思想歸趨，至其所以說「子法周未法夏也，子之古非古也。」，乃是如汪中所說的：「因其所好而激之」。以上的論點可參見戴晉新〈墨子的歷史思想〉《輔仁歷史學報》，1991.12，頁1〜3。

〔註39〕 依《莊子・天下》的說法：墨子崇拜夏禹，並稱道大禹「大聖也！而形勞天下也如此」的精神，遂使後世墨者「日夜不休，以自苦爲極」，甚至告訴他的徒眾：「不能如此，非禹之道也，不足爲墨」，於是就有論者說墨學淵源於「大禹」。

〔註40〕 韓非以爲「孔墨俱道堯舜而取捨不同」（《韓非子・顯學》）。《史記・太史公自序》也說：「墨者亦尚堯舜道，言其德行」。

上述兩種說法則引《淮南子‧要略》加以印證。〔註 41〕然上述種種說法皆非墨子自道，若就墨子自述，其思想乃依三表法：「上本之於古聖先王；……下原察乎百姓耳目之實；……發以爲刑政，觀其中國家百姓人民之利。」（〈非命上〉）再者，依本節論述，其遊衛時，猶載書同行，可知墨子常誦先王之言，泛覽先王之書。足見其學博採眾古聖之言而融成一爐以自爲其道。而且在〈兼愛下〉，墨子明白的表示他所謂兼者，「於文王取法焉」、「於禹求焉」、「於湯取法焉」、「於文武取法焉」，並未特就禹或堯舜取法。故而，若專指出於何者，恐怕片面而失諸客觀。這樣的質疑，清汪中《述學‧墨子後序》〔註 42〕早已言之，本文乃通過墨子的人格類型觀察和設計，對前脩之說再加衍伸其義。

　　複次，墨子也和儒家一樣以仁訓愛，但墨子不像儒家從人的心性根源探討愛的依據，而直從互愛互利的客觀效果說明兼愛的必要性，此雖有如勞思光所說的，既不向客觀方面推究亦不向自覺心內層反省，只扣住中間一段，直接轉「不相愛」爲「兼相愛」，在理論上不夠究竟。但若原墨子之心，可知墨子的基源問題不在於開闢價值根源而在興利除害，即如蕭公權所說的：儒墨兩家同倡仁愛，而出發點不同：「墨子立兼破別，非以相愛乃人類之本心，而欲以交利之說矯人類自私互害之僻行。」〔註 43〕儒家從心性根源說愛，較具哲學的意味，於理較殊勝，墨子從利害效果說，比較接近社會學的角度，理趣雖然不若儒家究竟，卻簡單明瞭，下易直接。以此作爲設計理想統治者的重要素質和訴求，在戰國那個眾暴寡、強凌弱，諸侯交伐兼併，戰爭不斷的年代，毋寧是響亮、動人的。

第二節　《韓非子》人格類型

一、韓非的時代問題感受

　　韓非子，據太史公的記載，係爲韓國的公子，和孔子一樣都有貴族的血

〔註41〕　《淮南子‧要略》：「墨子學儒者之業，受孔子之術，以爲其禮煩擾而不悅。厚葬靡財而貧民，久服傷生而害事，故背周道而用夏政」。

〔註42〕　汪中說：「墨子質實，未嘗援人以自重。其則古者，稱先王，言堯舜湯文武者六，言禹湯文武者四，言文王者三，而未嘗專及禹。墨子固非儒，而不非周也，又不言其學之出於禹也。……墨者蓋學焉而自爲其道」。參見汪中〈墨子後序〉，輯入孫詒讓前揭書附錄，同註 10，頁 37～40。

〔註43〕　見蕭公權前揭書，同註 27，頁 133。

統。不過兩者的時代背景和處境不同，面對的時代問題不同，開展出來的思想架構自然異趣。孔子身處春秋時期，周文尙未完全崩壞，加之其沒落貴族的身分，對上層文化本就有同情相應的瞭解，又深受「王跡猶存」的魯國文化薰染，因此目睹周文的疲敝，孔子關懷的是人文秩序的恢復和禮樂文化的重建。

距離孔子已達三百十九年之久的韓非子，〔註44〕其時周文崩壞，傳統衣被萬民「親親尊尊」的宗法制度已經崩潰，原爲兄弟之邦的國家，爲了擴張勢力，互相攻伐兼併。眞眞進入了他自己所說的「當今之世，爭於氣力」（〈五蠹〉）的「大爭之世」（〈八說〉）。在這戰亂頻仍的世紀，若國家有力則「人朝之」；無力便「受於朝」（〈五蠹〉）。偏偏韓非的祖國韓國是戰國七雄中最弱小的國家，北有趙、魏，南有楚國，東有齊國等列強環伺，更有來自西邊的強秦極端的壓迫，加上秦國統治者的巨爪早已深入韓土，韓國面臨即將滅亡的命運。身在這樣「國勢最弱，處境最難」〔註45〕危急存亡之秋，韓國公族的韓非，面對自己祖國的傾危之境痛心疾首，不容自己的頻頻上書陳言，韓國削弱的國際現實成爲韓非立論的基點，如何鑑往古興亡之跡促使國富兵強以救亡圖存，無疑是韓非子關心和努力的方向。司馬遷《史記》本傳重建了韓非這段心路歷程：

> 非見韓之削弱，數以書諫韓王，韓王不能用。於是韓非疾治國不務脩明其法制，執勢以御臣下，富國強兵而以求人任賢；反舉浮淫之蠹而加之於功實之上。以爲儒者用文亂法，而俠者以武犯禁。寬則寵名譽之人，急則用介冑之士。今者所養非所用，所用非所養，悲廉直不容於邪枉之臣，觀往者得失之變，故作〈孤憤〉、〈五蠹〉、〈內、外儲〉、〈說林〉、〈說難〉十餘萬言。

這段記載中提到，韓非眼見自己國家日見削弱，憑著對宗國的忠貞愛國之情屢次上書韓王，希望爲國家振衰起敝，韓王不聽，韓非轉而寄言書中。獻策用政不行轉而著書，殆爲先秦諸子著書立說的通則。比較值得注意的是韓非立說的角度，由本傳可知韓非是在政治失意的境況下，透過對現象的觀察、歷史經驗的分析和理性的反省，發現當時的統治者採行人治，用人不當：「反舉浮淫之蠹而加之於功實之上」，「所養非所用，所用非所養」，造成「用文亂

〔註44〕參見徐復觀《周秦漢政治社會結構之研究》（台北：學生，1975），頁19。
〔註45〕參見陳啓天《增訂韓非子校釋》（台北：商務，1969），頁920。

法」的儒者和「以武犯禁」的俠者無益於世卻獲得重用，甚而導致「廉直不容於邪枉之臣」。爲此，韓非一反儒家的道德立場，崇古追聖和恢復傳統周禮的逆向反省；亦不法道家訴諸自然無爲，向上超越之道。而是從現實功利觀點切入，檢討國家衰弱、社會失序的原因，韓非發現問題的癥結在於君權旁落、政治失重，因此，統治者的領導策略和國家的政治組織結構都需要轉向和整合。「修法、執勢、御下」是韓非爲了振救國家傾頹劣勢開出的「救命丹」，亦即以「法勢術」三者鞏固領導中心，讓君王的權勢凌駕臣下，才能重整國家秩序，挽救韓國的政權。

　　由此，韓非揭櫫的思考型態是具體可行的實用性和策略性的政治實踐。〔註46〕此近於墨家卻又不同。墨子尚同尚賢的政治組織架構，天子雖也凌駕於天下臣民，而爲天下最貴者，然其「窮富窮貴」非因權勢顯貴，而是服膺「天志」的「天下最賢可者」，基本上仍是人治的觀念思維，〔註47〕而且墨子是站在平民的立場希望能「興天下之利除天下之害」，韓非則把立說的角度定在統治者這邊，開展出以君權爲樞紐的帝王之術。〔註48〕有論者認爲這和他身爲宗室的身分有關：

> 韓非著書原是本著宗室的立場，希望挽救韓國的政權。所以他立說
> 的角度，是定在統治者這邊的。先秦諸子談論政治，都站在人民這
> 邊說話；只有韓非，是站在統治者這邊說話。這一點實與他身爲宗
> 室的身分有關。〔註49〕

　　身世背景當然會影響思維，不過從韓非的養成教育也不難看出他的思維路數。蓋韓國係由晉分裂而成，尚保有春秋以來晉國舊有的崇法尚治教育傳統，〔註50〕韓非子自當接受完整的「尚法」教育的洗禮，因此當他在思考如何使「國富兵強」壯大自己國家的實力時，即使曾受教儒學大家──荀子門

〔註46〕參見蔡英文前揭書，同註20，頁20。
〔註47〕馮友蘭：「儒墨及老莊皆有政治思想，雖不相同，然皆從人民的觀點，以論政治。」參見其著之《中國哲學史》（未著錄出版社）頁383。
〔註48〕參見王師邦雄《韓非子的哲學》（台北：東大，1979），頁15。
〔註49〕引文見賴炎元、傅武光《新譯韓非子》（台北：三民，2000），頁3。
〔註50〕晉國的教育自來就不以禮爲先而偏於法。早在公元前513年，晉有鑄刑鼎之舉，將范宣子所作的刑書鑄在鐵鼎上，稱爲刑鼎，晉國著重於向國人進行法治教育。此所以孔子評晉文公，謂其爲：「譎而不正」（《論語・憲問》）並對其行「道之以政，齊之以刑」的法治深致不滿，並說：「晉其亡乎？失其度矣！」（《左傳・昭公二十九年》）。

下，仍然無法沖淡他浸染在尚法教育傳統的色彩。更何況儒學傳到荀子早已有由儒入法的跡象。韓非由尊君重禮的儒家轉入尊君重法的法家路數，也是順理成章的事。〔註51〕

　　且事實上，戰國時期，周王室權力紛解，王命不行，貴族政治漸趨破壞，權力旁落各國君手裡，國家社會的範圍漸廣，組織日趨複雜。人與人關係不再親親而日益疏離，過去「以人治人」的人治之道，行之不易，諸國逐漸頒布法令。〔註52〕主張「變法圖強」、強調軍功的「軍國主義」是當時不可逆的時代潮流。以戰國七雄為例，無一不行軍國主義，且施行程度的深淺關係著國家的興亡，行之深者興，行之淺者亡。〔註53〕是以韓非集成三晉「法術勢」三家而自成一家之言，乃順時代要求而規劃出來的建國藍圖。此外，司馬遷說韓非：「喜刑名法術之學」（《史記‧老莊申韓列傳》），韓非的學術性格，除與其養成背景有關外，當與其性向有關。有論者即從其文字風格、思想特色推估他的性格是冷酷、寡情而少恩，以至促成其嚴酷少恩的法家學說。〔註54〕

　　綜上言之，韓非個人的身世背景、養成教育、時代潮流和性情傾向決定了他以政治事功為核心的思考模式。「尊君重法」雖為其立說的主調，但他並未輕忽政治的主體——人，誠如前述，韓非站在統治者的角度立說，因此從《韓非子》看到的諸多人格類型皆與君主領導統馭的結構有關，所映照的人格類型和墨子一樣也有君主、臣下兩類，此外尚有民眾部分。為了便於討論，下列分成君主和臣民兩部分討論。

二、《韓非子》所反映的人格類型

（一）君主部分

　　韓非認為國家治亂的關鍵繫於國君領導統馭的能力和策略上，《韓非子‧八經》按照君主用術御臣的能力，將君主分為上、中、下三等，上君「盡人之智」；中君「盡人之力」，下君「盡己之能」，此韓非說：

　　　力不敵眾，智不盡物。與其用一人，不如用一國。故智力敵而群物

〔註51〕參見王師邦雄前揭書，同註48，頁36～7。
〔註52〕參見馮友蘭《中國哲學史》，頁384～5。
〔註53〕參見陳啓天《中國政治哲學概論》（台北：華國，1951），頁96及高柏園《韓非哲學研究》（台北：文津，1994），頁20都有類似的說法。
〔註54〕參見徐師漢昌《韓非的法學與文學》（台北：維新，1979），頁13～5。

勝，揣中則私勞，不中則任過。下君盡己之能，中君盡人之力，上
君盡人之智。……事成則君收其功，規敗則臣任其罪。（〈八經〉）

以下貫通韓非子的文本，整合分析這三個人格層次的人格內涵。

1、盡人之智的「上君」

「上君盡人之智」，最上等的君主知道個人能力有限，智慧有窮，與其「用
君一人的智力，不如任眾而用一國」。〔註55〕由此可知韓非子的上君乃是懂得集
結眾人智慧來化解國家危機的君主。在《韓非子》一書中，上君有多種名稱，
據唐君毅、王師邦雄的歸納整理，若君王知「立法術，設度數」，以「禁眾抑下」
者，則號之曰：「明主」、「明君」、「明王」、或稱爲「有術之主」、「有道之主」、「有
道之君」，間亦有「聖人」、「大人」、「聖君」者或直指爲「聖人之術」者，「聖
人」亦有與「明主」比列並論者，甚至有「聖君」「明主」或「聖主」「明君」
結合並稱而不分者。唐、王二氏認爲上述這些名稱的意涵幾乎無異，可說是異
名同實，此說經過比對允確無誤，然唐氏以爲：未見韓非用荀子聖王之名，此
則未必如實，〈守道〉即有言例可證。另外唐、王二者都主張韓非所說的明君聖
主、聖人聖君僅有理智上之明，未有聖德於其中，〔註56〕這樣的說法則宜進一
步說明。吾人從文本分析得知，韓非所指稱的「上君」乃兼有「用術」的明智、
「行法」的能力和「任勢」的權威。至於這三者之間，是否有其價值先後的縱
貫關係呢？還是皆爲平列平等，無所謂價值優先順序？自來論者有不同的見
解，吾人經過韓非對君王人格類型的描寫和設計或許可以提供不同的思考。

（1）能用術以察姦

依韓非，上君所以能運用眾人的智慧坐擁天下、用事如神，實因上君具
備高明的御下之術，好比善於御馬的騎士，能讓良馬願意爲之驅策，否則雖
有良馬，不善御術，良馬進退失據，終而脫轡旁出，豈不大亂？同理，君王
治理百姓也當有御下之術。

何謂御下之術？其術的內容爲何？〈定法〉篇揭示了兩個要點：其一爲
「因任授官」的參驗術，其二爲「循名責實」的督責術，旨在「操殺生之柄，

〔註55〕見乾道本註。

〔註56〕唐君毅《中國哲學原論·原道篇》卷一：「韓非善用明君、明主、霸主之名。
其言聖人聖主，亦言其智不言其德，故或言明君聖主，……或前言聖人，後
則言明君明王，……然未見其用荀子聖王名，以指德智兼具者，故其所謂明
君聖主，即只有一理智上之明，而其目標則在成霸王之功者」（台北：學生，
1983），頁532。另參見王師邦雄前揭書，同註48，頁242。

課群臣之能」。而「術」實賴於人的運作，故人主的心術很重要，總括起來明君用術之道有三：一曰持守虛靜，二曰因任授官，三曰循名責實。

甲、虛靜無爲

「虛靜」一詞，在《老子》，意爲美感心靈虛靜明鑒的智慧，荀子轉成爲形容知性主體「虛一而靜」的清明境界；到《韓非子》則爲理想君主「以闇見疵」控制臣下的術用。此韓非說：

> 虛則知實之情，靜則知動者正。有言者自爲名，有事者自爲形，形名參同，君乃無事焉，歸之其情。故曰：君無見其所欲，君見其所欲，臣自將雕琢；君無見其意，君見其意，臣將自表異。故曰：去好去惡，臣乃見素，去舊去智，臣乃自備。故有智而不以慮，使萬物知其處；有行而不以賢，觀臣下之所因；有勇而不以怒，使群臣盡其武。是故去智而有明，去賢而有功，去勇而有強。群臣守職，百官有常，因能而使之，是謂習常。故曰：寂乎其無位而處，漻乎莫得其所。(〈主道〉)

上君的「虛靜」必須做到「無見其欲」「無見其意」，完全不顯露自己的欲望和意見，「去好去惡」、「去舊去智」以至「寂乎其無位而處，漻乎莫得其所」，才能因「虛」而「知實之情」，因「靜」而「知動者正」，如此才能對臣下的一舉一動、一言一行和誠僞善惡一覽無遺，而讓群臣無所遁形：「有言者自爲名，有事者自爲形」(〈主道〉)，這就是明君的英「明」所在。

以是，「明主之愛一嚬一笑，嚬有爲嚬，而笑有爲笑」(〈內儲說上〉)，明君的一顰一笑會表現出好惡愛憎，不能不慎，若輕易表現出來，容易讓臣下有揣摩上意，雕琢表異、心生姦邪的機會。至於佯愛佯憎，也要注意勿爲有心人利用：

> 故佯憎佯愛之徵見，則諫者因資而毀譽之，雖有明主，不能復收，而況於以誠借人也！(〈外儲說右下〉)

君主的情緒要喜怒不形、不動聲色，這就是「其務在周密」：

> 明主，其務在周密。是以喜見則德償，怒見則威分。故明主之言隔塞而不通，周密而不見。故以一得十者下道也，以十得一者上道也。
> 明主兼行上下，故姦無所失。(〈八經〉)

明主的言行要周密到「隔塞而不通，周密而不見」，一旦顯露對某些人的喜好，權臣就會獎賞他們作爲自己的恩惠，君恩將受到損害；同理，顯露對某些人的

憤怒，權臣就會嚴懲他們以顯己威，君威就會分散。因此，明主要有如申不害所說的「能獨視獨聽」的聰明，具備睿智的獨立思考，才可以做「天下王」：

> 明主之道，在申子之勸獨斷也。(〈外儲說右上〉)

> 申子曰：「獨視者謂明，獨聽者謂聰。能獨斷者，故可以爲天下主。」
> (〈外儲說右上〉)

明君獨視獨聽的「獨斷」能力，需在不受情緒的干擾下才能發揮出來，其具體表現是：喜悅時，要對臣子的進言，探究虛實；發怒時，對臣下構禍他人則要考察是非。並等喜怒平息後再加以論斷，這樣方可分辨出眞正的公私毀譽(〈八經〉)！由此看來，虛靜是君主「潛御臣下」的「心術」，是一種高度的心靈涵養，而有待於上君的主體修養：

> 故聖人執一〔註57〕以靜，使名自命，令事自定。不見其采，下故素正。因而任之，使自事之。因而予之，彼將自舉之。正與處之，使皆自定之。上以名舉之，不知其名，復脩其形。形名參同，用其所生。二者誠信，下乃貢情。謹脩所事，待命於天。毋失其要，乃爲聖人。聖人之道，去智與巧，智巧不去，難以爲常。民人用之，其身多殃，主上用之，其國危亡。因天之道，反形之理，督參鞠之，終則有始。虛以靜後，未嘗用己。凡上之患，必同其端。信而勿同，萬民一從。(〈揚榷〉)

聖人靜以自居，韜匿光采，去智去巧，不私心自用的「謹脩所事」，臣下便能守素自正，如此則國家得治。反之，若用智巧治國，自以爲是，必背離正道而行險賊，身多殃而國危亡。故明君執「虛靜」之要，以靜制動：「虛而待之，彼自以之」，任命群臣後，就讓臣子們各自奉獻其力，剩下的只要暗中靜觀百官群下的行動即可，這就是所謂的「四海既藏，道陰見陽」(〈揚榷〉)。如此，四方的臣子便會如「使雞司夜」、「令狸執鼠」一般盡心效力。

　　聖人如何「謹脩所事」呢？

　　知足寡欲、不置身五色中、不沉迷於音樂、但求衣食的飽暖，是具體的

〔註57〕　「一」，宋・乾道本注云：「一，謂道，可以常行古今莫二者其唯正名乎？故以名爲首。」陳奇猷《韓非子集釋》云：「一，指主道之道，即法術。(〈主道篇〉)法術爲人主所獨擅，故曰一。……人主之法術爲審合形名，形名二者，先有名，然後有形。故曰用一之道，以名爲首。」所以聖人「執一以靜」就是「守道以靜」，熊十力《韓非子評論》：「此中一者，謂道。聖人守道以靜。靜則心虛明，無有私意、私欲，故可審合形名也。」

修爲之道：

> 是以聖人不引五色，不淫於聲樂，明君賤玩好而去淫麗。人無毛羽，不衣則不犯寒。上不屬天，而下不著地，以腸胃爲根本，不食則不能活。是以不免於欲利之心，欲利之心不除，其身之憂也。故聖人衣足以犯寒，食足以充虛，則不憂矣。（〈解老〉）

此一虛靜的修養要以道爲準，韓非子說：

> 眾人之用神也躁，躁則多費，多費之謂侈。聖人之用神也靜，靜則少費，少費之謂嗇。嗇之謂術也生於道理。夫能嗇也，是從於道而服於理者也。……聖人雖未見禍患之形，虛無服從於道理，以稱蚤服。故曰：「夫謂嗇，是以蚤服。」（〈解老〉）

聖人依於道、服於理，故而能「靜以用神」，洞燭機先於禍未萌時。目的無非希望能誅暴除亂，爲民造福祉，甚而化萬物和昌明天地：

> 愚人以行愆則禍生，聖人以誅暴則福成。故得之以死，得之以生，得之以敗，得之以成。（〈解老〉）

> 聖人得之以成文章。道與堯、舜俱智，與接輿俱狂，與桀、紂俱滅，與湯、武俱昌。以爲近乎，遊於四極；以爲遠乎，常在吾側；以爲暗乎，其光昭昭；以爲明乎，其物冥冥；而功成天地，和化雷霆，宇內之物，恃之以成。凡道之情，不制不形，柔弱隨時，與理相應。
> （〈解老〉）

正因聖人少私寡欲且能知足，民心不致因爲慾望浮動而產生紛爭，故血氣治而行舉如理。如此，人民不敢犯法，君主也就不需使用刑罰和剝削人民，人民自然繁榮增長且蓄積深厚，這就是所謂的「民蕃息而畜積盛」的「有德」，也是韓非所謂的將「盛德」歸諸人民：

> 聖人在上則民少欲，民少欲則血氣治，而舉動理則少禍害。夫內無痤疽癉痔之害，而外無刑罰法誅之禍者，其輕恬鬼也甚，……民不敢犯法，則上內不用刑罰，而外不事利其產業，上內不用刑罰、而外不事利其產業則民蕃息，民蕃息而畜積盛，民蕃息而畜積盛之謂有德……上盛畜積，而鬼不亂其精神，則德盡在於民矣。故曰：「兩不相傷，則德交歸焉」。言其德上下交盛而俱歸於民也。（〈解老〉）

乙、因任授官

明君持守虛靜的目的就是要超越自己的智巧好惡以求知人之明，然後因

才器使,因能授官。所謂「任人以事,存亡治亂之機也」(〈八說〉),如果君
主用智不用術,「無術以任人」,將淪於「所養者非所用,所用者非所養」(〈顯
學〉),「君必見欺」(〈八說〉)而國事必亂的兩難局面。因此,明君要因任授
官必得用「參驗之術」,一方面瞭解臣下的誠偽虛實,使智者不得詐欺;一方
面「計功而行賞,程能而授事,察端而觀失」,依照臣下的才能授予合宜的官
職,並依其得失定賞罰,如此智者不欺、愚者不任,則明君「所用得人,國
事不失」:

> 明君之道,賤德義貴,下必坐上,決誠以參,聽無門戶,故智者不
> 得詐欺。計功而行賞,程能而授事,察端而觀失,有過者罪,有能
> 者得,故愚者不任事。智者不敢欺,愚者不得斷,則事無失矣。(〈八
> 說〉)

析言之,參驗之術,包括「行參」和「揆伍」的「參伍」之道,即是「參
之以人而謀多,驗之以術以責失」(〈八經〉)。此陳啓天釋之曰:「所謂參伍,
蓋指詳細錯綜以考察群臣之術也,行參,猶言多方諮詢意見,則群下之有才
與否可以知之,故曰謀多。……揆伍,猶言多方考察情偽也,多方考察情偽
則群下之有姦與否可以知之,故曰責失」。[註58] 要之,明君「因任授官」的
參驗術,有積極、消極兩方面的意義。積極方面在於進賢:「設官職,陳爵祿,
而士自至」(〈難二〉)設置爵位俸祿,引進賢臣,獎勵功臣積極任事,使「賢
者不誣其能以事主,有功者樂進其業」(〈八姦〉)。至於消極方面則是察姦、
禁姦。也就是〈難一〉說的:

> 明主之道不然,設民所欲以求其功,故為爵祿以勸之;設民所惡以
> 禁其姦,故為刑罰以威之。慶賞信而刑罰必,故君舉功於臣,而姦
> 不用於上。

具體而言,明君參驗臣下的基本原則有二:「眾端參觀」(〈備內〉)、「聽
無門戶」(〈八說〉)。對人臣聽言觀行時誠心多方參驗,不會「聽有門戶」或
輕信人言之論,導致偏聽失察,反被左右近習之臣或權臣把持意見,成為被
蒙蔽的傀儡。

聽言時首先要求臣下「言默皆有責」,臣下既不能言辯無實的妄言,也不
能默然不應的迴避責任:

> 主道者,使人臣必有言之責,又有不言之責。言無端末、辯無所驗

〔註58〕見陳啓天《韓非子校釋》(台北:商務,1969),頁163。

者，此言之責也。以不言避責、持重位者，此不言之責也。人主使人臣言者必知其端以責其實，不言者必問其取舍以為之責，則人臣莫敢妄言矣，又不敢默然矣，言默則皆有責也。(〈南面〉)

其次，要求「臣不得兩諫，必任其一」(〈八經〉)，臣下一次僅能進諫一事，明君藉此明確考核臣屬所言與事功是否相符，並就事實的利害結果加以考察，若有利益，歸於當事人；有害處則從獲利的人追究責任：

是以明主之論也，國害則省其利者，臣害則察其反者。(〈內儲說下〉)

方法的運用上，可以交互使用「一聽」和「公會」(〈八經〉)。「一聽」是一一聽取個人的意見；「公會」是公開會合辯論，前者可以充分瞭解每個臣屬的意見和性向才能，後者則可集思廣益，無有偏頗。而在策略運用，明主在「一聽」時，只讓當事者知道，不讓其他人知道。如此等到「公會」公開會合辯論時，群臣才會充分的議論。明君可充分聽到雙方不同的意見，不致因一聽而被壅塞，或「公會」而有濫竽充數的情形。魯哀公就是沒有兼用兩者，故而雖具公會形式地「問境內之人」，仍有偏聽季孫而「無不一辭同軌乎季孫者，舉魯國盡化為一」，「不免於亂」的情形：

明主之問臣，一人知之，一人不知也。如是者，明主在上，群臣直議於下。今群臣無不一辭同軌乎季孫者，舉魯國盡化為一，君雖問境內之人，猶不免於亂也。(〈內儲說上〉)

此外，「良藥苦口卻利病，逆耳忠言可致功」，明君深知為了國安民福，須忍受刺耳的忠言並加以俯聽(〈安危〉)，聽言觀行時「不美其辯、賢其遠」，讓臣下可以暢所欲言，下情可以充分傳達：

明主之道，如有若之應宓子也。時主之聽言也美其辯，其觀行也賢其遠，故群臣士民之道言者迂弘，其行身也離世。其說在田鳩對荊王也。故墨子為木鳶，謳癸築武宮。夫藥酒用言，明君聖主之以獨知也。(〈外儲說左上〉)

忠言拂於耳，而明主聽之，知其可以致功也。(〈外儲說左上〉)

明主兼用「以一得十」的「下道」和「以十得一」的「上道」，既有獨立考察多數人之道復有參合眾言，以多數人的智能考察一人姦邪者，故姦邪無所隱遁：「明主兼行上下，故姦無所失。」(〈八經〉)甚至能藉此防姦於微、行誅於細而早絕民謀：

明君見小姦於微，故民無大謀；行小誅於細，故民無大亂；此謂圖

難於其所易也，爲大者於其所細也。（〈難三〉）

以上明君因任授官的參驗術，顯然用在消極的察姦、禁姦的成分居多。

至於積極進賢方面，韓非特別強調實際演練，也就是所謂的試用。等考察績效勝任無誤後，再依賞罰制度晉官加祿。所以明主的宰相、猛將無一不是從基層做起：

試之官職，課其功伐，則庸人不疑於愚智。故明主之吏，宰相必起於州部，猛將必發於卒伍。夫有功者必賞，則爵祿厚而愈勸；遷官襲級，則官職大而愈治。夫爵祿大而官職治，王之道也。（〈顯學〉）

丙、循名責實

明主因任授官的參驗術，旨在進賢、止姦，使「所用皆所養」，俟用人確當後，還要進一步責求事功表現，考察政績。考核的標準是「循名實而定是非」（〈姦劫弒臣〉），即按照名位，以功用考核臣下言行。韓非此一術用的設計實緣於「好利自爲」的人性觀。據韓非的觀察，人皆有好利自爲之性，故「君臣異心」（〈飾邪〉）、「君臣之利異」（〈內儲說下〉），韓非曾以道和萬物的關係比譬君臣關係。道生萬物卻不同於萬物，同理，君主雖統御群臣，卻與臣不同道也不同利，因此君王爲了避免臣下有姦邪之心，當臣以事理或言論上請示時，君主即當「操其名以使臣效其形」：

是故明君貴獨道之容。君臣不同道，下以名禱，君操其名，臣效其形，形名參同，上下和調也。（〈揚權〉）

此亦即所謂的「審合形名」，形名就是名實，審合形名就是「循名責實」。臣子陳述言論，明主根據臣下的言論給予任務，並依照任務考核績效，若臣下「功當其事，事當其言」則賞；反之，「功不當其事，事不當其言」則罰。（〈二柄〉）所以明君的賞罰不由功效大小決定，而是「循名實定是非，因參驗而沈言辭」（〈姦劫弒臣〉），完全依照事實來認定。換言之，明主要求臣下的言論與事實必須相符，過分誇大或謙抑都不行。即使臣子所獲的功績大過於人臣的言論，也要施予懲罰，理由無他，以其「不當名也，害甚於有大功」，故罰。而君臣之間的應對答問，臣下也要依據問題的大小、緩急加以判斷回答，如果問題「高大」，卻答得卑狹也不行，反之亦然。〈難一〉篇中提及：晉文公城濮之戰因舅犯「一時之權」的「詐敵之術」而勝，然事後文公論賞時，卻認爲雍季的「後必無復」的回答才是「萬世之利」，故論賞時，先雍季後舅犯。韓非以爲晉文公賞罰失當，其中的原因就在於雍季之言所答非所問：

雍季之對不當文公之問。凡對問者，有因問小大緩急而對也，所問高大而對以卑狹，則明主弗受也。(〈難一〉)

要言之，「言必有報，說必責用。」(〈八經〉)臣下所有的言行都必須以「功用」爲目的，言行若「不以功用爲之的彀」，言雖「至察」，行雖「至堅」，仍爲「妄發之說也」(〈問辯〉)。故明主不接受專門把話說得巧妙動聽，卻不合於需要的善言談者。舉凡不切於現實，無益於治國的言論都不予採納：

故明主舉實事，去無用；不道仁義者故，不聽學者之言。(〈顯學〉)

於此，韓非功用主義的思想至爲明顯。在這樣的功用標準下，無用之辯必須受到「不留朝」的裁制，而才智不足達到功用標準的則予以免職處分，若言語誇張到找不到事實的根據，或不能實現，則要蒙受欺君的罪名：

有道之主，聽言、督其用，課其功，功課而賞罰生焉，故無用之辯不留朝。任事者知不足以治職，則放官收璽。說大而誇則窮端，故姦得而怒。無故而不當爲誣，誣而罪，臣言必有報，說必責用也，(〈八經〉)

此〈六反〉亦曰：

明主聽其言必責其用，觀其行必求其功，然則虛舊之學不談，矜誣之行不飾矣。(〈六反〉)

因此，從「循名責實」的角度，明主的督責原則也有二：其一是「一人不兼官，一官不兼事」，官吏各有所職且嚴守本分，旨在於專任分職，一則人各盡其才，發揮專業效能；二則君主方便督導，臣下不至於因兼官兼職，推諉塞責或投機取巧；其二是「卑賤不待尊貴而進，大臣不因左右而見」，官階的銓敘、升遷完全按照制度，不須攀結權貴；此一來臣下有意見直接上達，不必假手於左右。二來，所有的賞罰都在君主的控制中。明君的政令可以下究，百官的下情可以上通，完全達到上下情通，群臣擁戴的管理目標：

明主之道，一人不兼官，一官不兼事。卑賤不待尊貴而進，大臣不因左右而見。百官修通，群臣輻湊。有賞者君見其功，有罰者君知其罪。(〈難一〉)

基於「不兼官不兼事」的原則，人臣不得越俎代庖，即使動機純良、結果有功，仍要受到懲處。此韓非子說：

明主之畜臣，臣不得越官而有功，不得陳言而不當。故明主之畜臣，臣不得越官而有功，不得陳言而不當。(〈二柄〉)

明君使事不相干，故莫訟；使士不兼官，故技長，使人不同功，故

莫爭。（〈用人〉）

所以韓昭侯醉寢，典冠加衣，非但沒有嘉獎，反因越職有求功之嫌而遭罰，明主此舉幾乎已至不近人情的地步。〔註59〕人間變得只有森冷無情的法律，而無親切溫厚的人情往來，不過韓非的明君、聖主就是靠這樣的方式敏銳察考人臣的姦邪。在人情（非不惡寒）與份際（侵官之害）之間，取法不取情。

　　至其所獲得的效果是：消極方面，明君藉著「曖乎如時雨，百姓利其澤」的行賞，和「畏乎如雷霆」的行罰，坐收「無為而群臣竦懼」之效。積極方面，明君能即此知人、因任授官、循名責實以求其事功表現；於是「智者盡其慮」、「賢者敕其材」，終致「臣有其勞，君有其成功」之境。總而言之，上君形體不勞而萬事得治，智慮不竭而不受欺，這就是明君善用無為之術而能「不窮於智」、「不窮於能」、「不窮於名」的「常經」：

> 明君無為於上，群臣竦懼乎下。明君之道，使智者盡其慮，而君因以斷事，故君不窮於智；賢者敕其材，君因而任之，故君不窮於能；有功則君有其賢，有過則臣任其罪，故君不窮於名。是故不賢而為賢者師，不智而為智者正。臣有其勞，君有其成功，此之謂賢主之經也。（〈主道〉）

> 明君之道，臣不陳言而不當。是故明君之行賞也，曖乎如時雨，百姓利其澤；其行罰也，畏乎如雷霆，神聖不能解也。故明君無偷賞，無赦罰。賞偷則功臣墮其業；赦罰則姦臣易為非。（〈主道〉）

職是，聖人、明主用術治國，只要掌握綱領即可，不必「親細民」、「躬小事」（〈外儲說右下〉），一切依賴制度，充分授權，讓人臣專職任事，使「物者有所宜，材者有所施，各處其宜」，這樣就可以無為無事而天下治：

> 聖人執要，四方來效；虛而待之，彼自以之。四海既藏，道陰見陽。左右既立，開門而當。勿變勿易，與二俱行；行之不已，是謂履理也。夫物者有所宜，材者有所施，各處其宜，故上下無為。使雞司夜，令狸執鼠，皆用其能，上乃無事。上有所長，事乃不方。矜而好能，下之所欺。辯惠好生，下因其材。上下易用，國故不治。（〈揚權〉）

用此以觀，子產以法治鄭的政績雖然卓越，但韓非對於子產既「不任典成之吏」，也「不察參伍之政，不明度量」，僅「恃盡聰明，勞智慮」憑自己的耳

〔註59〕參見張素貞《韓非子的實用哲學》（台北：中央日報，1989），頁58～9。

目聰明去「知姦」斷案的作法很有意見。蓋天下人民眾多，個人的智能有限，子產的聽覺、視覺再好也不可能一一察姦，好比后羿雖然善射，也不可能射盡天下的雀鳥，若是「姦必待耳目之所及而後知之」，則「鄭國之得姦者寡」，這就是無術之弊。韓非曾用老子的話說：「以智治國，國之賊也」，批判他不善用組織運作，採諫納賢以達到「因物知物」、「因人知人」的治理之道。（〈難三〉）

　　而聖人所以罔顧「世俗之言」，嚴其賞罰而定出「無偷賞，無赦罰」的「利害之道」（〈主道〉），目的即在於「循名實而定是非，因參驗而審言辭」（〈姦劫弒臣〉）。即是要建立「因物以治物」、「因人以知人」的無為方術，讓分層負責的「吏治」得以充分發揮、有效管理。在韓非看來，官吏之於人民的關係，就好像樹根之於樹葉，網綱之於網目。聖人只要治理官吏而不直接治理人民就可達到治天下的效果，猶如搖木不須「一一攝其葉」，只消「左右拊其本」就可「葉遍搖矣」：

　　　　故吏者，民之本綱者也，故聖人治吏不治民。（〈外儲說右下〉）

　　　　故明主治吏不治民。說在搖木之本，與引網之綱。故失火之嗇夫，
　　　　不可不論也。（〈外儲說右下〉）

　　從上面的議論，我們可以總結出：明君聖人就是運用虛靜無為的心術知人用人，並即此轉為因任授能、循名責實的術用，終極目的乃在於無為而治：

　　　　明主者，使天下不得不為己視，使天下不得不為己聽。故身在深宮
　　　　之中，而明照四海之內（〈姦劫弒臣〉）

　　　　明主慮（操）愚者之所易，不責智者之所難，故智慮力勞不用而國
　　　　治也。（〈八說〉）

　　韓非設計明主無為而治的為政風格，雖從老子得到啟發，卻更接近於墨子在「尚同」政治架構中，用天下人做為君主耳目且視聽如神的聖王。然而這樣神而明之的術用境界，實為高度的心靈修養，此所以韓非說：

　　　　故以有餘補不足，以長續短之謂明主。（〈觀行〉）

意即：明主會根據自身性情的優勝處來彌補不足。韓非舉例說明，如西門豹性急，「佩韋以自緩」；董安于心緩，「佩弦以自急」。明主須涵養性情，使性情緩急適中，一旦衡量事情，才不致於為性情所蔽而依著三個必然的道理做深入的考量，此即「智有所不能立，力有所不能舉，彊有所不能勝」，然後「因可勢，求易道」利用可能的情勢，尋求容易的方法，如此方可要求臣下完成

所交付的事，絕不能用權勢強人所難：

> 故明主觀人，不使人己難。明於堯不能獨成，烏獲不能自舉，賁、
> 育之不能自勝，以法術則觀行之道畢矣。（〈觀行〉）

此言明主知所取捨，不妄求。如烏獲雖能舉千鈞卻「不能自舉」，離朱之明可以見百步之遠而「難以見眉睫」（〈觀行〉），這都不是他們能而不為，實已超出事理範圍故而不強求。

是以明君在治人和治天下之先，必先能治理自身。此外，英明的君主以適合人心的法度治理國家，明主當道，一切上道，明主離去，人民懷之：

> 明主之道忠法，其法忠心，故臨之而治，去之而思。（〈安危〉）

聖人即運用獨操的虛靜之術統馭臣下，故能像天地一樣寬大，無不覆載；像天地一樣高厚，不可測度，更重要的是能「累解」──解除國家的憂患：

> 主上不神，下將有因。其事不當，下考其常。若天若地，是謂累解。
> 若地若天，孰疏孰親？能象天地，是謂聖人。（〈揚權〉）

由此觀之，韓非的上君，其術用的修養不僅治人也治身，並且是普獲民心的人主，此與其他三家六子一樣具有內聖的修養，人格與天地同大而最終目的也是為了解決國家的憂患，惟修養和治國的方法不同耳。

（2）能任勢以立權威

韓非的上君所以能「盡人之智」，主要來自於君主的心術修為和管理才能，然君上若無勢，術亦流為無用之物。因此君主再賢明，材德再高，若「位卑」而無權力勢位，也無法抑制不肖之臣而建功立業，唯有「勢重」才能有效制天下。此韓非說：

> 堯為匹夫不能正三家，非不肖也，位卑也。（〈功名〉）。

〈五蠹〉篇中，韓非以仲尼、魯哀公對舉為例，指出仲尼雖以其賢聖懷義相接，然能為其服役者僅七十人；而魯哀公雖為下主，因乘其勢而使境內之民畏服，連孔子也不得不向他臣服，且孔子所以臣服哀公並非嚮慕其仁義，而是服從其權勢。是以韓非認為政治的核心在於權力，不在道德。「權力」是為政的必要條件，也是國家治亂的關鍵。故而在明君立功成名的四種方法中：一曰天時，二曰人心，三曰技能，四曰勢位（〈功名〉）。韓非即以勢位為要，蓋君上若能得勢位，不必激進，但如「水之流」、「船之浮」一般守自然之道，行使君主的權力，統馭群臣，再配合其他順天時、應人心、用技能等三要，齊一民力，則能達到立功成名的目標。此韓非曰：「若水之流，若船之浮，守

自然之道，行毋窮之令，故曰明主」（〈功名〉）。

職此之故，韓非認爲明君要立功成名的方法不是「選賢」和「節財」，更非「修身飭己」，而是「鞏固自己的權力勢位」，並致力於整理內政。否則徒有賢德，若無君勢，無法解決國家的亂象，雖「十堯、舜亦不能治者」（〈難勢〉）。因此君主的權位不應受到侵害，而當憑藉著權勢整頓內政：

　　凡明主之治國也，任其勢。勢不可害，則雖強天下無奈何也，而況孟嘗、芒卯、韓、魏能奈我何！（〈難三〉）

　　明主堅內，故不外失。（〈安危〉）

韓非所指的「勢」不同於法家前驅愼子，僅就勢位的傳承或政治權力而言的「自然之勢」，而是指「人設之勢」，即所謂權勢的運用，亦即國君通過法術所產生的一種威勢。蓋「自然之勢」是中性的權力，明君、亂君都可以擁有，是便治利亂的工具：

　　夫勢者，非能必使賢者用己，而不肖者不用己也，賢者用之則天下治，不肖者用之則天下亂。（〈難勢〉）

　　夫國之所以強者，政也；主之所以尊者，權也。故明君有權有政，故明君有權有政，亂君亦有權有政，積而不同，其所以立異也。（〈心度〉）

君王若處勢並輔以「法術」而成「人設之勢」，既可消極限制君王濫用權勢；復能積極擴張君勢以達到鞏固君權的效用。〔註60〕明君即是懂得運用「人設之勢」，執柄以處勢者：

　　君執柄以處勢，故令行禁止。柄者，殺生之制也；勢者，勝眾之資也。（〈八經〉）

「勢」是「勝眾之資」控制群眾的憑藉，「柄」即殺生予奪的力量，君主需「執柄以處勢」，才能執行法令，使「令行禁止」。明君就是善用這樣的憑藉爲政並發揮權柄的力量，故曰：「操權而上重，一政而國治」。「上重」是處勢的結果，「操權」則是「執柄」得宜。明君操執的權柄主要有二：

　　明主之所道（〈導〉）制其臣者，二柄而已矣。二柄者，刑、德也。（〈二柄〉）

明主即用「刑德」二柄來控制他的臣子，用現代的話說，就是刑罰和獎賞。也就是用「法」來行君權。如果將君主比做老虎，二柄便是老虎的爪牙，老

────────────

〔註60〕參見徐師漢昌前揭書，同註54，頁70。

虎失去爪牙而任狗（比喻人臣）用之，將反制於狗。同理，人君如果釋二柄使臣用之，也會受制於臣。故而刑賞二柄不能轉移下放到人臣身上。如是觀之，即是將國家的統治權集中到君主身上，交由中央集權、君主專制。韓非所以有這樣的看法，實乃總結歷史的經驗而來，韓非有鑒於歷史上亡國之君的大害在於：諸侯的勢力強大和群臣太富裕，導致「威淫」——君威喪失。因此明君要嚴防自己的權勢旁落，就要有效的防範人臣，使他們不起姦心。防姦之道首先要懂得伺察臣子和控御臣子的方法，這需要術的運用，〈內儲說下〉提到伺察人臣的方法有六，其中尤以「參疑」——對於群臣權位相等或相似，所造成彼此權力的傾軋鬥爭，或「廢置」——迷惑君主的明察，使君主漸趨敗壞等，都是明主特別要注意伺察之處。且明主認為這兩者絕不讓敵人施之於國內，反倒要設法施之於他國，資助敵國權輕的人，扶助勢弱的人，搞亂對方的統治結構：

> 參疑之勢，亂之所由生也，故明主慎之。（〈內儲說下〉）

> 參疑廢置之事，明主絕之於內而施之於外，資其輕者，輔其弱者，
> 此謂廟攻。（〈內儲說下〉）

另外，明君洞察人心，既「不懷愛而聽」也「不留說而計」（〈八經〉）。且能超然的運用法術「執柄操權」，瞭解人臣同床、在旁、父兄、養殃、民萌、流行、威強、四方等為姦作惡的八種方法：

> 明君之於內也，娛其色而不行其謁，不使私請。其於左右也，使其
> 身必責其言，不使益辭。其於父兄大臣也，聽其言也必使以罰任於
> 後，不令妄舉。其於觀樂玩好也，必令之有所出，不使擅進不使擅
> 退，群臣虞其意。其於德施也，縱禁財，發墳倉，利於民者，必出
> 於君，不使人臣私其德。其於說議也，稱譽者所善，毀疵者所惡，
> 必實其能、察其過，不使群臣相為語。其於勇力之士也，軍旅之功
> 無踰賞，邑鬥之勇無赦罪，不使群臣行私財。其於諸侯之求索也，
> 法則聽之，不法則距之。（〈八姦〉）

由上可知，「明主」是深具政治謀略的人。既依法管理人臣又用術察姦，且要懂得賄賂買通外國的臣子，如此才能達到「國治敵亂」的目的：

> 是以明主以功論之內，而以利資之外，故其國治而敵亂。即亂之道，
> 臣憎則起外若眩，臣愛則起內若藥。（〈八經〉）

凡上所述，都是「人設之勢」的充分發揮。〈愛臣〉篇，韓非更進一步提

出明君控制群臣，鞏固君勢的方法在於「盡之以法，質之以備」，一律用法律制裁，防範周密。在「盡之以法」的具體作法上做到「不赦死，不宥刑」，否則君威喪失，「社稷將危，國家偏威」；尤其明君要有明快的決斷力，否則該斷不斷，反受其亂。若心中有怨恨就要馬上處理，切莫因爲擱置而令怨臣畏罪，先發制人，導致國君身亡國滅：

　　　明君不懸怒，懸怒則臣罪輕舉以行計，則人主危。(〈難四〉)

　　鄭昭公就是因爲對臣子雖「知所惡」卻「稽罪而不誅」，反遭高渠彌「含憎懼死以徼幸」，故「不免於殺」(〈難四〉)。而在「質之以備」的作法方面，則要「人臣處國無私朝，居軍無私交，其府庫不得私貸於家」，否則處以極刑「罪死不赦」。以是之故，人臣不致產生姦邪之心：

　　　是故明君之蓄其臣也，盡之以法，質之以備；故不赦死，不宥刑；
　　　赦死宥刑，是謂威淫，社稷將危，國家偏威。是故大臣之祿雖大，
　　　不得藉威城市；黨與雖衆，不得臣士卒。故人臣處國無私朝，居軍
　　　無私交，其府庫不得私貸於家；此明君之所以禁其邪。是故不得四
　　　從，不載奇兵；非傳非遽，載奇兵者，罪死不赦；此明君之所以備
　　　不虞者也。(〈愛臣〉)

　　要之，明主施政絕不讓臣屬分其威、私其德，甚而形成私門、朋黨的對峙。一切依法度任用人臣，並慎用賞罰。臣子言論合於法度則對臣子和推薦者一律給予獎賞，反之則一併怒而罰之。

　　　明主之道，取於任，賢於官，賞於功；言程、主喜俱必利，不當、
　　　主怒俱必害，則人不私父兄而進其仇讎。(〈八經〉)

由於賞出於公利，名予乎效忠君王者；而罰者也必有惡名，此「賞譽同軌，非誅俱行」賞罰分明，人有依循，人臣便樂於推薦賢才，人民也因畏懼懲罰而守法，國家自然走上治道：

　　　明主之道，賞必出乎公利，名必在乎爲上。賞譽同軌，非誅俱行，
　　　然則民無榮於賞之內。有重罰者必有惡名，故民畏。罰所以禁也，
　　　民畏所以禁則國治矣。(〈八經〉)

　　綜合上述，明君只要善用二柄統馭臣下，使臣下無私爲君國盡力做事，並把利益奉獻給君主，那麼「忠臣盡忠於公，民士竭力於家，百官精剋於上」。國家穩固「堅內」，外強無隙可乘，自然「不外失」：

　　　明君使人無私，以詐而食者禁；力盡於事，歸利於上者必聞，聞者

必賞；污穢爲私者必知，知者必誅。（〈難三〉）

國家一旦內政穩定，實力雄厚，君主即使奢侈，也不至構成國家的災禍，此即韓非所以不視「節用」、「修身」爲理想統治者的重要素質。而將鞏固領導地位作爲更優先的條件。儒、道、墨三家對於領導者應具備的特質，都有「節用」、「飭己」這兩項，而儒墨兩家更強調任賢、選賢的重要。韓非在論及上君的術用修養時雖也談到要治身、涵養性情，但若論及要建功立名、國富兵強，則更強調明君對臣下權力宰制的能力，認爲做君主的若不能禁制臣民，反而禁制自己，則形同「劫持」；同樣的，不能整飭臣民，反而整飭自己，這叫「混亂」；不能使臣民節儉卻使自己節儉，才是眞正的「貧窮」：

爲君不能禁下而自禁者謂之劫，不能飾下而自飾者謂之亂，不節下而自節者謂之貧。（〈難三〉）

韓非這樣的思考，並非意謂選賢、節用、自省不對，而是不適切於當時「富國強兵」的急務。依韓非之見，身爲明主，要任勢治國，掌握刑德和賞罰兩個重要的權柄來控制臣下，並由此建立強固的統治權君臨天下，那麼「明君不自舉臣，臣相進也；不自賢，功自徇也」，「見精沐，見精沐則誅賞明，誅賞明則國不貧」。（〈難三〉）易言之，明君懂得運用君勢治國，國家賢才自動報到，屆時君主奚勞於選賢？貧窮當然也不再是問題。統而言之，鞏固君勢之後，一切政務的推行都可以迎刃而解。而韓非之所以如此強化君主的權勢，和司馬遷在韓非的本傳中提到韓國因「君權旁落」以致貧弱的背景不無關係。

（3）能立法以行政

上君有虛靜用術的修養和任勢的權威，前者是「闇而不見」、「祕而不宣」而爲人主獨擅之術，後者是「不可借人」的「人設之勢」也是君主的專利，然不管是潛御之術或獨享之勢，都不能離開「法」的客觀規範和標準範圍。例如用術時，因任授官和循名責實的標準，便是「事遇於法則行，不遇於行則止」（〈難二〉）。故明主選擇、考核人才雖由術因任授官、循名責實，若牽涉到具體事功的計算時，仍需「使法量功」，根據法度衡量功績，而不能用自己的心理度量：

故明主使法擇人，不自舉也；使法量功，不自度也。（〈有度〉）

唯有這樣「一法固術」才能使「士無幸賞，無踰行」（〈五蠹〉），並且「殺必當，罪不赦，姦邪無所容其私」（〈備內〉）

而處勢操權持柄的賞罰從公，也要以法爲依歸。綜言之，治術的操作和

君勢的威權皆有賴於「法」的引導，才能「去私恩」（〈飾邪〉）「廢私術」（〈有度〉）而「從公利上」。也只有因為法律的制約，君權才不致無限上綱而流於高壓統治，或因君上心術不正而有險忍陰狠之弊。理想的君主即是具有立法行政能力的君主，此中包含兩部分，其一為務法尚力的立法能力，再者是明法強國的效力。

甲、務法尚力

《韓非子》一書中的「聖人」是「上君」的另一個代名詞。不過，韓非所謂的聖人有廣狹二義，廣義來說，凡是能為人民解決時代問題而王天下之人皆屬之。故「立道於往古，而垂德於萬世者」都可以稱之為明主，依這樣的界義，古聖唐堯、虞舜皆足以稱之為明主：

> 堯無膠漆之約於當世而道行，舜無置錐之地於後世而德結。能立道
> 於往古，而垂德於萬世者之謂明主。（〈安危〉）

然韓非雖承認古聖的歷史地位，但基於「古今異俗，新故異備」的變古歷史觀，和「世異則事異」「事異則備變」的現實功用觀點，若唯古聖是依，根本無法因應時代需求，故當體察時代的演變，使「事因於世，而備適於事」（〈五蠹〉）。是以韓非向前看的歷史觀滲透到理想君主的痕跡，就是「聖人不期脩古，不法常可，論世之事，因為之備。」（〈五蠹〉）這就是韓非狹義的聖人——新聖，也是他心目中理想的君主。

按照韓非的歷史考察，現代歷史的齒輪已由「上古競於道德，中古競於智謀」轉變到「當今爭於氣力」的時代。在「寡事而備簡」的古代，「人寡而相親，物多而輕利易讓」，因此「揖讓而傳天下」的德治還行得通。若移之用於「處多事之時」的當代則成了「椎政」——簡陋的政治。所以韓非子認為當時生在競爭劇烈時代的聖人，不宜再美堯、舜、湯、武、禹之道，並一味遵循揖讓的軌道。而當「議多少、論薄厚而為政」，即根據現實資源的厚薄，因應時代所需以施政。

韓非係以經濟的因素，解釋人間社會爭奪的原因，認為物質條件、經濟因素決定人的心態。韓非衡量當時的情勢，發現人口結構、經濟結構和上古時代完全不同，上古的人民少、衣食豐足、財貨有餘，不須「厚賞重罰」，人民自治。時移勢易，過渡到戰國後期，人口變多，人力雖然增加，需求量也跟著增加，供需失調嚴重，導致財貨不足而相爭，即使「倍賞累罰」也不能止亂。因此在韓非眼中，儒家講倡的道德對於治國沒有必然性和普遍性。而

儒家亟稱的禪讓天下，既非「傳賢不傳子」的淳風德政，辭讓天下的人也非不爲名韁利鎖的高士。他們的行徑看似道德的作風，其實是因爲「資源少、勞苦高，且爲勢薄。」故而相讓不已。依此觀之，「上古天子辭天下不爲」根本不值得讚美。當今爭權仕進者，也純然因人趨利的順向心態，未能即此斷定其人格卑下。循此以推，古今人民對財利的輕重態度，也與慈仁與否、人格高低無關。而不同的時代施行刑罰的輕重乃在於「稱其俗而行」，實與爲政者主觀心態的慈暴扯不上關係。(〈五蠹〉)

因此韓非認爲務德行仁不是當今上君──新聖的特質。務法尙力才能突顯上君的治國能力：

> 故明主用其力，不聽其言；賞其功，必禁無用。(〈顯學〉)

> 力多則人朝，力寡則朝於人，故明君務力。(〈顯學〉)

> 故不務德而務法。(〈顯學〉)

明主唯有一改過去崇尙仁義的德治，並施行法度和賞罰才能國富兵強，故韓非在〈五蠹〉篇說的很清楚：明主急其功而緩其頌，故不道仁義(〈五蠹〉)。韓非不是否定仁義德治，而是表明「仁義」只能「頌」不能「行」，且要「緩而頌之」。蓋德治的前提建立在人有自律自省的善性上，而韓非從好利自爲的實然現象來看人性，發現能自律自省者畢竟少數，大部分的人「固驕於愛、聽於威」，與其讓人民自覺自律，不如用具強制性、規範性外在的法律強行制約人民，使人民不由得不行，這才是必然之善，此韓非說：

> 夫聖人之治國，不恃人之爲吾善也，而用其不得爲非也。恃人之爲吾善也，境內不什數；用人不得爲非，一國可使齊。爲治者用眾而舍寡，故不務德而務法。……不恃賞罰而恃自善之民，明主弗貴也，何則？國法不可失，而所治非一人也。故有術之君，不隨適然之善，而行必然之道。(〈顯學〉)

通過德治和法治兩種不同的治道比較，韓非認爲「德治」乃「恃人之爲吾善也」，這樣的人「境內不什數」，是「適然之善」，實無益於國家秩序的統一。而務法者乃「不恃人之爲吾善」，但用客觀的法，使君主握有「不恃其不我叛也，恃吾不可叛也；不恃其不我欺也，恃吾不可欺也」(〈外儲説左下〉)的機制，即可讓「一國可使齊」，這才是「必然之善」。依照「治眾不治寡」的爲政原則，韓非的聖人當然選擇「務法」的必然之道，而捨「務德」的「適然之善」。故曰：「有術之君，不隨適然之善，而行必然之道。」(〈顯學〉)

因此，若用愛民如子的方式治理人民，將會混淆君臣之間和父子之間的
關係，故而明主不取：

> 今學者之說人主也，皆去求利之心，出相愛之道，是求人主之過父
> 母之親也，此不熟於論恩詐而誣也，故明主不受也。（〈六反〉）

而且經驗事實也證明，父母親深愛子女，子女未必聽從，君主用刑法治民卻
能使人民百姓犧牲盡力。由此，韓非得出「重刑」才是使國富兵強，統一國
家秩序，立即有效的方法。此所以韓非心目中的理想上君不養恩愛之心而任
法處勢以治萬民。韓非甚至顛覆儒家「仁者無敵天下」之說，以聳動的語氣
說：如果沒有任法處勢，仁君和暴君治國都一樣會遭到亡國的命運：

> 明主者，通於富強則可以得欲矣。故謹於聽治，富強之法也。明其
> 法禁，察其謀計。法明則內無變亂之患，計得則外無死虜之禍。故
> 存國者，非仁義也者，慈惠而輕財者也；暴者，心毅而易誅者也。……
> 不忍則罰多宥赦，好與則賞多無功。憎心見則下怨其上，妄誅則民
> 將背叛。故仁人在位，下肆而輕犯禁法，偷幸而望於上；暴人在位，
> 則法令妄而臣主乖，民怨而亂心生。故曰：仁暴者，皆亡國者也。（〈八
> 說〉）

順此邏輯以推，法治先苦後利，仁道先樂後窮，所以韓非指出聖人是在
權衡兩種辦法的輕重後，發現採用法治利益較大，因而拋棄仁道：

> 今家人之治產也，相忍以飢寒，相強以勞苦，雖犯軍旅之難，饑饉
> 之患，溫衣美食者，必是家也；相憐以衣食，相惠以佚樂，天饑歲
> 荒，嫁妻賣子者，必是家也。故法之為道，前苦而長利；仁之為道，
> 偷樂而後窮。聖人權其輕重，出其大利，故用法之相忍，而棄仁人
> 之相憐也。（〈六反〉）

至此可知，韓非的聖人是在慎權衡、貴輕重的情況下，歸結出：仁義愛
惠之不足用，而嚴刑重罰之可以治國也。（〈姦劫弒臣〉）遂將教化和政治統御
的工作劃分開來，而以法治國。故凡屬眾人之事，或涉及人我關係者，一切
依法處理。賞罰是貫徹法治的工具：「設法度以齊民，信賞罰以盡民能，明誹
譽以勸沮」，名號、賞罰和法令三者必須相合，並以「尊君利國」為宗旨，只
有官法是公利。臣民絕不能以私義私利而成名顯耀。官法之外，行為再難能
可貴，也不能獲得功名和榮耀：

> 明主之道，臣不得以行義成榮，不得以家利為功。功名所生，必出

> 於官法：法之所外，雖有難行，不以顯焉；故民無以私名。設法度
> 以齊民，信賞罰以盡民能，明誹譽以勸沮，名號、賞罰、法令三隅，
> 故大臣有行則尊君，百姓有功則利上，此之謂有道之國也。(〈八經〉)

　　既然法治才能帶領國家人民走上必然之善和齊平天下，因此務法尙力的新聖人（王），有「立法」的責任。聖人即基於上述的時代需求下，意欲透過賞罰制度的法理設計，「勸善勝暴」(〈守道〉)「立公去私」(〈詭使〉)，使不公之事轉成公平，不正之行變成正直行爲：

> 聖人之爲法也，所以平不夷矯不直也。(〈外儲説右下〉)

> 聖王之立法也，其賞足以勸善，其威足以勝暴，其備足以必完法。(〈守
> 道〉)

　　然而，怎樣才是公法？依韓非，「君國一體」，故所謂「以公盡力」，指的即是君王之利或國家利益。以是，在「利上」的前提下，明主可以「屬廉恥，招仁義」，例如春秋的介子推「無爵祿而義隨文公，不忍口腹而仁割其肌」，明君也會「結其德，書圖著其名」：

> 故明主屬廉恥，招仁義。昔者介子推無爵祿而義隨文公，不忍口腹
> 而仁割其肌，故人主結其德，書圖著其名。人主樂乎使人以公盡力，
> 而苦乎以私奪威。(〈用人〉)

換言之，明君雖不以仁義治國，但在利上益國的前提上，不必廢仁義。有人認爲這段文字和「五蠹」的「仁義用於古，不用於今」矛盾。其實如果瞭解韓非所說的「務法不務德」是基於實踐秩序的優先性來說的，就知道韓非並不完全反對仁義，而是認爲仁義之道緩不濟急，不適合馬上解決現實國家的問題。且這是針對國君治國之道說，並不意味韓非子不喜歡臣子有「仁義」的特質。韓非甚至認爲「不忍人」之「仁」是人臣之善。此可由〈內儲説上〉得到印證：

> 成驩謂齊王曰：「王太仁，太不忍人。」王曰：「太仁、太不忍人，
> 非善名邪？」對曰：「此人臣之善也，非人主之所行也。夫人臣必仁
> 而後可與謀，不忍人而後可近也。不仁則不可與謀，忍人則不可近
> 也。」(〈內儲説上〉)

　　且韓非的「法」雖相對於「德」提出，並指出道德在當時「爭於氣力」的時代不相應，仲尼也是屬於不當崇拜的「古聖」之列。然而這並非否定道德。他甚至認爲現代的聖人所以「變古易常」以立法，即是要「逆於世，而

順於道德」以「正治」：

> 聖人爲法國者，必逆於世，而順於道德。知之者，同於義而異於俗；
> 弗知之者，異於義而同於俗。天下知之者少，則義非矣。(〈姦劫弑臣〉)

用此觀之，韓非的聖人立法時必須「超越俗情」而合於道德之說，當然這裡所指的「道德」不同於儒道兩家的道德內涵，不過也是從這兩家借名寓實而有來。況且韓非早期的作品〈解老〉〔註61〕中，還看到韓非受儒家的薰陶浸染，和將對道家老子的嚮往思想寄託在「有道之君」身上：

> 有道之君，外無怨讎於鄰敵，而內有德澤於人民。夫外無怨讎於鄰
> 敵者，其遇諸侯也外有禮義。內有德澤於人民者，其治人事也務本。
> 遇諸侯有禮義則役希起，治民事務本則淫奢止。(〈解老〉)

有道之君以禮義對待諸侯，並治民務本，使「外無怨讎於鄰敵，而內有德澤於人民」，這不正是儒家思想的具體呈現嗎？只不過韓非轉益多師自成一家後，「道德」內涵也愈來愈與儒道相悖而馳，故其所指的道德既非如儒家的「志於道，據於德」的主體道德實踐，也不是道家「道之尊，德之貴」的心靈修爲。而是所謂符合社會演進的原理原則。韓非這樣的思維在當時瞭解的人顯然很少，所以受到不少的非議。此其曰：「天下知之者少，則義非矣。」(〈姦劫弑臣〉)不過，雖然瞭解的人不多，韓非仍然堅持自己法治的立場，凡能使國家上軌道的治術都要施以鐵腕，此所以「嚴刑重罰」雖是「民之所惡」，而「哀憐百姓、輕刑罰」，爲「民之所喜」，然因「嚴刑重罰」是國家走上治道的方法，故而「雖拂於民心立其治」，韓非認爲聖人亦當執行貫徹到底。否則一味聽任「不變古者，襲亂之跡；適民心者，恣姦之行也。民愚而不知亂，上懦而不能更，是治之失也。」

當然，聖人這一切的鐵腕措施，說穿了，也是希望藉著法令的施行、政令的平齊，使國家上軌道，讓人民在公平正直的法令中得到保護：「法者，王之本也；刑者，愛之自也。」(〈心度〉)。故聖人治理人民，所以度量治民的根本原則，不放縱他們的慾望，最主要的目的在於「利民」：

> 聖人之治民，度於本，不從其欲，期於利民而已。(〈心度〉)

由於聖人立法的宗旨在於利民，因此聖人立法不僅不能任隨人民的慾

〔註61〕關於〈解老〉篇，依鄭良樹的考證乃屬於韓非早期著作。參見氏著之《韓非之著作及思想》(台北：臺灣學生，1993)，頁 196～244。

望，也不能憑著自己的好惡妄造出來，而要依循自然，「因道全法」：〔註62〕

> 守成理，因自然；禍福生乎道法而不出乎愛惡。(〈大體〉)

> 因道全法，君子樂而大姦止：澹然閒靜，因天命，持大體。故使人
> 無離法之罪，魚無失水之禍。(〈大體〉)

「道」萬物運作的根本原理和人間是非綱紀的基礎，聖人明君當據之以爲立法的準則：

> 道者，萬物之始，是非之紀也。是以明君守始以知萬物之源，治紀
> 以知善敗之端。(〈主道〉)

聖人因道所所訂定的規章制度雖不任己意妄造或跟著人民慾望起舞，但也絕不能逆人心，而要能像晨間的露水那樣的純樸自然、普及不散，且上下交順。一旦立法，接著就要以法治國，在上位者一切依法執行賞罰，不夾雜情緒，所以無「忿怒之毒」；在下位者也能守法、軌於法，故無「伏怨之患」，這樣才能使國家獲得長利而建立不凡功業：

> 故至安之世，法如朝露，純樸不散，心無結怨，口無煩言。(〈大體〉)

> 故大人寄形於天地而萬物備，歷心於山海而國家富。上無忿怒之毒，
> 下無伏怨之患，上下交撲 (順)，以道爲舍，故長利積，大功立，名
> 成於前，德垂於後，治之至也。(〈大體〉)

綜觀上述，韓非所以賦予理想統治者「務法尚力」的立法能力，顯然經過一番得失權衡、損益斟酌的心理轉折。

聖人所立的法究竟具備甚麼特色呢？大抵而言，約有下列數端：恆常性、時代性、權威性和平易性。蓋法術是聖人平治天下的不易常道，須有恆常性；而法度禁令也要隨著時代演進「因時制宜」，故「法」具有時代性。且因聖王制定法令在於「賞足以勸善，威足以勝暴」而「其備足以必完法」，故法又具備強制權威性：

> 故治民無常，唯治爲法。法與時轉則治，治與世宜則有功。故民樸、
> 而禁之以名則治，能治眾而禁不變者削。世知、維之以刑則從。時
> 移而治不易者亂，能治眾而莍而不變者削。故聖人之治民也，法與

〔註62〕 在〈大體〉篇中，韓非子雖然沒有提到「因道全法」的立法者是「聖人」，直就君主「全大體」而言君主爲政必須持守道法，然而此中提到「澹然閒散，因天命，持大體」的恬淡安閒虛靜的修爲和明君虛靜的冷慧觀照一致。故而此處借用來說明上君立法時的心術。

時移而禁與能變（〈心度〉）

而法的權威乃建立在人性基礎上，立法必須考慮到「天下無一伯夷，而姦人不絕世」，壞人多於好人的現實人性，加上立法的目的不在於教化培養像「曾參、史鰌」一般的聖賢：「立法非所以備曾、史也，所以使庸主能止盜跖也」，而是讓天下的賢如「伯夷」，不肖如「盜跖」者都能遵循法度，讓法度即使庸主治國的時候，也一樣有效，故立法要分明、度量要信：「度量信則伯夷不失是，而盜跖不得非。法分明則賢不得奪不肖，強不得侵弱，眾不得暴寡。託天下於堯之法，則貞士不失分，姦人不徼幸。」（〈守道〉）因此，法度的設立，必須是簡易明白，而具有可以傳之久遠的必然性。

復次，「賞罰」的制定乃基於人情「喜利畏罪，趨利避害」的心理，故立法也須要通權，權其難行，計其弊害，取其較易行而能有功者。不過立法雖然要照顧現實人性等等層面：

> 凡治天下，必因人情。人情者，有好惡，故賞罰可用；賞罰可用則
> 禁令可立而治道具矣。（〈八經〉）

但照顧也不可能面面俱道，就如同洗頭、治療傷痛一樣，一定會掉頭髮或傷害血肉的問題；卻不能因此放棄洗頭和治療的工作。同理，立法雖有小害，也不能因此無視於大利。所以聖人「不求無害之言，而務無易之事」。總之，古往今來沒有完全有理、永恆不易之道。但聖人立法要切合時宜、實用和公平性：

> 故聖人不求無害之言，而務無易之事。人之不事衡石者，非貞廉而
> 遠利也，石不能爲人多少，衡不能爲人輕重，求索不能得，故人不
> 事也。明主之國，官不敢枉法，吏不敢爲私，貨賂不行，是境內之
> 事盡如衡石也。此其臣有姦者必知，知者必誅。是以有道之主，不
> 求清潔之吏，而務必知之術也。（〈八説〉）

「三易之數」，就是明主立法的參考座標。這三種容易的方法，即「表易見、教易知、法易爲」，且要詳細記載，書成文字。法律條文若太省約，人民就容易爭訟不休，因此明主制法，一定事類詳備：

> 是以聖人之書必著論，明主之法必詳事。（〈八説〉）

而且法一經設立，即具文公佈「編著之圖籍，設之於官府，而布之於百姓者」（〈難三〉），就此言之，法律具有公開普遍的規範性：

> 明主之表易見，故約立；其教易知，故言用；其法易爲，故令行。

> 三者立而上無私心，則下得循法而治，望表而動，隨繩而斲，因攢
> 而縫。如此，則上無私威之毒，而下無愚拙之誅。故上君明而少怒，
> 下盡忠而少罪。（〈用人〉）

既爲成文法，有道之君就當以「靜」的涵養循法而治，不能隨意更改，
否則「數變法則民苦之」：

> 以理觀之，事大眾而數搖之則少成功，藏大器而數徙之則多敗傷，
> 烹小鮮而數撓之則賊其澤，治大國而數變法則民苦之，是以有道之
> 君貴靜，不重變法，故曰：「治大國者若烹小鮮。」（〈解老〉）

此說與前述的「變古之法」的「變法」之論，似乎矛盾，王先愼即認爲「貴
靜，不重變法」當改做「貴虛靜而難變法」，蓋王氏以法家主張變法，吳起變
法於楚、商鞅變法於秦，故改此文，其實誠如陳奇猷所說：「法家之變法，乃
變儒家之法，在變儒家之法以後，則法不能時時變更。故曰『不重變法也』」。
〔註63〕

總之，「法」一旦定出，就有標準性、客觀性、普遍性和強制性。法是冷
冰冰、不講情面的，絕不因爲權貴而曲與迴護。大臣犯錯一樣遭受懲罰，賞
賜行善凡夫也不能忽略：

> 法不阿貴，繩不撓曲。法之所加，智者弗能辭，勇者弗敢爭。刑過
> 不避大臣，賞善不遺匹夫。（〈有度〉）

法律之內沒有私惠，也不得隨便赦宥；法律之外不能恣意而行，任意加罪，
一切準乎法度，無功个加賞，無罪不加罰，且責罰要施以嚴刑重罰以禁過外
私、遂令懲下：

> 故明主使其群臣不遊意於法之外，不爲惠於法之內，動無非法。（〈有
> 度〉）
> 明主賞不加於無功，罰不加於無罪。（〈難一〉）
> 明君求善而賞之，求姦而誅之，其得之一也。（〈難三〉）
> （峻）法，所以禁過外私也，嚴刑，所以遂令懲下也。（〈有度〉）

明君的嚴刑峻罰，實乃建築在「趨利避害」的心理上，一般人對於別人
的東西，若未必受害則取之；若會受害，必避之。此所以少量的布帛，普通
人都爭取不肯放棄；百鎰銷熔的黃金，大盜也不會掠取。所以英明的君主一

〔註63〕參見陳奇猷校注《韓非子集釋》（台北：河洛，1974），頁356。

定要「峭其法、而嚴其刑」罰重而必，絕不寬貸，再輔之以毀譽，那麼「賢者勸，不肖者懼」。不論賢和不肖都會爲君主盡力！

> 故明王峭其法、而嚴其刑也。布帛尋常，庸人不釋；鑠金百溢，盜跖不掇。不必害則不釋尋常，必害手則不掇百溢，故明主必其誅也。是以賞莫如厚而信，使民利之；罰莫如重而必，使民畏之；法莫如一而固，使民知之。故主施賞不遷，行誅無赦。譽輔其賞，毀隨其罰，則賢不肖俱盡其力矣。（〈五蠹〉）

於是，明君以法治民，只有守不守法的問題，沒有道德不道德的問題。嚴刑可制止孟賁、夏育和盜跖們不敢犯法，讓「暴者守愿，邪者反正」，故明主用法律約束人民而不用廉潔遏止或冀求國民在道德層面上的自律自清：

> 故明主之治國也眾其守、而重其罪，使民以法禁而不以廉止。（〈六反〉）

百姓只要不觸犯法律，那麼盜跖和曾參彼此平等——同是守法的好國民，同受法律保障。〔註64〕此韓非說：

> 明主之守禁也，賁、育見侵於其所不能勝，盜跖見害於其所不能取。（〈守道〉）

　　綜上，聖人變古立法，聖人明君立法時須因道立法，才能超越個人主觀的意識、好惡情感，而且超越民智、俗情，以因應時代需求，制定客觀的法做爲行政、執法的依據。經過通權立法後，賞罰的標準，便具有成文的客觀規範，施之於天下，人所共循，具普遍恆常性。故聖人明君雖是立法者，仍要接受法的約束，不可輕易擅改。因此，聖人既是立法者也是守法者。法隨時代而有用廢，聖人既具有虛靜無爲的修爲，便不致因一國之私而恣意廢法。

　　乙、明法強國

　　聖人立法、守法同時也要執法，韓非之意即，聖人治理國家若能使法令明著，吏治就會清明；貫徹賞罰而不偏私，人民便肯效力；吏治清明、人民願意效力，國家就富裕，國家富裕，兵力就強大，如此霸業就可完成。此〈六反〉曰：

> 聖人之治也，審於法禁，法禁明著則官法；必於賞罰，賞罰不阿則民用。民用官治則國富，國富則兵強，而霸王之業成矣。霸王者，

〔註64〕參見賴炎元、傅武光前揭書，同註49，頁290。

人主之大利也。(〈六反〉)

在這節文字中，韓非一方面點出明法是通向國富兵強的必要條件，一方面泯除王、霸在道德上的分別，認為「霸王」是「人主之大利」，且是「名成德垂」的「聖人之治」，映照出韓非的功利價值觀。先秦儒家諸子中，除了荀子就現實層面承認「霸者」強兵國富的事實，其餘孔、孟都「尊王黜霸」，孟子甚至說：「春秋無義戰」(〈盡心〉)「五霸者，三王之罪人也」(〈告子〉)。韓非對霸者不僅肯定而且持以鼓勵的態度，並視「霸王」與「富強」為同義詞，若要細分，則韓非的「王」，指的是天下的共主，「霸」則是雄霸一方的國君：

> 湯得伊尹，以百里之地立為天子；桓公得管仲，立為五霸主，九合
> 諸侯，一匡天下。(〈姦劫弒臣〉)

韓非將聖人的理想寄託在霸王事業上，儒家那一套講究仁義之道、愛惠之行無益於治國，因此道德修為不必是聖人的顯性特質，倒是嚴刑重罰的法術能如舟楫之利，可以「絕江河之難」，「致霸王之功」(〈姦劫弒臣〉)。故要明法治國，使民「飾於法，知道之故」，切不可「釋規而任巧，釋法而任智」(〈飾邪〉)，方能使「人臣去私心行公義」而「審公私之分，審利害之地」，如此「姦乃無所乘」(〈八經〉)。當臣下沒有作亂的機會，那麼，「上下有利」且能除「人臣之所苦」，而立「人主之所樂」(〈用人〉)的願望便可實現。

聖人明法的具體作為就是要以信賞必罰的態度，確實執行賞罰。心中只有賞罰沒有喜怒，無功的不加賞，有罪的必行誅，全依功勞的大小「功多者受多，功少者受少」，完全不聽左右的請謁，而只依法度行事。(〈姦劫弒臣〉)當厚賞重刑的法令能信實執行，人在就安利避危窮的心理作用下挾利從事，雖「行危至死，其力盡而不望」。且由於誅戮有刑律可依，被處死的人無一冤屈受害者，姦人也都能順服，如此「君高枕而臣樂業，道蔽天地，德極萬世矣」(〈用人〉)。這才是真正的「帝王之政」。故曰：

> 厚其爵祿以盡賢能，重其刑罰以禁姦邪，使民以力得富，以事致貴，
> 以過受罪，以功致賞而不念慈惠之賜，此帝王之政也。(〈六反〉)

為了成就霸王事業，聖人不僅以法治理國家，祭出厚賞重刑的制度，尚且要施行「以法為教」、「以吏為師」，教導人民懂得法規，以法平齊思想，統一國家的價值觀，要求全民百姓言行劃一，天下思想歸於一元，一皆軌於法而不得有私劍之捍：

> 故明主之國，無書簡之文，以法為教；無先王之語，以吏為師；無私

> 劍之捍，以斬首爲勇。是境內之民，其言談者必軌於法，動作者歸之
> 於功，爲勇者盡之於軍。是故無事則國富，有事則兵強，此之謂王資。
>
> 既畜王資而承敵國之釁，超五帝，侔三王者，必此法也。(〈五蠹〉)

如此「齊之以法」，將全國人民上下的言說和動作全部納入「法」的一致標準下，惟國家公利是依，凡是有違公法公利者，都是社會的亂流。總之，上君明主治國，法令是治國的最高準繩，也是衡量所有事物的衡石，所有的言行都要依循法令，若有不軌者必在禁止之列：

> 明主之國，令者、言最貴者也，法者、事最適者也。言無二貴，法
> 不兩適，故言行而不軌於法令者必禁。(〈問辯〉)
>
> 明主之國，官不敢枉法，吏不敢爲私，貨賂不行，是境內之事盡如
> 衡石也。(〈八說〉)

這樣才能儲蓄「無事則國富」的經濟實力，和「有事則兵強」的「軍事實力」而建立「超五帝，侔三王」的帝業。

綜合上述，上君要成就「超五帝，侔三王」的帝王霸業，必須「明法因勢任術」，憑著自己的權勢並善用人主二大物──「法」和「術」：「人主之大物，非法則術也」。(〈難三〉)「法」是天下人遵守的法度準繩，要公開且形諸文字，編成圖冊，設於官府；「術」則是君主專擅獨操者，必須隱密不宣以潛御群臣，此韓非曰：

> 法者，編著之圖籍，設之於官府，而布之於百姓者也。術者，藏之
> 於胸中，以偶眾端而潛御群臣者也。故法莫如顯，而術不欲見。是
> 以明主言法，則境內卑賤莫不聞知也，不獨滿於堂。用術，則親愛
> 近習莫之得聞也，不得滿室。而管子猶曰「言於室滿室，言於堂滿
> 堂」，非法術之言也。(〈難三〉)

上君就在「法莫如顯，而術不欲見」的執法用術下，像天一樣公正無私，像神鬼那樣隱密不測：

> 明主之行制也天，其用人也鬼。天則不非，鬼則不困。(〈八經〉)

這樣的才能發揮到極致，便能達到：雖無離婁之明、師曠之聰卻能「使天下不得不爲己視，天下不得不爲己聽」且能「身在深宮之中」而「明照四海之內」，「天下弗能蔽」(〈姦劫弒臣〉)。當天下人都成爲自己視聽的耳目，自可察辨忠姦如辨黑白，並立「可爲之賞」，設「可避之罰」而使「賢者勸賞」、「不肖者少罪」，以是，治術之士如伍子胥者才能免於奸臣讒害：

> 故明主之治國也，明賞則民勸功，嚴刑則民親法。勸功則公事不犯，親法則姦無所萌。（〈心度〉）

> 明主立可爲之賞，設可避之罰。故賢者勸賞而不見子胥之禍，不肖者少罪而不見傴剖背，盲者處平而不遇深谿，愚者守靜而不陷險危。如此，則上下之恩結矣。（〈用人〉）

> 然則有術數者之爲人也，固左右姦臣之所害，非明主弗能聽也。（〈姦劫弒臣〉）

　　要之，韓非所提出的聖人之治，乃是針對「世之學者」——即儒家提出來的，他認爲儒家的「仁義愛惠」不足現實之用，可能使得國家因爲缺乏法度規矩而產生暴亂，甚且滅亡。嚴刑重罰的法治才是平亂反治，國富兵強的不二之門。故他不將道德仁義的操守視爲聖人的顯性特質，倒是讓他心目中的聖人成爲法治思想的制法者和執行者。其具有政治敏感度，既能「知心」又能「知事」（〈說林下〉），且具「見微以知萌，見端以知末」（〈說林上〉）的察姦能力。在政治的具體作爲上能尚法、重勢、用術，也就是〈詭使〉篇所說的：

> 聖人之所以爲治道者三：一曰利，二曰威，三曰名。夫利者所以得民也，威者所以行令也，名者上下之所同道也。非此三者，雖有，不急矣。（〈詭使〉）

法以利得名，勢以威行令，術以名責其上下同道，聖人能統合這三者以備國家之急務，具有用術以察姦、任勢以立權威、立法以行政的能力，是個深具權謀智慧又極顯威嚴和有魄力的政治領導者。其中術用的修養，聖人的虛靜表顯在「智慮不用而國治」或「身雖處佚樂之地，又致帝王之功」，與老子主張聖人治國要「無爲」「不逞一己智能」，要皆可看到韓非取之於老子而自成一格的冷慧觀照。司馬遷說韓非思想「皆源於黃老道德之意」，當是此意。〔註65〕

　　至於韓非的聖人是否僅有理智上之明，未有聖德於其中，由上面的論述文字看來，韓非雖沒有像儒家以仁義道德尊聖，道家以自然無爲崇聖，而較貼近墨家以事功原則希聖。然而拯黎民百姓於水深火熱之中的歸宿卻　致。〔註66〕因此韓非心中的理想君主雖非道德完人，而是「不期修古，不法常行」（〈五蠹〉）且能成就天下之功的現實的、功利的鐵腕人物。展現出充滿權威、心懷謀略的

〔註65〕參見蔡英文前揭書，同註20，頁4。
〔註66〕參見朱義祿前揭書，同註21，頁36。

人格型態。﹝註67﹞但他仍不乏透露出聖人明君有涵養性情和「厲廉恥、招仁義」（〈用人〉）之舉，甚至將唐堯視之爲「明主」、〈難言〉篇列孔子爲「賢大夫」、〈五蠹〉篇肯定孔子爲聖人，因此若說韓非子所說的聖人不尚「仁義之治」，尚可成立，若說聖人完全沒有聖德成分，恐怕有待商榷。

當然，也許有人說：關於韓非所提到的聖人之德，都是他早期的之作，﹝註68﹞不能代表他成形的思想，不過我們看到他晚期之作如〈五蠹〉、〈顯學〉所批評的古聖、儒家仁義之說或德治思想，都是指他們不合時代需要，不能應世之急，換句話說，是迫於現實政治的情勢下，先絕對地肯定求國家秩序、安全和富強這一價值，而這種價值實踐本不關乎道德性，只指涉了好處或者利益。誠如蕭璠所說：「韓子只謂實際上的害利，不論倫理上的是非，即他不處理應然領域內的事務，而只關心實然世界中的問題」，﹝註69﹞此蔡英文進一步補充說：「韓非是依據『應然價值』內的一項價值，而建構出他的整個政治理論。」﹝註70﹞因此韓非雖說當代的聖人需行「法治」必然之道，但他也並未否定德治爲善，只因德治爲「適然之善」緩不濟急，故不合時宜。所以我們並不能因此論斷：韓非的聖人不具有這樣德行的層次。我們只能說韓非在因應時代迫切需要，而在欲求國家安全、秩序與富強這一核心價值和儒家的道德價值不相容、不兩立的存在情境下，選擇了「國富兵強」這一價值，捨棄了「道德價值」。滲透到理想君主這一人格類型上，便成了「務法不務德、任勢不任賢」的政治人物，但不能因此就說其聖人無聖德，此乃必須再加致意者。若上述所說無誤的話，一旦時空背景、存在情境轉換了，韓非鐵腕式的聖人和儒家道德滿懷的聖人就不必然是勢不兩立的兩極，而有可以對話會通互補的空間了！

總括來說，韓非對權力集中的「聖人」作了具體的描繪：

> 聖人者，審於是非之實，察於治亂之情也。故其治國也，正明法、陳嚴刑，將以救群生之亂，去天下之禍，使強不陵弱，眾不暴寡，耆老得遂，幼孤得長，邊境不侵，君臣相親，父子相保，而無死亡

﹝註67﹞ 參見王翔前揭書，同註38，頁16。
﹝註68﹞ 參見鄭良樹前揭書，同註61，其將韓非的著作分成三期，其中關於韓非有儒家思想影子的篇章如〈難言〉、〈解老〉、〈觀行〉、〈安危〉、〈守道〉等都是韓非早期作品。
﹝註69﹞ 參見蕭璠〈韓非政治思想試探〉《臺大歷史學報》第8卷，1981，頁21。
﹝註70﹞ 參見蔡英文前揭書，同註20，頁33〜4。

繫慮之患，此亦非功之至厚者也。（〈姦劫弒臣〉）

第一「聖人」知道是非的實際，明察治亂的情況。這與荀子、墨子學派所說的「聖人」為知曉治亂根源者的說法是一致的。第二，「聖人」治國的最好策略是「正明法」、「陳嚴刑」，這種法治主張是韓非不同於其他各家的特殊之處。第三，「聖人」不僅能使國內人際關係處於和諧的狀態，同時能防止外族的入侵。綜合上述三點，韓非心目中的聖人是一位具有最高勢位、同時擁有立法、執法與行政權而能「救群生之亂，去天下之禍」，實現大一統的強有力的偉大人物。〔註71〕

2、盡人之力的「中君」

上君是韓非心目中的新聖，不僅勵行法治，同時也立法。其處勢用術，去智去巧，虛靜以審核形名，要皆可看出上君「明照四海」的能力，看來這樣的政治領導人物雖不似儒家聖賢人物一樣「千世」才「一出」，也是人間難得。韓非考察歷史，中主是常態，要是中君在位，抱法處勢即可走上治道。中君是韓非心目中覺得可以因應現實國家問題的君主。故書中所提出人主所具備的領導特質，雖未言明是中主，凡稱「人主」，多是為「中主」設計的治國藍圖。吾人加以整合分析，其所反映的中君之領導特質如下列：

（1）抱法──遵循法度

「法」是治國的指南針，舉凡「矯上之失，詰下之邪，治亂決繆，絀羨齊非，一民之軌，莫如法」（〈有度〉）。更是國家盛衰治亂的指標，「奉法強者盛，奉法弱者衰；行法則治，廢法則亂。」（〈有度〉）韓非在〈安危〉篇中提到的七種安危之術：一曰賞罰隨是非，二曰禍福隨善惡，三曰死生隨法度，四曰有賢不肖而無愛惡，五曰有愚智而無非譽，六曰有尺寸而無意度，七曰有信而無詐。在在說明國家的安危繫乎是否依循法度。而〈人主〉所說的強國四事，一言以蔽之，「法度」而已：

> 夫國事務先而一民心，專舉公而私不從，賞告而姦不生，明法而治
> 不煩，能用四者強，不能用四者弱。（〈心度〉）

由此可知，法度既是使人民意志趨於一致，也是拔擢人才和整飭政治的唯一價值坐標，韓非認為連堯這樣的賢主都無法「釋法術而心治」「去規矩而妄意度」，何況是一般的君主？所以中主當如「拙匠守規矩尺寸」，循法治國，如

此自可「人力盡而功名立」：

> 釋法術而心治，堯不能正一國。去規矩而妄意度，奚仲不能成一輪。
> 廢尺寸而差短長，王爾不能半中。使中主守法術，拙匠守規矩尺寸，
> 則萬不失矣。君人者，能去賢巧之所不能，守中拙之所萬不失，則
> 人力盡而功名立。（〈用人〉）

所謂「中君」正是能「盡人力」之君，即藉由法度結構將人力資源充分發揮出來的君主，否則「人主釋法用私，則上下不別矣」（〈有度〉）。因此韓非主張中主的能力雖然不若上君，只要以法爲一切標準，「能去私曲就公法」，將臣民一併納入法的結構中，通過法的客觀結構，取捨一切，不必依賴君主的智識逐一判斷，就可「民安而國治」：

> 人主者，守法責成以立功者也。（〈外儲說右下〉）

> 故當今之時，能去私曲就公法者，民安而國治；能去私行行公法者，
> 則兵強而敵弱。故審得失有法度之制者加以群臣之上，則主不可欺
> 以詐偽；審得失有權衡之稱者以聽遠事，則主不可欺以天下之輕重。
> （〈有度〉）

> 立法令者以廢私也，法令行而私道廢矣。私者所以亂法也（〈詭使〉）

中主當如何抱法？從主觀的態度來說要客觀公平，從客觀的方法來說要明法。法律之前人人平等，絕不因身分特殊、關係特別就有殊遇，一如工匠手上的繩墨不因曲木而繞彎迴直；法律也不講情面，執法絕不因爲權貴而曲與迴護：

> 法不阿貴，繩不撓曲。法之所加，智者弗能辭，勇者弗敢爭。（〈有
> 度〉）

如此「上下貴賤，相畏以法」（〈八經〉），君主若施行法度刑罰，對如猛虎一般的臣子，想要圖謀不軌，朋比爲姦，將會被卸下猛虎的爪牙，恢復原來人的樣貌。（〈揚権〉）

甚至「王子犯法與民同罪」，在〈外儲說右上〉，韓非特舉荊莊王的太子觸犯「茅門之法」而遭廷理處罰的故事來強調這樣的觀點，如此則「刑不上大夫」的特權不再，無論貴賤、親疏、智愚在法律之前一律受到約束，同時也得到保障：

> 刑過不避大臣，賞善不遺匹夫。（〈有度〉）

故使人無離法之罪，魚無失水之禍。(〈大體〉)

韓非極言中主抱法的功效，雖言法，已融術於其中，中主法術兼行，因此任用人才時，會因材、因任授官，使之適才適所，不致像商鞅有法無術，不按名實考核以做為賞罰的依據，結果「不當其能」「斬首者令為醫匠，則屋不成而病不已」(〈定法〉)，的確，有功的人擺錯了位子，反成人才的浪費和錯失辦事的先機。

當臣下皆「當其能」以治民後，也要循法治民，依法行使公權力，所謂「法者，憲令著於官府，刑罰必於民心」，讓民眾「盡地力以多其積」，並願「效死以堅其城守」：

嚴其境內之治，明其法禁，必其賞罰，盡其地力以多其積，致其民死以堅其城守，天下得其地則其利少，攻其國則其傷大，萬乘之國、莫敢自頓於堅城之下，而使強敵裁其弊也，此必不亡之術也。(〈五蠹〉)

君主以法術御臣下，臣下再以法治民，中主明法，並抱法嚴其境內之治，建立起事功歸君和以國家利益為公利的價值觀，使有智能、賢行、忠信的臣子都要為國家的法度服務，不得流為「私德」。

人主使人臣雖有智能不得背法而專制，雖有賢行不得踰功而先勞，雖有忠信不得釋法而不禁，此之謂明法。(〈南面〉)

總之，中主抱法治國，實則不只單一的用法或術，而是將法術二者皆視為「帝王之具」相容並蓄，相輔相成：

君無術則弊於上，臣無法則亂於下，此不可一無，皆帝王之具也。(〈定法〉)

中君的領導特質和上君一致，較不同的是在用術部分，中君並未如上君一樣有深厚的修養能由「致虛守靜之功，以養其神，棲神施靜，而不妄費，是謂無為」，[註72] 更要在國家富強價值一元的現實政治要求下捨棄「道德價值」。雖然中主不須如聖人、聖王有立法的責任，只要依法而治，但是他仍須有循名責實的參伍之術，以去臣之姦而將法的結構要求完全逼顯出來。是以上君用術管理的對象多是臣下，雖有時也用權謀，主要針對敵國的人，其對待臣民仍以忠信為主。然中主「藏之於胸中」而「潛御群臣」神秘不測的獨擅之術，則充滿了權謀詭詐：

舅犯曰「繁禮君子，不厭忠信」者，忠、所以愛其下也，信、所以

〔註72〕熊十力《韓非子評論》(台北：學生，1977)，頁3。

不欺其民也。夫既以愛而不欺矣，言孰善於此？然必曰出於詐僞者，
軍旅之計也。舅犯前有善言，後有戰勝，故舅犯有二功而後論，雍
季無一焉而先賞。（〈難一〉）

上君權謀用術的目的是爲了治國而亂敵，但中主的權謀術用則衝著自家的臣
屬，甚而是自己身邊的親屬。〈內儲說上〉所說的七術，如疑詔詭使、挾知而
問、倒言反事等等皆是御臣防姦的術。由於君臣異利，君臣關係跟著緊張對
立，而中主爲了避免臣下姦邪，當臣下的官爵因爲功勞「位至」而「任大」
時，便以「質、鎮、固」三種方法加以「止之」、「化之」、「窮之」，如果無法
因此得到控制的話，甚至用「行飲食、與其讎」食物中下毒或利用仇人暗中
殺害，這叫做「除陰姦」；〈備內〉篇中甚至提到要防備宮中的后妃、夫人、
太子，這樣連自家人都不放過的用術，令人不寒而慄。中君在國家富強的功
利價值觀下，從道家方便假借「虛靜」涵養，已由「冷慧」觀照變成只顯「冷
靜」的權謀了！

（2）處勢──善用權力

中主具備有「四美」：「身之至貴也，位之至尊也，主威之重，主勢之隆
也」，這四種優勢條件不必「求諸外」，不勞「請於人」，只要自己慎重考慮就
可以得到（〈愛臣〉）。其中「君勢」乃「人主之筋力」（〈人主〉），故「權勢不
可借人」（〈內儲說下〉），否則「左右擅勢，是人主失力；人主失力，而能有
國者，千無一人」（〈人主〉）。因此君權不可旁落，人主不能和人臣共勢共權
共治。猶如善御者「王良、造父」共轡而不能使馬；善操琴者「田連、成竅」，
共琴而不能成曲。

韓非認爲「權勢」是君主賴以生存的深淵。「國家」是君主的車子，離開車
子就等於離開權力。所以說：「制在己曰重，不離位曰靜。」（〈有度〉）君主要
將制裁的權力牢牢抓住，不輕易離開君位，因此〈喻老〉篇對老子「君子終日
行不離輜重」的詮釋是：身爲人君不能將自己權力名位輕易的釋放給別人。

以是，中主除了遵循法令治國，還要鞏固好自己的權勢，避免讓自己的
優勢條件受到篡奪。徒法不足以自行，法的賞罰有賴權威坐鎮指揮才行：

無威嚴之勢，賞罰之法，雖堯、舜不能以爲治。（〈姦劫弒臣〉）

而如前所述，韓非要君主處的勢，是「人設之勢」，即善用君主特有的優
勢依法而行政、據法而賞罰。依韓非的思考，慎子的自然之勢，雖足以依恃
且能詘賢；好比弓弩，若無風之激，箭矢無法高射；但「勢」是客觀條件，

雲、霧、風力雖然可恃，若無「龍蛇之材美」則雲霧無法乘遊，無「弩之能射」僅憑風力也無法矢高。這是慎到重勢論的理論困境。於是，自然之勢本身雖能「便治」也能「利亂」，不具有治理天下的必然性：「非能必使賢者用己，而不肖者不用己」，因此說：「勢之於治亂，本未有位也」，正如良馬固車（客觀的條件）在不同的人駕駛（主觀的條件）下，結果大不相同。就此觀之，儒家的「任賢」之說，不能遭到否決。〔註73〕

　　但是韓非認為儒家「必待賢乃治」實難以期待，〈難一〉以楚人鬻盾與矛者的故事非難儒者既聖堯又賢舜是自相衝突，不能相容兩兼之理。並由此論述行德化之治的缺點：一則人力有限，即使賢君為政如舜者，其「壽有盡，天下過無已者，以有盡逐無已，所止者寡矣」，不能立即有效管理人民，二則聖人躬親身苦，連賢如堯舜都覺得難以執行：「以身為苦而後化民者，堯、舜之所難也」，更何況是一般的君主；因此韓非子主張要拿出有效的治術，而此法術是「庸主之所易也」，庸主都容易做到的，才是長治久安之道。

　　因此，基於政治現實，韓非同意慎子「任勢」的主張，反對儒家的「任賢」之說。但是，慎到的「任勢」說，必賴人主的「賢智」方可治國止亂。而韓非提出的「人設之勢」：「吾所為言勢者，言人之所設也」（〈難勢〉），正好是不必依賴「賢智之主」，又能化解慎到「自然之勢」的困境。所謂「人設之勢」乃是承認君王地位的重要和必要性的前提下，試圖在賢主難求的政治現實中，找出可以長治久安的方法？蓋在君王世襲的現實政治下，賢主難求，暴君也非常態，堯舜桀紂都是「千世而一出」的，世上賡續不斷的統治者大都是中等的人才。所以韓非所講的「人設之勢」是針對「中主」、「庸主」而設計的，希望「處勢而矯下」，讓中主不必「躬親自苦而後化民」；亦即「抱法處勢」而使天下得治：

　　　　且夫堯、舜、桀、紂千世而一出，是比肩隨踵而生也，世之治者不
　　　　絕於中。吾所以為言勢者，中也。中者，上不及堯、舜，而下亦不
　　　　為桀、紂。抱法處勢則治，背法去勢則亂。（〈難勢〉）

由此，政治不再依賴聖人的主體修養，而可訴諸法的結構，以成就恆常而穩定的政治運作體系。〔註74〕依韓非之見，儒家期待現實的君主成為像堯舜一樣為賢者，務行仁義、仁政，這在現實上根本不可能：「夫勢之足用亦明矣，

〔註73〕以上引言俱見〈難勢〉篇。
〔註74〕參見高柏園前揭書同註53，頁105。

而曰必待賢則亦不然矣」（〈難勢〉）。韓非即用「待梁肉而救餓」、「待越人之善海遊者以救中國之溺人」借喻「待賢」而治的仁政是不能濟急的（〈難勢〉）。

這樣的觀點投射到君主的人格設計上，唯有中主是可以付託的。韓非並提出「處勢」以「抱法」做爲中主（或曰中君）的重要特質。而抱法尚須用術，處勢也離不開用法術：

> 民以法難犯上，而上以法撓慈仁，故下明愛施而務賕紋之政，是以法令墮。尊私行以貳主威，行賕紋以疑法，聽之則亂治，不聽則謗主，故君輕乎位而法亂乎官，此之謂無常之國。（〈八經〉）

> 人主無法術以御其臣，雖長年而美材，大臣猶將得勢擅事主斷，而各爲其私急。而恐父兄豪傑之士，借人主之力，以禁誅於己也，故弒賢長而立幼弱，廢正的而立不義。（〈姦劫弒臣〉）

因此中主雖說「抱法處勢」而治，實則和理想的君主一樣皆是用法、勢、術作爲三個治國的礎石，此即所謂的三守：

> 人主有三守。三守完則國安身榮，三守不完則國危身殆。何謂三守？人臣有議當途之失、用事之過、舉臣之情，人主不心藏而漏之近習能人，使人臣之欲有言者，不敢不下適近習能人之心而乃上以聞人主，然則端言直道之人不得見，而忠直日疏。愛人不獨利也，待譽而後利之；憎人不獨害也，待非而後害之；然則人主無威而重在左右矣。惡自治之勞憚，使群臣輻湊之變，因傳柄移藉，使殺生之機、奪予之要在大臣，如是者侵。此謂三守不完。三守不完則劫殺之徵也。（〈三守〉）

這三守中，「君勢」在先秦時期是自然命定的。韓非雖說中君的勢爲「人設之勢」，然人設之勢也只是對自然之勢充分伸張的強調，因此算起來，勢仍是客觀的。而所謂的「法」，舉凡法的建立，法的內容決定及其存廢，雖存乎人的主觀性決定，然就法的結構性、必然恆常性和普遍一致性而言，法則具備客觀性質，而中主的才智不能勝任立法的角色，只能「抱法」，依照法的成文規定按盤操作，因此中主所抱的法也是客觀的。而「術」雖也可以有客觀的原則指導，但既是君主獨擅，可闇而不表，眞正的操作仍由君主個人主觀心理決定，這是最無法通過客觀理性原則加以理解的。

準上述以觀，理想君主和中主最大的差別就在於「術用」之別，此所以韓非以「術」作爲分判上君和中君的不同。上君之術用須是經過高度心靈修

養而來，而中君則顯得詭詐權謀，其「除陰姦」的作法，簡直是陰狠險忍，難怪牟宗三要說韓非的君王術是「黑暗的祕窟」了。〔註75〕

3、盡己之能的「下君」

上君和中君皆能抱法處勢，運用他人的智慧或力量治國。所不同的是上君有高度的心術修養，中主則不及，上君可以立法，善用術以集結眾人的智慧治理國家；中君雖不能立法、用術亦權謀機巧，但也能藉由法度結構將人力資源充分發揮出來。下等的君主則靠自己的能力，不懂得運用身邊的資源和客觀的法制結構，是以雖有聖人用來治理臣民的三項原則：利、威、名；卻「利非無有也而民不化，威非不存也而下不聽從，官非無法也而治不當名」（〈詭使〉）。換言之，雖有賞罰不能化民、雖有君勢無法制下，雖有考核之術卻不能有效管理。「上之所貴與其所以為相反也」（〈詭使〉），此乃當時世主的領導特質。細言之，有自失刑德、輕釋法術和用人失當三者。

（1）自失刑德

賞罰二柄是君主的專利，也是君主能成為猛虎的兩大爪牙，失去任何一柄都會使「一國之人皆畏其臣而易其君，歸其臣而去其君」，故曰「釋其刑德而使臣用之，則君反制於臣矣」（〈二柄〉）。韓非用猛狗和社鼠比喻那些奪勢專權的大臣，他們在外藉著權勢收利於民，在內則比周謾侮蔽惡欺君，使得君主進退失據：

> 今人君左右，出則為勢重以收利於民，入則比周謾侮蔽惡以欺於君，不誅則亂法，誅之則人主危，據而有之，此亦社鼠也。」故人臣執柄擅禁，明為己者必利，不為己者必害，亦猛狗也。故左右為社鼠，用事者為猛狗，則術不行矣。（〈外儲說右上〉）

這些都是當世君主自失立場的惡果，故曰：

> 世主所以壅劫，失其所有也，不可不察焉。（〈八姦〉）

此有史可證，如春秋的簡公失德而田常用之，簡公被殺；宋君失刑而子罕用之，宋君被威脅，當世君主刑賞兩柄的權勢旁落大臣手中，韓非指出世主的危險更甚於簡公、宋公，並警示世主可能危亡：

> 今世為人臣者兼刑德而用之，則是世主之危甚於簡公、宋君也。故劫殺擁蔽之主，兼失刑德而使臣用之而不危亡者，則未嘗有也。（〈二柄〉）

〔註75〕參見牟宗三《中國哲學十九講》（台北：學生，1983），頁185。

韓非警告世主若不察自己受「壅劫」的原因，將和桓公一樣。春秋時期的齊桓公置射鉤而任管仲，傳爲美談，韓非卻認爲齊桓公是闇主，原因無它，就是因爲桓公在不知管仲是否爲賢，便任之以專，而佚於使之。更放任管仲以專政的方式任用豎刁、易牙，終至死後蟲流出尸而不葬：

> 若使桓公之任管仲必知不欺己也，是知不欺主之臣也；然雖知不欺主之臣，今桓公以任管仲之專借豎刁、易牙，蟲流出尸而不葬，桓公不知臣欺主與不欺主已明矣，而任臣如彼其專也，故曰：桓公闇主。（〈難二〉）

是以世主千萬不要輕易透露自己的好惡，好讓臣子沒有侵權的機會：

> 今人主不掩其情，不匿其端，而使人臣有緣以侵其主，則群臣爲子之、田常不難矣。故曰：去好去惡，群臣見素。群臣見素，則大君不蔽矣。（〈二柄〉）

以上說明當世君主不知處勢，自失爲人君主的立場，原先可以執持的刑德兩大權柄反成爲大臣把弄、篡弒君主的工具。

（2）輕釋法術

法術是人主的大物也是「帝王之具」，且法與術要兼而用之，徒有其術，不得其法，雖用術於上，也會像當時韓國一樣雖然強盛，十七年不能成爲霸王（〈定法〉）。而當代的君主不明法術想要達到國家富強的霸王事功，幾乎不可能，故而世無霸主：

> 當今之世，大臣貪重，細民安亂，甚於秦、楚之俗，而人主無悼王、孝公之聽，則法術之士，安能蒙二子之危也而明己之法術哉！此世所以亂無霸王也。（〈和氏〉）

法令是君主治國的主要依據，韓非主張國家的強弱繫乎法律，若放棄客觀的法制而運用私智，聽任群臣的請求，群臣便會假借君威賣官，從中獲取不當利益，當權勢掌握在群臣手中，人民便無心盡力事君，反而力圖攀結權貴，於是形成「財貨上流而巧說者被重用」和「姦臣進而材臣退」的亂象。君主迷惑而「不知所行」，民眾也就「不知所從」，這都是「廢法禁、後功勞、舉名譽、聽請謁之失也」（〈飾邪〉）。

偏偏當世之主力行愛惠之政，不修明法律，輕易放棄可以禁邪防姦而國安止亂的嚴刑重罰，這樣不僅達不到建立霸王功業的願望，更可能使國家走上衰亡之道：

今世主皆輕釋重罰、嚴誅，行愛惠，而欲霸王之功，亦不可幾也。（〈姦劫弒臣〉）

明法者強，慢法者弱。強弱如是其明矣，而世主弗爲，國亡宜矣。（〈飾邪〉）

由上述，韓非所觀察到的當世之主不明法、不行嚴刑，也不知用術，不按照形名因任授官、循名責實，而且世主惑於世俗價值，不知國家的最高價值來自國力強盛，國力強盛有賴於現實事功的建立，徒然「美仁義之名而不察其實」，賞罰跟著失調「聽虛聲而禮之，禮之所在，利必加焉」，「賤之所在，害必加焉」，故「名、賞在乎私惡當罪之民，而毀、害在乎公善宜賞之士」（〈六反〉），造成「聽說不應之以度，而說其辯；不度以功，而譽其行而不入關」，此一方面是因爲「主過予」，造成賞太過；一方面則是「臣徒取」，導致罰不當（〈飾邪〉），於是「有賞不足以勸，有刑不足以禁」（〈飾邪〉），賞罰失靈，臣子便圖謀僥倖，而人民只知要「行貨財、事富貴、爲私善、立名譽」來「取尊官厚俸」，對外不願「當敵斬首」，對內「不急力田疾作」，如此一來，「姦私之臣愈眾，而暴亂之徒愈勝」，不僅「富強不可得」甚且可能遭致滅亡：

世主美仁義之名而不察其實，是以大者國亡身死，小者地削主卑。何以明之？夫施與貧困者，此世之所謂仁義；哀憐百姓不忍誅罰者，此世之所謂惠愛也。夫有施與貧困，則無功者得賞；不忍誅罰，則暴亂者不止。國有無功得賞者，則民不外務當敵斬首，內不急力田疾作，皆欲行貨財、事富貴、爲私善、立名譽，以取尊官厚俸。故姦私之臣愈眾，而暴亂之徒愈勝，不亡何待？（〈姦劫弒臣〉）

韓非特別點名世主所禮遇尊重的「輕物眾生之士」和儒俠顯學者這等人，認爲他們的言行都是無益於國家的「無用之辯、遠功之行」，偏偏世主「察無用之辯，尊遠功之行」，故而用人失當，造成「所養者非所用，所用者非所養」的人才浪費和「此所以亂也」的原因。（〈顯學〉）

今有人於此，義不入危城，不處軍旅，不以天下大利易其脛一毛，世主必從而禮之，貴其智而高其行，以爲輕物重生之士也。……藏書策、習談論、聚徒役、服文學而議說，世主必從而禮之，曰：「敬賢士，先王之道也。」……立節參民，執操不侵，怨言過於耳，必隨之以劍，世主必從而禮之，以爲自好之士。……國平則養儒俠，難至則用介士。（〈顯學〉）

今世主察無用之辯，尊遠功之行，索國之富強，不可得也。博習辯
智如孔、墨，孔、墨不耕耨，則國何得焉？修孝寡欲如曾、史，曾、
史不戰攻，則國何利焉？（〈八說〉）

依韓非，君主的明闇決定於其御臣是否有道，蓋君臣異心異利，若是君
主懂得用法術「明賞以勸之，嚴刑以威之」，臣下便會「去私心行公義」、「臨
難必死，盡智竭力」、「兵強主尊」（〈飾邪〉），這是明君的作法；亂主則異於
是，其任智、任臣而釋法，臣下「以計事君」，極可能恃寵成奸而為「擅主之
臣」（〈姦劫弒臣〉），其「乘信幸之勢，以毀譽進退群臣」，矇蔽君主「欺主成
私」，「去公義行私心」，造成「刑賞不察則民無功而求得，有罪而幸免，則兵
弱主卑」（〈飾邪〉）：

亂主在上，則人臣去公義、行私心，故君臣異心。君以計畜臣，臣
以計事君，君臣之交計也。害身而利國，臣弗為也；富國而利臣，
君不行也。臣之情，害身無利；君之情，害國無親。君臣也者，以
計合者也。（〈飾邪〉）

凡敗法之人，必設詐託物以來親，又好言天下之所希有，此暴君亂
主之所以惑也，人臣賢佐之所以侵也。（〈飾邪〉）

闇主、亂主相對於「明主」而言。指的是晦闇不明、昏亂不已的君主，其所
以不明、昏亂者，即在於不明法令，亦即「釋法而任智」而使民「不知道之
故」：

釋規而任巧，釋法而任智，惑亂之道也。亂主使民飾於智，不知道
之故，故勞而無功。（〈飾邪〉）

依韓非，所有不行法度的君主都是亡國的「下君」，即使國君富有仁德，
若「釋規任巧」、「釋法任智」都難逃亡國的命運。「仁者」是儒墨兩家都正面
肯定的人格類型，孟、荀皆賦予「內聖外王」的理想；墨子亦視之為「賢臣」。
但在韓非，「仁者」內心慈愛而看輕財貨；雖與內心殘酷而輕易誅殺的暴者德
性不同，但因兩者都輕視法術，若在位執政，國家都會滅亡。仁者因「不忍
則罰多宥赦，好與則賞多無功」；暴者因「憎心見則下怨其上，妄誅則民將背
叛」，前者濫賞，臣民容易放肆而輕觸法律；後者濫罰，人民易生怨恨，君臣
相怨不和。故曰：

故存國者，非仁義也。仁者，慈惠而輕財者也；暴者，心毅而易誅
者也。（〈八說〉）

> 暴人在位，則法令妄而臣主乖，民怨而亂心生。故曰：仁暴者，皆
> 亡國者也。(〈八說〉)

用此觀之，韓非的「仁者」慈惠輕財又婦人之仁而罔顧法律，故為下君，而世主近乎闇主、亂主、暴人、暴君的行徑，因此殆無疑義的，也是下君者流！

綜括上述，韓非用術的修養來判分人格類型，其對上君、聖人明主的術用修養和治身之術仍心存期盼，故強調老子的冷慧觀照，甚至未將聖德屏除在外。但對中君、下君的德性則不寄期待。因此中主的心術成為除陰姦的幽暗密窟，下君則因釋法術之故，連仁慈惠愛都足以亡國。

(二) 臣民部分

韓非從統治者角度立說，認為君主和臣民的利益相反，而君主治國要領，當是運用法術以禁群臣、士民之私：

> 今人主之於法術也，未必和璧之急也，而禁群臣士民之私邪。(〈和
> 氏〉)

> 主用術則大臣不得擅斷，近習不敢賣重；官行法，則浮萌趨於耕農，
> 而游士危於戰陳；則法術者乃群臣士民之所禍也。(〈和氏〉)

韓非論臣、民，有時直接稱臣或民，有時會將「士」與「民」合稱為「士民」或和「卒」合稱為「士卒」，也有與「大夫」合為「士大夫」，意謂「人民」「兵士」和為人臣者。也有冠上形容詞，如法術之士、能法之士、智術之士或謂「臣子」。總之，從「士」的不同名稱可以看出韓非對臣、民的分類。以下分別論述。

1、人臣部分

(1)《韓非子》的賢能觀

韓非從人性自利的角度說君臣異利，臣的利益站在君主的對立面。君唯有操權並通過術的管理統御才能禁止臣下的劫持和篡弒；臣下則要循法盡職，是以術乃人主所獨擅，法為人臣所守。韓非即在這樣的觀點說君主任賢不如任勢，對群臣的任用也是任賢不如任法。韓非是站在現實的觀點主張「任勢」「任法」，而批駁儒家的「任賢」之說。申明待賢而治，不如中主抱法處勢而治，而且「境內之官有百數，貞信之士不盈於十」，若「必任貞信之士」，則「人不足官」，人不足官，將造成治者寡而亂者眾的亂局，因此韓非認為與其任賢為官不如依法術管理臣下：

奚待於不欺之士？今貞信之士不盈於十，而境內之官以百數，必任
貞信之士，則人不足官，人不足官則治者寡而亂者眾矣。(〈五蠹〉)

然而，韓非並不反對賢者治國。更不反對者任用賢者爲臣，這從下列這
兩段話便可得到印證：

故賢主之治國也，適於不亂之術。貴爵則上重，故賞功爵任而邪無
所關。(〈心度〉)

賢者效其材，君因而任之，故君不窮於能；有功則君有其賢，有過
則臣任其罪，故君不窮於名。是故不賢而爲賢者師，不智而爲智者
正。臣有其勞，君有其成功，此之謂賢主之經也。(〈主道〉)

賢能的君主只要用「適於不亂之術」，致力於君權不被侵害的這一套「不亂之
術」，那麼任用賢臣有何不可？此即：君主依照法度任用賢者，讓賢者各盡其
才，並依法考核臣下是否盡責守法，再加以賞罰就可以「臣有其勞，君有其
成功」。因此，只要君主善用權勢任用賢才，賢才自能依法執行任務，否則，
君主但知任用賢才，卻釋放自己專擅獨斷的權力，難免遭來禍患：

人主有二患：任賢，則臣將乘於賢，以劫其君；妄舉，則事沮不勝。
故人主好賢，則群臣飾行以要君欲，則是群臣之情不效。(〈二柄〉)

上面這段話和前文所說的「賢者效其材」並不衝突，君主「任賢之患」
不在於「賢才」本身出問題，而是君主任賢太過，而使自己的權力受到侵害，
遂使賢士成了國家的六種亂源之一。韓非指出君王應當要明法：「雖有賢行不
得踰功而先勞，雖有忠信不得釋法而不禁，此之謂明法」(〈南面〉)。若君主
任賢、好賢太過，造成人臣侵權問題時，君王就要「質」以制之。(〈八經〉)

具體的作法是：首先君主在選用賢材時，既不可以主觀的好惡「用所愛」，
也不能「去所愛而用所賢」。蓋所謂的賢能，沒有一定的標準，好比每個人對
東西的品味不同，因此一己認定爲賢者，未必真爲賢者，如此將被僞賢者矇
蔽而不知，所以君主要拿出御臣之術，使賢能之士聚焉，使臣子不會壅蔽「煬
己」(〈難四〉)。

其次，升官制度要依照實際的事功授予官爵等級，故對臣子之言，一定
要考慮到實行的績效，如果虛僞不實，君主一定要加以懲罰。所以明主沒有
「言聽而力多」的重臣，只有「爵尊而官大」的貴臣。

明主之國，有貴臣，無重臣。貴臣者，爵尊而官大也；重臣者，言
聽而力多者也。明主之國，遷官襲級，官爵授功，故有貴臣。言不

度行，而有偽必誅，故無重臣也。（〈八說〉）

　　由上述可知，韓非「上法而不上賢」的主張，是剋就「上賢任智」之弊提出的，強調的是君主要有統馭臣下的方法，千萬不要捨法任智，故韓非乃有明主要設官職爵祿以「進賢材勸有功也」，並讓賢材者「處厚祿任大官」的說法。（〈十過〉）君主若能無私，任用賢哲事能之士：「無私賢哲之臣，無私事能之士」。讓「貴賤不相踰，愚智提衡而立」，那麼賢者自能「不誣能以事其主」而功成事立，此乃治之至也。（〈有度〉）

　　韓非甚至提到君主任用人才時，「所舉者必有賢，所用者必有能」：

　　　　明主者，推功而爵祿，稱能而官事，所舉者必有賢，所用者必有能，

　　　　賢能之士進，則私門之請止矣。（〈人主〉）

依上面分析，韓非在理上不能非賢，事實上也不非賢，甚至對於儒家「以仁為賢」的賢能觀也未全然排斥，他曾說過：「巧詐不如拙誠」（〈說林上〉）這樣的話：

　　　　孟孫獵得麑，使秦西巴持之歸，其母隨之而啼，秦西巴弗忍而與之，

　　　　孟孫歸，至而求麑，答曰：「余弗忍而與其母。」孟孫大怒，逐之，

　　　　居三月，復召以為其子傅，其御曰：「曩將罪之，今召以為子傅何也？」

　　　　孟孫曰：「夫不忍麑，又且忍吾子乎？」故曰：「巧詐不如拙誠。」

　　　　樂羊以有功見疑，秦西巴以有罪益信。（〈說林上〉）

秦西巴因為不忍母鹿的悲鳴而縱小鹿隨母歸，因而失職而遭孟孫的解職，但也因他的仁愛不忍人之心而受召任太子傅，可見有仁愛之心、「拙誠」善意的人並非不好，前提是：領導者用人舉賢時是否依法：

　　　　且官職所以任賢也，爵祿所以賞功也，設官職，陳爵祿，而士自至，

　　　　君人者奚其勞哉！（〈難二〉）

　　　　又況據法而進賢，其助甚此矣。（〈內儲說上〉）

　　　　故明主使法擇人，不自舉也；使法量功，不自度也。能者不可（能）

　　　　弊，敗者不可（能）飾，譽者不能進，非者弗能退，則君臣之間明

　　　　辨而易治，故主讎法則可也。（〈有度〉）

　　韓非主張要「據法而進賢」、「使法擇人」、「使法量功」，法度不僅是君王掌握權勢的憑藉，也是賢者的保障：

　　　　明主立可為之賞，設可避之罰。故賢者勸賞，而不見子胥之禍；不

　　　　肖者少罪，而不見區剖背。盲者處平而不遇深谿，愚者守靜而不陷

險危。如此，則上下之恩結矣。(〈用人〉)

除了據法，還要用術，否則任用「智士」將被欺，任用「修士」將致亂，故曰：

> 無術以任人，無所任而不敗。(〈八說〉)

> 任人者，使有勢也；智士者未必信也；爲多其智，因惑其信也；以智士之計，處乘勢之資，而爲其私急，則君必欺焉。爲智者之不可信也，故任修士者，使斷事也，修士者，未必智；爲潔其身，因惑其智；以愚人之惽，處治事之官，而爲其所然，則事必亂矣。(〈八說〉)

因此修士、智士並非不好，基本上，韓非仍肯定他們的德行和智慧，故有言：

> 是以智士儉用其財則家富。(〈解老〉)

> 其修士且以精絜固身，其智士且以治辯進業，不能以貨賂事人；恃其精潔，而更不能以枉法爲治，則修智之士，不事左右，不聽請謁矣。(〈孤憤〉)

> 臣有大罪者，其行欺主也，其罪當死亡也。智士者遠見，而畏於死亡，必不從重人矣。賢士者修廉，而羞與姦臣欺其主，必不從重人矣。(〈孤憤〉)

在用術的前提下，能士、智士皆可爲人君所用的賢臣：

> 故人主之察，智士盡其辯焉；人主之所尊，能士盡其行焉。(〈八說〉)

反之，行爲再修潔，也非賢臣：「行身者競於爲高而不合於功，……而兵不免於弱，政不免於亂。」(〈五蠹〉)

據此，我們可以下個結論：韓非雖然主張君主當具有「抱法處勢」的「人設之勢」，反對儒家「待賢而治」的「任賢之治」，但他並不非賢。只是在選賢之前加了兩道「據法」和「用術」的保險防護措施。而他區分人臣的人格類型即按照賢能與否分爲賢臣、無益之臣和不肖之臣三種類型。

（2）賢臣

韓非雖說「任賢不如任勢」，強調「勢治」，看似公然和儒墨兩家所標榜的「賢能政治」唱反調，但韓非主要是針對爲人君者而言，認爲賢君上主千載難逢，與其寄望領導人的道德理想，不如以政治權力來有效管理人的道德

行為。不過，對於人臣，韓非倒也「據法舉賢」，主張「所舉者必有賢，所用者必有能」，且選才要公開不徇私、不分貴賤：

> 夫有功者受重祿，有能者處大官，則私劍之士安得無離於私勇而疾距敵，游宦之士焉得無撓於私門而務於清潔矣！此所以聚賢能之士，而散私門之屬也。（〈人主〉）

然而，誠如「勢者，名一而變無數」，韓非所尚的「賢」，也有不同的內涵，和儒墨兩家有很大的區別：

> 賢者之為人臣，北面委質，無有二心朝廷不敢辭賤，軍旅不敢辭難，順上之為，從主之法，虛心以待令，而無是非也。故有口不以私言，有目不以私視，而上盡制之。為人臣者，譬之若手，上以脩頭，下以脩足，清暖寒熱，不得不救，入，鏌邪傳體，不敢弗搏。（〈有度〉）

韓非眼中的賢臣有兩個特質：一曰忠君；二曰從法。一切君命是從，無有貳心，「順上之為、從主之法」，毫無自由意志，以君主的意志為意志，「口不私言、目不私視」，完全由君主控制。以君主的是非為是非「虛心以待令，而無是非也」。這樣的賢者好比人君的左右手，人君的身體受寒遇熱不能不去解救，刀劍擊身不敢不迎戰。總之，為了維護君主的利益，賢臣赴湯蹈火在所不惜。由此，韓非所謂的「賢臣」是能「奉公法、廢私術」者，至於儒家觀點下「輕爵祿，以擇其主」的廉德，「倍主強諫」的忠德，「行惠施利」的仁德，和「離俗隱居」的義德（〈有度〉）等等，都不符合他的賢能標準，原因無他，這些儒家標榜的賢能既不尊君也不依法，更無建功立業的實際事功表現，因此非為賢者。由此以觀，韓非對「賢能」概念並不同於儒家的「道德層次」，儒家所尊崇的賢能觀——「貞廉之行」、「貞信之行」，對他來說，反而是「不事力而衣食」、「不戰功而尊」，造成國家「兵弱而地荒」的亂源：

> 人主尊貞廉之行，而忘犯禁之罪，故民程於勇而吏不能勝也。不事力而衣食，則謂之能，不戰功而尊，則謂之賢，賢能之行成，而兵弱而地荒矣。人主說賢能之行，而忘兵弱地荒之禍，則私行立而公利滅矣。（〈五蠹〉）

> 且世之所謂賢者，貞信之行也；所謂智者，微妙之言也。微妙之言，上智之所難知也。今為眾人法，而以上智之所難知，則民無從識之矣。（〈五蠹〉）

要之，韓非子是在法的前提下選出忠君、從法而便國利民的賢者。準此

以觀世俗上的德行，只要違背上述兩個特質者都在反對非議之列：

甲、盡忠君上有益於國的忠臣

韓非在〈人主〉篇，舉關龍逢、比干、伍子胥三人因忠獲罪或死亡的例子，說明為人君主不可不察賢智之言。此中帶出韓非心目中的賢智之士，實乃忠直而諫說人主的「忠臣」：

> 故智者決策於愚人，賢士程行於不肖，則賢智之士羞時得用，而主之明塞矣。昔關龍逢說桀而傷其四肢，王子比干諫紂而剖其心，子胥忠直夫差而誅於屬鏤。此三子者，為人臣非不忠，而說非不當也。然不免於死亡之患者，主不察賢智之言，而蔽於愚不肖之患也。（〈人主〉）

為人主者當進忠臣、退姦臣，若忽略「諫士」之言或不察納忠臣苦口逆耳的忠言而獨行其意，那麼忠臣危亡、姦臣進，國君接著身亡國滅：

> 故忠臣危死於非罪，姦邪之臣安利於無功。忠臣危死而不以其罪，則良臣伏矣；姦邪之臣安利不以功，則姦臣進矣；此亡之本也。（〈有度〉）

> 離內遠遊而忽於諫士，則危身之道也。（〈十過〉）

> 過而不聽於忠臣，而獨行其意，則滅高名為人笑之始也。（〈十過〉）

於此可知，「忠」是為人臣的守則。為人臣下，要竭盡所能「盡忠於公」聽命於君主，盡忠職守：

> 臣守所長，盡所能，故忠。以尊主御忠臣，則長樂生而功名成。名實相持而成，形影相應而立，故臣主同欲而異使。（〈功名〉）

這一點和儒墨兩家無二，皆強調臣下的忠德，不過和儒家以「盡己」為「忠」的旨趣不同。韓非的「忠」帶有事功的意味，亦即為人臣者除了忠心耿耿，還要對國家人君有實際上的貢獻。像「湯得伊尹，以百里之地立為天子；桓公得管仲，立為五霸主，九合諸侯，一匡天下；孝公得商君，地以廣，兵以強。」伊尹、管仲、商鞅要皆能既使國君「名垂後世」又令國家「長安於天下」，故得為「足貴」的忠臣。

> 伊尹得之湯以王，管仲得之齊以霸，商君得之秦以強。此三人者，皆明於霸王之術，察於治強之數，而不以牽於世俗之言；適當世明主之意，則有直任布衣之士，立為卿相之處；處位治國，則有尊主廣地之實；此之謂足貴之臣。湯得伊尹，以百里之地立為天子；桓公得管仲，立為五霸主，九合諸侯，一匡天下；孝公得商君，地以

> 廣，兵以強。故有忠臣者，外無敵國之患，內無亂臣之憂，長安於
> 天下，而名垂後世，所謂忠臣也。(〈姦劫弒臣〉)

且儒家所指的「忠」是一種道德自覺的德行，不僅忠於事君，同時忠於自己的良心，事君之道要「陳力就列，不能則止」，千萬不可枉道相徇，甚至要引君於道，切不可逢君之惡、長君之惡。韓非的忠臣，不是出於道德的自覺，而是遵從「君命無二」的軌範，甚至為了能侍奉君主，求得「聽用而振世」的機會，可以「自污」、「役身以進」，因此他對於伊尹為宰，百里奚為虜以干其上的傳說，不僅認同而不以為恥，且稱許他們這種不避卑辱，役身求仕的作法才是「憂天下之害，趨國之患」的「仁義」之臣：

> 伊尹為宰，百里奚為虜，皆所以干其上也，此二人者，皆聖人也，
> 然猶不能無役身以進，如此其汙也。今以吾言為宰虜，而可以聽用
> 而振世，此非能仕之所恥也。(〈說難〉)

> 夫仁義者，憂天下之害，趨國之患，不避卑辱謂之仁義。故伊尹以
> 中國為亂，道為宰于湯；百里奚以秦為亂，道為虜于穆公；皆憂天
> 下之害，趨一國之患，不辭卑辱，故謂之仁義。(〈難一〉)

上述的說法，和孟子強調賢臣當以道事君，道德的身段遠勝於目的的達成，看法完全不同。孟子尊古、重義，強調德行和政治當融為一體，為君者要「尊德樂道」(〈公孫丑下〉)、「悅賢舉才」(〈萬章下〉)；相對的為人臣要「樂道忘勢」(〈盡心下〉)，切不可「枉己事人」，因此認為伊尹、百里奚不可能為了權勢功名而降志以求。韓非子則認為只要能達到事君、聽用的目的，何必在乎過程是不是符合道德？故而有「伊尹為宰，百里奚為虜，皆所以干其上也」之說。伊尹和百里奚是孟子、韓非同樣肯定的歷史人物，通過不同的思想理路，竟然有如此懸殊的詮釋。

　　乙、明法的法術之士

　　韓非筆下所指的賢臣，要有能力事君、並奉獻己力輔弼賢主，致力於國家富強。其忠於職守、有益於君、還要明法，此即韓非所謂兼具「能法」與「知術」的「法術之士」者。分而言之，能法者堅強果決、剛勁正直，可以矯正權臣姦邪的行為；智術者遠見明察，能照見權臣的陰私：

> 智術之士，必遠見而明察，不明察不能燭私；能法之士，必強毅而
> 勁直，不勁直不能矯姦。(〈孤憤〉)

> 智術之士，明察聽用，且燭重人之陰情；能法之士，勁直聽用，且
> 矯重人之姦行。故智術能法之士用，則貴重之臣必在繩之外矣。是
> 智法之士與當塗之人，不可兩存之仇也。（〈孤憤〉）

概而言之，「法術之士」就是一種精通法術、力圖富強的純粹政治家。〔註76〕
韓非有時稱爲「智術能法之士」，有時稱「智法之士」，有時則稱爲「有道之
士」或「有術之士」。法術之士除了具備上述所提到的特質外，一旦成爲「中
外信順」、「勢尊衣美」的權貴之人，也不改「死節輕財」、「義端不黨」的操
守，更不會因此「誹謗窮墮」、「去邪罪私」或「夸賤欺貧」以戕害、刺傷凌
辱別人：

> 今有道之士，雖中外信順，不以誹謗窮墮；雖死節輕財，不以侮罷
> 羞貪；雖義端不黨，不以去邪罪私；雖勢尊衣美，不以夸賤欺貧。
> 其故何也？使失路者而肯聽習問知，即不成迷也。今眾人之所以欲
> 成功而反爲敗者，生於不知道理而不肯問知而聽能。（〈解老〉）

由此顯見法術之士是有修爲操守，其懷術「燭私」復「矯姦」，且能奉獻法術
給君王，讓君主可以「禁群臣之私邪」（〈和氏〉），若能得到君主的賞識、重
用，斷無大臣當權誤國的情事。依此標準，「有法無術」的子產；「有術無法」
的申不害，嚴格來說，都算不上是法術之士。

　　按理來說，在各國爭強圖霸的戰國時代，法術之士應是國君推行富強治
術、功成致霸的最佳輔佐人才，可惜當時的爲國者雖知國亂，而欲求治，但
法術之士縱然進言，也不一定獲得進用。此原因有二，其中一個原因就是在
理論上，君王爲當時流行的愚學所蔽，因此不瞭解法術之士之言才是治亂的
「至治」之術：

> 夫世之愚學，皆不知治亂之情，謳詠多誦先古之書，以亂當世之治；
> 智慮不足以避阱井之陷，又妄非有術之士。聽其言者危，用其計者
> 亂，此亦愚之至大，而患之至甚者也。俱與有術之士，有談說之名，
> 而實相去千萬也，此夫名同而實有異者也。夫世愚學之人比有術之
> 士也，猶螳垤之比大陵也，其相去遠矣。（〈姦劫弒臣〉）

韓非在此節文字中雖未指明「愚學」者爲何，但由他說「多誦先古之書，以
亂當世之治」來看，大概是就儒家來說。無怪乎他在〈顯學〉、〈五蠹〉、〈六
反〉、〈詭使〉、〈難勢〉等篇中處處攻儒、非儒。

〔註76〕參見陳啓天前揭書，同註45，頁972。

　　法術之士另一個不得進用的原因，就是有掣肘者，也就是國君身邊的大臣和左右近習之人。韓非用「猛狗」和「社鼠」來形容這些對有道的法術之士夾攻的人：

> 夫國亦有狗，有道之士懷其術而欲以明萬乘之主，大臣為猛狗迎而齕之，此人主之所以蔽脅，而有道之士所以不用也。(〈外儲說右上〉)

> 夫大臣為猛狗而齕有道之士矣，左右又為社鼠而閒主之情，人主不覺，如此，主焉得無壅，國焉得無亡乎？(〈外儲說右上〉)

> 今守度奉量之士欲以忠嬰上而不得見，巧言利辭行姦軌以倖偷世者數御。據法直言、名刑相當、循繩墨、誅姦人所以為上治也而愈疏遠，諂施順意從欲以危世者近。(〈詭使〉)

當君主身邊盡皆為巧言利辭，行姦軌以倖偷世者，法術之士想要懷術以明萬乘之主或欲以忠干上便無由得見。加上法術之士主張用法術，法術一旦施行、落實，那麼「大臣」不得擅斷，「近習」也不敢賣重。因此，人主身邊的大臣各個成了猛狗，專咬道術之士，左右親信又像社鼠一樣偵查君王的言行，於是人主便受到蒙蔽致使法術之士根本無法施展抱負、忠諫事上。

> 故有術不必用，而勢不兩立，法術之士焉得無危？故君人者非能退大臣之議，而背乎左右之訟，獨合乎道言也；則法術之士安能蒙死亡之危而進說乎？(〈人主〉)

> 今人主非肯用法術之士，聽愚不肖之臣，則賢智之士、孰敢當三子之危而進其智能者乎？(〈人主〉)

其實，「法術之士」所以和「重人」勢不兩立、不能相容的根本原因，來自於兩者的價值觀和心態完全不同。就法術之士而言，他們守度奉量、明法尊君，據法直言，是為「法之內」者，故而視「惑主敗法」為人臣之大罪。對於當塗重人「欺主行私」的「繩外」作風，當然不能苟同、相從：

> 賢士者修廉，而羞與姦臣欺其主，必不從重人矣。……惑主敗法，以亂士民，使國家危削，主上勞辱，此大罪也。臣有大罪而主弗禁，此大失也。使其主有大失於上，臣有大罪於下，索國之不亡者，不可得也。(〈孤憤〉)

> 重人者，能行私者也。夫行私者，繩之外也；而疑之所言，法之內也。繩之外與法之內，讎也，不相受也。(〈外儲說右上〉)

而從當塗之人的利益來看，法術之士是教君主明法術的賢臣，若法術之士當道，權臣就無法得勢專權制斷，既得利益便成烏有、化為泡影，當塗之人當然容不得法術之士，必然千方百計阻撓法術之士的進用和建言：

> 法術之士，與當塗之臣，不相容也。何以明之？主有術士，則大臣不得制斷，近習不敢賣重，大臣左右權勢息，則人主之道明矣。今則不然，其當途之臣得勢擅事以環其私，左右近習朋黨比周以制疏遠，則法術之士奚時得進用，人主奚時得論裁？（〈人主〉）

這些所謂的大臣、近習之人都是位高權重的「重人」和「當塗之臣」，其接近權力核心，深得國君的信愛又朋黨為奸勢力龐大，加上權傾一時，舉國稱頌。挾著這麼多的優勢條件，法術之士和他們相對起來，簡直無法可比，韓非曾分析法術之士所處的情勢有「五不勝」的劣勢：

> 凡當塗者之於人主也，希不信愛也，又且習故。……官爵貴重，朋黨又眾，而一國為之訟。則法術之士欲干上者，非有所信愛之親，習故之澤也；又將以法術之言矯人主阿辟之心，是與人主相反也。處勢卑賤，無黨孤特。夫以疏遠與近愛信爭，其數不勝也；以新旅與習故爭，其數不勝也；以反主意與同好爭，其數不勝也；以輕賤與貴重爭，其數不勝也；以一口與一國爭，其數不勝也。法術之士，操五不勝之勢，以歲數而又不得見；當塗之人，乘五勝之資，而旦暮獨說於前；故法術之士，奚道得進，而人主奚時得悟乎？故資必不勝而勢不兩存，法術之士焉得不危？……是明法術而逆主上者，不僇於吏誅，必死於私劍矣。（〈孤憤〉）

法術之士為新進的客卿，其地位卑賤、與君上關係疏離、其向君主進言者，又常違逆君主心意、何況其勢單力薄，如何以一敵眾。所以法術之士持此「以疏遠與近愛信爭」、「新旅與習故爭」、「以輕賤與貴重爭」、「以反主意與同好爭」、「以一口與一國爭」等五不勝的形勢，不僅請纓無路，得不到君主重用以輔君成霸。即使有機會見用於當時，往往在不能見容於權臣近侍的排擠下，不是無罪而誅，就是死於私劍，下場都極為慘烈。韓非不是危言聳聽，他確然明白的在〈難言〉列舉出比干、關龍逢、〔註77〕孫子、吳起、公孫鞅等十

〔註77〕　〈孤憤〉、〈人主〉兩篇中對比干、關龍逢兩人的評價都是賢良的忠臣有道術之士，其形象一致；而〈說疑〉篇將二者列為「無益之臣」，和〈孤憤〉、〈人主〉的說法相反。而〈孤憤〉是韓非親作，早在司馬遷時代確定，故〈說疑〉

數人，說明法術之士仁賢忠良而罹禍受戮的悲慘境遇：

> 比干剖心……孫子臏腳於魏，吳起收泣於岸門、痛西河之為秦、卒
> 枝解於楚，公叔痤言國器、反為悖，公孫鞅奔秦，關龍逢斬……此
> 十數人者，皆世之仁賢忠良有道術之士也，不幸而遇悖亂闇惑之主
> 而死，然則雖賢聖不能逃死亡避戮辱者何也？（〈難言〉）

還有伍子胥、仲尼、管夷吾三者亦為賢者，因不為君主所瞭解而遭遇戮之、
圍之、囚之等不幸；伊尹、文王雖為賢卻不能向湯、紂王進言：

> 故子胥善謀而吳戮之，仲尼善說而匡圍之，管夷吾實賢而魯囚之。
> 故此三大夫豈不賢哉？而三君不明也。（〈難言〉）

> 上古有湯至聖也，伊尹至智也；夫至智說至聖，然且七十說而不受，
> 身執鼎俎為庖宰，昵近習親，而湯乃僅知其賢而用之。故曰以至智
> 說至聖，未必至而見受，伊尹說湯是也；以智說愚必不聽，文王說
> 紂是也。（〈難言〉）

上述〈難言〉篇羅縷記述賢者向君主進言的困難，字裏行間處處流露出韓非
對賢者因為進言而遭遇禍災的嘆惋之情。

總觀上述，賢臣的境遇雖險惡，然就韓非的理想而言，「忠臣」能守法、
盡忠於君、有功於國，「法術之士」明法術，能燭私矯姦，二者都是韓非心目
中的「足貴之臣」和「治國之臣」：

> 治國之臣，效功於國以履位，見能於官以受職，盡力於權衡以任事。
> （〈用人〉）

國家若能有上述的賢臣，用法術治理國家，則可以稱霸致功，像當年的伊尹、
管仲就是「明於霸王之術，察於治強之數，而不以牽於世俗之言」，又能「適
當世明主之意」，故能「布衣卿相」，「處位治國，則有尊主廣地之實」，像這
樣的臣子是值得尊貴的臣子。此處韓非從霸王治術事功肯定伊尹、管仲之賢，
和儒家「尊王抑霸」，仲尼之徒不道霸術的一貫立場判然殊途。

（3）無益之臣

韓非認為臣下應以「尊君從上」為最高價值，若「自謂以為世之賢士，
而不為上用」，行極賢而不為君王所用，無法以賞罰之術繩之且無益於國君
者，亦非賢臣。（〈外儲說右上〉）因此華士、狂矞行為雖賢智卻因其不受君祿，

篇的說法不予採信。

故不得謂爲賢臣：

> 太公望東封於齊，齊東海上有居士曰狂矞、華士，昆弟二人者立議
> 曰：『吾不臣天子，不友諸侯，耕作而食之，掘井而飲之，吾無求於
> 人也。無上之名，無君之祿，不事仕而事力。』太公望至於營丘，
> 使吏執殺之以爲首誅。周公旦從魯聞之，發急傳而問之曰：「夫二子，
> 賢者也。今日饗國而殺賢者，何也？」太公望曰：「是昆弟二人立議
> 曰：「吾不臣天子，不友諸侯，耕作而食之，掘井而飲之，吾無求於
> 人也，無上之名，無君之祿，不事仕而事力。」彼不臣天子者，是
> 望不得而臣也。不友諸侯者，是望不得而使也。耕作而食之，掘井
> 而飲之，無求於人者，是望不得以賞罰勸禁也。且無上名，雖知、
> 不爲望用；不仰君祿，雖賢、不爲望功。不仕則不治，不任則不忠。
> 且先王之所以使其臣民者，非爵祿則刑罰也。今四者不足以使之，
> 則望當誰爲君乎？不服兵革而顯，不親耕耨而名，又所以教於國也。
> （〈外儲說右上〉）

上段文字韓非借太公和周公的對話指出：華士、狂矞「不臣天子，不友諸侯，
耕作而食之，掘井而飲之」，是君主不能賞罰勸禁，無法駕馭的人，此猶如千
里馬雖可以致千里，不爲人用亦爲枉然。而且，既然他們「不足以使之」，若
讓他們「不服兵革而顯，不親耕耨而名，又所以教於國」，君主將無由使民，
因此不如執而殺之。由此可知，韓非對隱居不仕者抱以否定的態度。韓非並
稱這些「不畏重誅，不利重賞，不可以罰禁也，不可以賞使也」而無益於國
君的人臣爲「無益之臣」：

> 故有伯夷、叔齊者，武王讓以天下而弗受，二人餓死首陽之陵；若
> 此臣者，不畏重誅，不利重賞，不可以罰禁也，不可以賞使也。此
> 之謂無益之臣也，吾所少而去也，而世主之所多而求也。（〈姦劫弒
> 臣〉）

這些人一般都輕賤物質名利，隱於巖穴之中，過著與世無爭的生活，故
謂之爲「輕物重生」的「巖穴之士」：

> 夫人主之所以鏡照者，諸侯之士徒也，今諸侯之士徒皆私門之黨也。
> 人主之所以自羽翼者，巖穴之士徒也，今巖穴之士徒皆私門之舍人
> 也。（〈外儲說右下〉）
> 今有人於此，義不入危城，不處軍旅，不以天下大利易其脛一毛，

世主必從而禮之，貴其智而高其行，以爲輕物重生之士也。(〈顯學〉)

夫上所以陳良田大宅、設爵祿，所以易民死命也，今上尊貴輕物重生之士、而索民之出死而重殉上事，不可得也。(〈顯學〉)

依此可知韓非的賢者，必須對君主「俯首稱臣」，尊君爲上，此外還要務於力，有實際的貢獻。故而像伯夷叔齊這一類的「巖穴之士」，其輕物重生，視「不入危城，不處軍旅」爲義，又毫無社會事功表現，也算不上是賢臣。

擁有天下賢能之名的鮑焦、華角、孔、墨、曾、史等人，也因不能使國家富強，無益於世用，韓非判定非爲賢臣：

鮑焦、華角，天下之所賢也，鮑焦木枯，華角赴河，雖賢不可以爲耕戰之士。故人主之察，智士盡其辯焉；人主之所尊，能士盡其行焉。今世主察無用之辯，尊遠功之行，索國之富強，不可得也。博習辯智如孔、墨，孔、墨不耕耨，則國何得焉？修孝寡欲如曾、史，曾、史不戰攻，則國何利焉？(〈八說〉)

這裡揭示國家兩種主要的實力，一爲從事耕耨以厚植經濟的經濟實力；一爲建立戰功加強國家軍力的軍事實力，合而稱之爲：耕戰之力。韓非即用此作爲衡量臣下賢愚的重要指標，凡不合國家功利，無助於國家實力的人臣都是「無益之臣」。韓非認爲那些不肯仕進的學者，當國家承平無事的時候，不肯出力做事，國家遭逢危難的時候，復不肯從軍作戰。他們對君主而言，根本就是「無益之臣」。中山國的國君就是因爲喜歡巖穴之士，讓他們尼朝，結果戰士怠於行陳；農夫惰於田，造成「兵弱國貧」，終致亡國(〈外儲說左上〉)。

至於豫讓，一般世主認爲其有忠高之名。然韓非指出，身爲一國之臣應是明法術而使國君遠害避禍，有效的治民安國，否則對國君、國家而言，都無實質利益可言。依此觀點，豫讓毀身殘刑以報智伯的恩遇之情，實無益於智伯若秋毫之末，故也是「無益之臣」：

若夫豫讓爲智伯臣也，上不能說人主使之明法術、度數之理，以避禍難之患，下不能領御其眾，以安其國；及襄子之殺智伯也，豫讓乃自黔劓，敗其形容，以爲智伯報襄子之仇；是雖有殘刑殺身以爲人主之名，而實無益於智伯若秋毫之末。此吾之所下也，而世主以爲忠而高之。(〈姦劫弒臣〉)

同樣的，爲了名節可以犧牲生命的烈士，因「不進仕」，不爲名位所惑而求仕

進者，君王無法駕馭驅策，亦非爲賢臣：

> 官爵所以勸民也，而好名義、不進仕者，世謂之烈士。(〈詭使〉)

由上述以觀，韓非子完全顛覆當時的價值系統，凡世俗以爲賢智，有高名、貞烈之人，只要不願臣服於君上，不爲君主所任所使，即使人格操守再好，都爲無益之臣。

（4）不肖之臣

不肖之臣乃相對於「賢臣」而言。依韓非之見，「無益之臣」雖不能聽命於人君，奉功明法，對國家無益，然還不至於有害。而「不肖之臣」攘奪君王的法術，導致君權被架空，人君受制於人臣，形同有名無實之君：

> 主有人主之名，而實託於群臣之家也。……大臣務相尊，而不務尊君；小臣奉祿養交，不以官爲事。(〈有度〉)

這些侵害君權的不肖之臣，不但不「循令而從事，案法而治官」，反而不從君令、擅權自爲、虧法以自利、耗國以便家，韓非稱他們爲「重人」：

> 人臣循令而從事，案法而治官，非謂重人也。重人也者，無令而擅爲，虧法以利私，耗國以便家，力能得其君，此所爲重人也。(〈孤憤〉)

由於他們一般都深得人主「信愛」又「習故」，往往官爵高、權力大，黨羽多，加上懂得爲自己造勢，一副權力當道，望重一時的樣子，所以又稱之爲「當塗者」。

> 凡當塗者之於人主也，希不信愛也，又且習故。若夫即主心同乎好惡，固其所自進也。官爵貴重，朋黨又眾，而一國爲之訟。(〈孤憤〉)

復因其以「力能得其君」爲務，善於揣摩上意，專門奉承迎合君主，以君主的好惡爲好惡，故又名爲「諂腴之臣」或「譽臣」：

> 諂諛之臣，唯聖王知之，而亂主近之，故至身死國亡。(〈說疑〉)

> 忠臣不聽而譽臣獨任，如是者謂之壅於言，壅於言者制於臣矣。(〈南面〉)

「擅權自爲、虧法以自利、耗國以便家」可說是不肖之臣的一貫作風。

在「擅權自爲」方面，他們的技倆是：假借名義給予黨羽官爵，或在外交職權上重用他們。而且據韓非的觀察，往往越會結黨營私，懂得排除異己，言曲便私的人越能得到他們的信賴，如果人主不加善察，任其肆意發展，權臣私門的勢力將不斷的擴張，相對的，人主的地位愈來愈卑下，這就是重人慣常用來弄權養姦以蔽人主、奪君權的手法：

> 朋黨比周以弊主，言曲以便私者，必信於重人矣。故其可以功伐借
> 者，以官爵貴之；其可以美名借者，以外權重之。是以弊主上而趨
> 於私門者，不顯於官爵，必重於外權矣。今人主不合參驗而行誅，
> 不待見功而爵祿，故法術之士安能蒙死亡而進其說，姦邪之臣安肯
> 乘利而退其身？故主上愈卑，私門益尊。(〈孤憤〉)

如此欺君罔上、攬權自重，致使群臣百官不得盡忠奉法以致功的行徑，「擅主
之臣」無異於是「不肖之臣」的另一個名詞：

> 故主必欺於上，而臣必重於下矣，此之謂擅主之臣。國有擅主之臣，
> 則群下不得盡其智力以陳其忠，百官之吏不得奉法以致其功矣。(〈姦
> 劫弒臣〉)

在「虧法以自利」的手法上，他們有兩個虧公自肥的憑藉：一個是外在
的憑藉，即借可畏的敵國，挾外以自重；一個是內在的憑藉，就是勾結君王
喜愛的近臣：

> 臣有二因，謂外內也。外曰畏，內曰愛。所畏之求得，所愛之言聽，
> 此亂臣之所因也。(〈八經〉)

由於權臣當道，主上受制，因此國外各國的諸侯、國內的百官群臣、君主左
右侍臣、學士等人，必須憑靠權臣的勢力才好辦事，為了方便行事，自然成
為權臣弄權的四大工具，韓非稱之為「四助」：「敵國為之訟」、「群臣為之用」、
「左右為之匿」、「學士為之談」。於是權臣便利用「兩因」、「四助」的力量，
一步步劫持君權，抬高自己聲望：

> 當塗之人擅事要，則外內為之用矣。是以諸侯不因，則事不應，故
> 敵國為之訟；百官不因則業不進，故群臣為之用；郎中不因，則不
> 得近主，故左右為之匿；學士不因則養祿薄禮卑，故學士為之談也。
> 此四助者，邪臣之所以自飾也。(〈孤憤〉)

然而，當君主的權勢滑落，權臣越來越尊貴時，等於宣告國家法律不彰，
君主御臣失效，可預見的是姦邪之臣無功而安利，法術之士無由進言，忠臣
甚至受到逼害，非罪而危死。如此奸臣進材臣退，國家人力資源耗弱，正是
不肖之臣「耗國以便家」的結果：

> 故忠臣危死於非罪，姦邪之臣安利於無功。忠臣危死而不以其罪，
> 則良臣伏矣；姦邪之臣安利不以功，則姦臣進矣；此亡之本也。(〈有
> 度〉)

故姦私之臣愈眾，而暴亂之徒愈勝，不亡何待？（〈姦劫弒臣〉）

姦臣愈進而材臣退，則主惑而不知所行，民聚而不知所道，此廢法禁、後功勞、舉名譽、聽請謁之失也。（〈飾邪〉）

由上可知，君主最親近的「重人」、「當塗之人」、「尊貴之臣」都是不肖之臣，是危害國家、禍國殃民的危險人物，更是妨害君權、壅蔽主上的「姦臣」者：

上古之傳言，春秋所記，犯法為逆以成大姦者，未嘗不從尊貴之臣也。（〈備內〉）

亂臣者，必重人。重人者，必人主所甚親愛也。人主所甚親愛也者。（〈外儲說右上〉）

弒其主，代其所，人莫不與，故謂之虎。處其主之側，為姦愿，聞其主之忒，故謂之賊。（〈主道〉）

凡姦臣皆欲順人主之心以取親幸之勢者也。是以主有所善，臣從而譽之；主有所憎，臣因而毀之。……此人臣之所以取信幸之道也。夫姦臣得乘信幸之勢以毀譽進退群臣者，人主非有術數以御之也，非參驗以審之也，必將以囊之合己信今之言，此幸臣之所以得欺主成私者也。（〈姦劫弒臣〉）

是以姦臣者，召敵兵以內除，舉外事以眩主，苟成其私利，不顧國患。（〈內儲說下〉）

韓非於此痛切的指陳權臣姦邪的意圖，揭穿他們是表面順人主之心，暗地卻借親幸之勢窺伺君主的過錯，不是「召敵兵以內除」，就是「舉外事以眩主」，甚至還圖謀不軌，想要「弒其主，代其所」，這種種的行徑簡直和「賊」、「虎」沒有兩樣。要之，不肖之臣欺主成私、廢法擅權，是讓法術之士不能當道，而使「盡力致功，竭智以陳忠」的良臣「身困家貧」，也是「財貨相賂」卻「身尊家富」，顛倒名實的禍首：

今為臣盡力以致功，竭智以陳忠者，其身困而家貧，父子罹其害；為姦利以弊人主，行財貨以事貴重之臣者，身尊家富，父子被其澤；人焉能去安利之道而就危害之處哉？治國若此其過也，而上欲下之無姦，吏之奉法，其不可得亦明矣。（〈姦劫弒臣〉）

司馬遷說韓非「悲廉直不容於邪枉」故作〈孤憤〉等篇，若依上所述，其中「邪枉」指的當是諂腴姦邪的「當塗之臣」。「廉直」則是明法忠君的「法

術之士」，而韓非之悲所反映出來的，既是現實的描寫也是心境的抒寫，是感同也是身受，韓非慘遭李斯迫害的際遇，正是強毅勁直、遠見明察，深具專業領導能力的法術之士受權臣逼害最活生生的例子！

2、人民部分

韓非主張聖人明王「治吏不治民」，不必直接面對老百姓，但要以法齊民，而法的制定和執行有賴於對人民心理取向的瞭解，故韓非對於人民百姓的分類有其一套標準。〈六反〉篇明確的指出，社會上有六種姦偽無益的人，也有六種耕戰有益的人，前者基於個人利害，其所毀譽皆違反正道，是自私害公無益於世者，故曰「無益之民」；後者力能耕戰，能蓄王資有益於國，故曰「有益之民」。由此可知，韓非係依功利的價值標準考察人民的良惡，將人民百姓分為「有益之民」和「無益之民」。另外，〈五蠹〉篇還有危害社會的五種人民，以下分別論述。

（1）有益之民

〈六反〉文中提到的「六益之民」是：

> 赴險殉誠，死節之民，而世少之曰失計之民也；寡聞從令，全法之民也，而世少之曰樸陋之民也；力作而食，生利之民也，而世少之曰寡能之民也；嘉厚純粹，整穀之民也，而世少之曰愚戇之民也；重命畏事，尊上之民也，而世少之曰怯懾之民也；挫賊遏姦，明上之民也，而世少之曰諂讒之民也；此六民者，世之所毀也。

韓非在上節文字中，也有一個「真俗」的對比區分，其中被世人貶抑的「失計之民」（不會打算的人）、「寡能之民」，韓非認為是冒險誠信的「死節之民」和盡力耕作的「生利之民」，其實就是死戰力耕的「耕戰之士」。而「樸陋之民」、「愚戇之人」，韓非視之為見識不廣卻遵守命令的「全法之民」及性行敦厚純樸的「整穀之民」（端正善良的人），言下之意就是誠實守法的人。世人所謂的「怯懾之民」，韓非看來是謹慎行事的「尊上之民」，換言之，就是對上級絕對服從的人；至於社會上詆毀為「諂讒之民」者，韓非推崇他們是摧破亂賊、遏止姦邪的「明上之民」，可以幫助君主視聽明察的耳目，說穿了就是經常向上級打小報告、檢舉他人者。

由此以觀，這些當時社會眼中的「鄙陋」、「愚蠢」、「怯懦」、「不肖」、「淺陋」者，在韓非看來卻是端正善良、守法尊上、且具有增加國家經濟、軍事實力等優良品質者，其所表現出來的人格形象是：其心「惇愨純信」，其言「時

節」，其行「中適」，毫無「二心私學」，一切「聽吏從教」，凡事能「守法固、聽令審」並「敬上畏罪」且「用心怯言」（〈詭使〉）。

韓非在這樣真俗對比中勾勒出他心目中最上等的老百姓是：可以為國家增加經濟生產力、軍事戰鬥力量者和尊君、守法、聽吏、從法，可以幫助君主貫徹法術、執法的百姓。此韓非說：

> 古者世治之民，奉公法，廢私術，專意一行，具以待任。（〈有度〉）

韓非認為，只有死戰力耕、誠實守法、絕對忠順以及檢舉異議份子，使國家能發展的百姓，才是真正的「有益之民」。韓非並將此六益之民總括為「耕戰之士」：「耕戰有益之民六，而世毀之如此。」並以百姓是否為「耕戰之士」來評估是否可以做賢臣。就當時的農業社會和軍功主義盛行的時代，耕以求富，戰以求強，耕戰正可以滿足「力多而人朝」〔註78〕的目的，因此韓非十分肯定商鞅「顯耕戰之士」的作法，認為他們才是值得培養鼓勵的人：

> 商君教秦孝公以連什伍，設告坐之過，燔詩書而明法令，塞私門之
> 請而遂公家之勞，禁游宦之民而顯耕戰之士。（〈和氏〉）

韓非顯然希望當時的世主能像秦孝公一樣逆世矯俗，好好培養這些耕戰之士，使養者皆有所用，以備國家之需。

（2）無益之民

韓非在〈六反〉篇提出六種「姦偽無益」的人是：

> 畏死難，降北之民也，而世尊之曰貴生之士；學道立方，離法之民
> 也，而世尊之曰文學之士；遊居厚養，牟食之民也，世尊之曰有能
> 之士；語曲牟知，偽詐之民也，而世尊之曰辯智之士；行劍攻殺，
> 暴憿之民也，而世尊之曰礦勇之士；活湧匿姦，當死之民也，而世
> 尊之曰任譽之士；此六民者，世之所譽也。（〈六反〉）

從韓非的觀點，上述六種人都是值得社會批判的「姦邪虛偽無益之士」，偏偏世人加以讚揚，而上述六種「耕戰有益之士」卻受到詆毀，韓非稱這樣的現象為「六反」。

「六反」的現象反映出韓非國家利益掛帥的價值觀與時俗有很大的落差。俗情肯定的「文學之士」指的是「儒家之士」，韓非對於他們學道立說，認為是偏離法律的「離法之士」；「有能之士」及「辯智之士」指的是言語巧妙、遊走列國以干時君的「游士」或「縱橫家」，韓非批判他們是奪取民眾利

〔註78〕 參見徐師漢昌《韓非子釋要》（台北：黎明，1986），頁98。

益的「牟食之民」和虛僞詐欺的「僞詐之民」；貴生之士是隱於山林、修身養道的隱者，在韓非眼中成了畏死的「逃難者」；世俗尊稱劍殺仇敵的「遊俠」爲「磏勇之士」，韓非貶之爲殘暴激動的「暴憿之民」；至於世人讚譽慷慨助人的「任譽之士」，韓非則斥之爲幫助亂賊、掩護姦賊，當處以死刑的「當死之民」。

依照韓非的標準，只有能使國家富強、尊君尚法的人才是值得肯定的百姓，此外皆爲無益之民，故而離法、巧言、辯智甚至修身潔己、任俠好勇、慷慨義助等「世尊之」的特質都在批判之列。〈詭使〉對「世尊之」的德行和人物提出嚴重的質疑和批判：

> 夫立名號所以爲尊也，今有賤名輕實者，世謂之高。設爵位所以爲賤貴基也，而簡上不求見者，世謂之賢。威利所以行令也，而無利輕威者，世謂之重。法令所以爲治也，而不從法令、爲私善者，世謂之忠。官爵所以勸民也，而好名義、不進仕者，世謂之烈士。刑罰所以擅威也，而輕法、不避刑戮死亡之罪者，世謂之勇夫。⋯⋯難致謂之正。難予謂之廉。難禁謂之齊。令不聽從謂之勇。無利於上謂之愿。少欲寬惠行德謂之仁。重厚自尊謂之長者。私學成群謂之師徒。閑靜安居謂之有思。損仁逐利謂之疾。險躁佻反覆謂之智。先爲人而後自爲，類名號，言，汎愛天下，謂之聖。言大本稱而不可用，行而乘於世者，謂之大人。賤爵祿，不撓上者，謂之傑。

上節文字中「世尊之」的「清高」、「賢良」、「莊重」、「忠誠」等德行和所推崇的「勇士」、「烈士」、「仁人」、「大人」、「聖人」都成爲無益之民，韓非並指出這些是國君失術無道的象徵和產物，若不加禁絕，將導民於亂：

> 上無其道，則智者有私詞，賢者有私意。上有私惠，下有私欲，聖智成群，造言作辭，以非法措於上。上不禁塞，又從而尊之，是教下不聽上、不從法也。是以賢者顯名而居，姦人賴賞而富。賢者顯名而居，姦人賴賞而富，是以上不勝下也。（〈詭使〉）

（3）蠹害之民

在〈五蠹〉篇中，韓非更直接點名批判足以耗蝕國本的五種人爲國家的五蠹，終以「除五蠹之民，養耕戰之士」收結。亦即需將「五蠹之民」除之而後快：

> 今世近習之請行則官爵可買，官爵可買則商工不卑也矣；姦財貨賈

得用於市則商人不少矣。聚斂倍農而致尊過耕戰之士，則耿介之士
寡而高價之民多矣。是故亂國之俗，其學者則稱先王之道，以籍仁
義，盛容服而飾辯說，以疑當世之法而貳人主之心。其言古者，爲
設詐稱，借於外力，以成其私而遺社稷之利。其帶劍者，聚徒屬，
立節操，以顯其名而犯五官之禁。其患御者，積於私門，盡貨賂而
用重人之謁，退汗馬之勞。其商工之民，修治苦窳之器，聚弗靡之
財，蓄積待時而侔農夫之利。（〈五蠹〉）

韓非指謫的五蠹之民有學者、帶劍者、言談者、患御者、工商之人。下
面分別疏釋，首先，「學者」指的是儒家。韓非認爲儒家所以亂國，肇因於儒
者有四種特質足以腐蝕人心：

甲、崇古不知變通

儒家言必稱堯舜的「法古」、「尊古」歷史觀，有違韓非一貫主張的「變
古」、「進化」的歷史觀。其於〈五蠹〉篇首段便批評儒者：「今欲以先王之政，
治當世之民，皆守株之類。」認爲時代改變、環境改變，當代去先王時代已
遠，治理的方式也要跟著改變，一味死守先王之道，如同守株待兔般愚昧不
知變通。韓非有意譏刺儒者不切實際，而〈顯學〉篇更不滿儒者「不言今之
所以爲治，而語已治之功」和「不審法官之事，不察奸邪之情，而皆道上古
之傳，譽先王之成功」等作爲，認爲這有如「說者之巫祝」一般，只在口中
欺人，卻拿不出實際效益。

乙、仁義不周於用

儒家講仁倡義，在韓非「世異則事異」的「變古」歷史觀和「尚功用」
的價值觀看來，實不周於用，故曰：

舉先王言仁義者盈廷，而政不免於亂。文王行仁義而王天下，偃王
行仁義而喪其國，是仁義用於古不用於今也。（〈五蠹〉）

「仁義」在韓非看來，既不是治國保國的萬靈丹，更不是特效藥，所以在國
家急於富強的現實情勢下，仁義之道根本緩不濟急：

如欲以寬緩之政、治急世之民，猶無轡策而御駻馬，此不知之患也。
今儒、墨皆稱先王兼愛天下，則視民如父母。何以明其然也？曰：「司
寇行刑，君爲之不舉樂；聞死刑之報，君爲流涕。」此所舉先王也。
夫以君臣爲如父子則必治，推是言之，是無亂父子也。人之情性，
莫先於父母，皆見愛而未必治也，雖厚愛矣，奚遽不亂？今先王之

愛民，不過父母之愛子，子未必不亂也，則民奚遽治哉！（〈五蠹〉）
韓非因而指出：儒家若想「不乘必勝之勢，而務行仁義則可以王」的話，必
須有兩個條件：其一是「求人主之必及仲尼」，君主的德義要追步孔子；其二
則是「世之凡民皆如列徒」，天下的百姓要像仲尼子弟一樣服膺仁義之教。這
兩個條件就儒家孟子「人皆可為堯舜」的義理系統來說，乃理之應然，但依
韓非凡事講求實際實用的實然層面來看：「此必不得之數也」。換言之，儒家
之士簡直是在唱高調，迂闊至極。

丙、虛言辯說無益

在韓非齊民於法的價值座標下，法令統一，人民無思想言論自由；人民
的本務即為兵農之事。因此「儒者」言必稱堯舜的作為，在韓非看來，是「不
務本作而好末事，知道虛聖以說民」，好比沒有飯菜卻勸饑餓的人吃飯一樣不
切實際：

> 今學者之言也，不務本作而好末事，知道虛聖以說民，此勸飯之說。
>
> 勸飯之說，明主不受也。（〈八說〉）

言下之意，儒家學說是「畫餅充飢」。因此儒家標榜的孝子、貞信之行，依韓非
的標準是「君之背臣」，而其微妙之言、習言談的作風，在韓非眼中更是：不事
力衣食有害農功、善文學得寵混亂法治，徒逞辯說而位尊之蠹民。此其曰：

> 世之所謂賢者，貞信之行也。所謂智者，微妙之言也。微妙之言，上
> 智之所難知也。今為眾人法，而以上智之所難知，則民無從識之矣。
>
> 今修文學、習言談，則無耕之勞、而有富之實，無戰之危、而有貴
> 之尊。（〈五蠹〉）

丁、以文亂法

韓非衡諸「當今爭於氣力」的現實情勢，先王之道不可行、仁義之說不
合於國家需要，法治是備世之急用的唯一途徑，捨此無他。所以儒者講德治、
倡仁政等作為不僅無益於世，而且若極力鼓吹，人民將不再力耕、勇戰。當
舉國皆不事力而務逞口舌之能時，國必貧弱不振。凡此不符實際效益，有害
於法治者，都是侵蝕國本的作風。韓非了為當時的儒者安上一條「以文亂法」
的罪狀。

其次，「言談者」指游士、說客、或縱橫家，戰國游士縱橫各國，憑著嘴
巴縱橫捭闔、行於四方，周旋於國內外，他們展現出來的姿態是這樣的：

士民縱恣於內，言談者為勢於外，外內稱惡以待強敵，不亦殆乎。故群臣之言外事者，非有分於從衡之黨，則有仇讎之忠，而借力於國也。從者，合眾弱以攻一強也；而衡者，事一強以攻眾弱也；皆非所以持國也。……人主之於其聽說也，於其臣，事未成則爵祿已尊矣；事敗而弗誅，則游說之士，孰不為用矰繳之說而徼倖其後？故破國亡主以聽言談者之浮說。

其言古者，為設詐稱，借於外力，以成其私而遺社稷之利。（〈五蠹〉）

韓非認為不管是「合眾弱以攻一強也」的合縱之道，或是「事一強以攻眾弱也」的連橫之術，都不是「持國之道」。故而「言談者」浮說不切實用的行徑，若其無功而位尊，將使人民有倖進的心態。加上他們慣常為設詐稱「為勢於外」、「借力於國」、「借於外力」的作風，於私有利，於國有害，最嚴重的是將破壞整個法律制度，致使刑罰無法發揮功能：

是以虛士立名於內，而談者為略於外，故愚怯勇慧相連而以虛道屬俗而容乎世，故其法不用，而刑罰不加乎僇人。（〈制分〉）

由韓非對縱橫家的批判看來，反映出其所謂的「當今之世爭於氣力」的「力」是「務內政不倚外交」的「尚力」精神。此可再證諸〈五蠹〉篇之說：「治強不可責於外，內政之有也。」

再者，「帶劍者」指的是游俠和墨家的支派：

俠以武犯禁，而群俠以私劍養。

其帶劍者，聚徒屬，立節操，以顯其名而犯五官之禁。

太史公推揚「以武犯禁」的游俠——「其言必信、其行必果，已諾必誠，不愛其軀，赴士之阨困」（《史記·游俠列傳》）的俠義形象，韓非著眼於其「犯禁」、「以私劍養」、「聚徒屬」等離法犯規的表現，認為游俠、墨家者流「立節參民，執操不侵，怨言過於耳必隨之以劍。」（〈顯學〉）的行事風格，有害於法治「定於一尊」的原則，故而非議之。

復次，「患御（役）者」指畏戰的人：

其患御者，積於私門，盡貨賂而用重人之謁，退汗馬之勞。（〈五蠹〉）

驅民於農戰是法治的重要工作，患役之人以財賄賂權臣，可以減除汗馬的辛勞，避免為國作戰，其有違法治客觀公平的精神，故而有害。

最後，「商工之民」指「商人和工人」：

其商工之民，修治苦窳之器，聚弗靡之財，蓄積待時而侔農夫之利。

（〈五蠹〉）

「重農抑商」是商鞅以來，法家的基本主張，法家既然鼓勵農戰思想，「侔農夫之利」的工商人士，不必力農，而獲利不少於農，將使民不安於農事，當然在劃除之列。

總括而言，耕戰之士才是儲備國家實力的棟樑，其他如儒家學者、說客和縱橫言談者、游俠和墨家者流的帶劍者、患役者、商工之人都是國家的蠹蟲，應除之而後快，對上述五類人物，韓非批評極為猛烈，除了正面攻擊外，〈顯學〉篇還把商賈和工匠比喻為「石塊」，將儒者和俠者比喻為「木甬」，說他們即使人數有百萬之多，既不能農，也不能戰，無法使國家富強，完全無益於世：

> 磐石千里，不可謂富；象人百萬，不可謂強。石非不大，數非不眾也，而不可謂富強者，磐不生粟，象人不可使距敵也。今商官技藝之士亦不墾而食，是地不墾與磐石一貫也。儒俠毋軍勞、顯而榮者則民不使，與象人同事也。夫禍知磐石象人，而不知禍商官儒俠為不墾之地、不使之民，不知事類者也。（〈顯學〉）

依韓非上述評五蠹之民的議論來看，其基本判準在於：變古進化的歷史觀、實效尚力的價值觀、趨利避害的人性觀、重勢黜義思想、尚農戰思想、崇法治思想。其中前三點為韓非的三大哲學根基，後三點是韓非重要的政治思想。〔註 79〕從是論之，韓非是把人們生活中所信守的所有價值，都化約為國富兵強的絕對價值，在韓非的理想國度裡，人民全體均為國家這部大機器的小齒輪，人民不必有道德良知、美感意識；不須有口舌言談之能、特立獨行的個人風格；更不能有俠義私劍之行，只要為國君所用，努力勞動、奮勇殺敵而軌於法即可。否則「貴文學以疑法，遵行修以貳功，索國之富強，不可得也」（〈八說〉）。因而可知韓非完全站在自己的理路系統對上述五類人物提出論難。

綜結起來，韓非希望這社會上的百姓都是能尊君守法，平時勞力耕作以增產、戰時奮勇殺敵以報國的「耕戰之士」，否則於國無益，徒增國家負擔，而且在上位者的賞罰毀譽若偏離法教，姦偽亂民愈增，耕戰之士愈寡，國家危亂矣！而據韓非的觀察，當時所以會有亂上反世的價值觀產生來自於思想學說不統一，「士有二心私學」：

〔註79〕參見王師邦雄前揭書，同註48，頁44。

而士有二心私學、嚴居窘處、託伏深慮，大者非世，細者惑下；上不禁，又從而尊之，以名化之以實，是無功而顯，無勞而富也。如此，則士之有二心私學者，焉得無深慮、勉知詐、與誹謗法令以求索，與世相反者也。（〈詭使〉）

凡亂上反世者，常士有二心私學者也。（〈詭使〉）

因此，凡是只務言談，以難知爲察、博文爲辯；離群爲賢、以犯上爲高，如儒俠者、名家者流所崇尚的賢能之才，都在批判之列：

是以亂世之聽言也，以難知爲察，以博文爲辯；其觀行也，以離群爲賢，以犯上爲抗。人主者說辯察之言，尊賢抗之行，故夫作法術之人，立取舍之行，別辭爭之論，而莫爲之正。是以儒服帶劍者眾，而耕戰之士寡；堅白無厚之詞章，而憲令之法息。故曰：上不明，則辯生焉。（〈問辯〉）

其中，盛行於當時的兩大顯學「儒」、「墨」兩家，是韓非主要批評的對象。韓非對當時兩大顯學的派別分歧（儒分爲八，墨分爲三），卻都自稱得自眞傳，並對他們標榜「堯舜之道」的行爲深致不滿，此一則「皆稱先王兼愛天下」，實無益於治，加上他們的學理本身已「不合時宜」，偏偏人君禮敬他們，迷惑人主、誤導百姓價值觀，這無疑會動搖君主實行法治的決心。所以韓非基於「齊民以法」的現實需求，抨擊他們的學說是「愚誣之學」、「雜反之辭」：

堅甲厲兵以備難，而美薦紳之飾；富國以農，距敵恃卒，而貴文學之士；廢敬上畏法之民，而養遊俠私劍之屬。舉行如此，治強不可得也。國平養儒俠，難至用介士，所利非所用，所用非所利。是故服事者簡其業，而游學者日眾，是世之所以亂也。（〈五蠹〉）

自愚誣之學、雜反之辭爭，而人主俱聽之，故海內之士，言無定術，行無常議。（〈顯學〉）

尤其是儒者，更是韓非筆下最大的蠹民。平情而言，從韓非非儒之說，我們雖看到韓非不相應的批評觀點，和對儒家有理解的困境，〔註80〕實乃系統外的批評，而其訾議爲「蠹民」更爲無稽！不過由韓非對於五蠹之民的批判，不難看出韓非對於當時思想界「皆道辯說文辭之言，人覽其文而忘有用」的痛惡，同時也看到他和先秦其他各家思想互相交涉之後的回應。職是之故，

<hr />

〔註80〕 參見林月惠〈韓非子思想的特色、精義與限制——由其非儒的論點談起〉《嘉義師院學報》7，1993），頁133~4。

其不遺餘力的批評儒墨顯學為「愚誣之學」、「雜反之行」，正和孟子批評墨子「無父」、「無君」一樣，並非好辯，而是出乎不得已，為了彰顯法家之學所致。〔註81〕

依上述分析，我們還發現到儒家、縱橫家和墨俠者在〈六反〉篇中是「無益之民」，到了〈五蠹〉篇竟成了國家的蠹蟲。若依鄭良樹考證，〈六反〉乃韓非較早期的作品，〈五蠹〉為後出之作，那麼，顯然韓非愈到生命的後期愈憤世嫉俗，反映出他對當時世變日亟，國家時政日乖的如焚憂心。

三、小　結

關於韓非子依據政治功能區分的人格類型，不論是君主、人臣還是人民都有三型。綜合起來，我們有幾個小結：

其一，在先秦時期的君主政體下，國君是國家成敗的主要關鍵。然就君主的領導素質而言，勢是既成的事實，法為客觀的存在，雖然君主處勢任法也涉及主觀的原則，但仍以客觀為主，只有術用以主觀性原則為主，故領導者心靈涵養的程度，深深影響其為政的品質。此所以在〈亡徵〉篇裡，韓非所列出的亡國徵兆中，多出自於國君本人的性格弱點，可見國君人格上的缺失與弱點足以造成國家的禍害。且《韓非子》一書中論「勢」的篇幅最少，「法」的文字多於「勢」，而「術」的部分最多，可見韓非對君主主觀修養的重視。

因此韓非儘管強調客觀的法治，但因法由聖人制定，法源仍在上君身上，上君可以超越好惡制定出長治久安的客觀法制。然而執政掌權的君主未必都是上君，卻都有執法和行政的權力，在位執政的國君是否能「服術行法」繫於國君個人所具備的個人素質條件。由上述可知，韓非心目中的明主乃是藉由寡欲知足、甘於平淡的主觀修養，虛掉自己主觀好惡，修得不受制於情緒的智慧，以有效領導群臣百姓並為民誅兇除暴，而使盛德歸於民。此和老子的理想統治者相比，二者並皆以「道」為依歸，且都賦予理想的智者「冷慧觀照」的修養，而天下因此得治且安。大抵可看出韓非的聖人和《老子》的聖人有相應的心靈修養和愛民的胸懷。所不同的是兩者虛靜觀照的目的不同：道家老子的聖人時時保持虛靜，不盲目追逐聲色犬馬，不私心自用，並常常「滌除玄覽」以至於「無疵」的心靈修養（十章）純然希望能即此以民

意爲念，好讓老百姓過著「安平太」的生活（三五章）。韓非虛靜用術於克己方面，在於藏拙「掩其情」、「匿其端」，不讓臣下「有所緣以侵其主」（〈主道〉），是將聖人虛靜心靈的修養轉爲現實功利的術用，一來避免被人臣蒙蔽，二來防姦，所以老子的聖人虛靜無爲的智慧是放下自我的佔有慾，以使天下萬物百姓同歸於自然無爲，各遂其生。而韓非子的聖人講無爲是爲了讓臣下有爲、而自己不勞，顯然多了一些實際的政治運作。

　　既然韓非將法源依據在於「聖人」身上，立法權僅及於上君－聖人，未及於中君、下君，並賦予聖人高度心靈智慧和修爲。那麼梁啓超擔心韓非的人主自由立法、廢法，以致立法權不能「正本清源」〔註82〕的疑慮當不致成爲問題。梁氏所說的「不能正本清源」的問題，若要成立，應是指：所謂的聖人如何認定，誰是聖人？如何才能成爲聖人，其理論依據爲何？因爲在韓非主張人性自利，否定人性的理論架構下，上君虛靜用術的根據在道，然因其道無自性，亦無理想價值，故君主是否能修養成爲具有虛靜之德的上君並無理論的必然性，這毋寧是韓非的理論缺陷。是以韓非的聖人，在「當謂」〔註83〕上不能否定儒家的仁義道德，否則用術行法的人如果是殘暴的，將使「法令妄而臣主乖，民怨而亂生」（〈八說〉），如何能制定百年大計的國法？

　　其二，韓非雖依照用術的能力，將君主區分爲三個層次，然論及君主的人格特質，仍離不開人君任法、處勢的程度，是知韓非以法、勢、術三者架構出君王統治天下的鐵三角，由此撐起其政治思想的大廈。這三者之間雖各有其界域與其性能，三者實合而不可分，如三角形的三個頂點，缺一不可，須相互爲用。皆有待其他二端補足，才能屹立不搖。如以法爲中心，法以定賞罰，是公開而且易知易行，而臣民共同遵行的標準。惟法的「衡石」功能，有待君勢的鞏固，執賞罰二柄以操生殺之制，始能貫徹執行。而「法」的標

〔註82〕 梁啓超《先秦政治思想史》：「法家的最大缺點在於立法權不能正本清源，……夫人主而可以自由廢法立法，則彼宗所謂『抱法以持，則千世治而一亂』者，其說故根本不能成立矣，就此結論，欲法治主義言之成理，最少亦須有如現代所謂立憲者以頓其後，而惜彼宗之未計及此也。」（台北：臺灣中華，1968），頁 149。

〔註83〕 「當謂」指的是：原思想家或原典應當要說什麼，批判的省察原思想家或原典應當說出什麼，爲他澄清表面的矛盾。「必謂」則意謂原思想家或原典現在必須說些什麼，掘發思想體系的深層結構，發現終極義理，藉以重新安排其思想體系之中的多層義蘊。相關內容參見傅偉勳《從創造的詮釋學到大乘佛學》（台北：東大，1999），頁 47～60。

準性、「勢」的強制性還須透過「術」的運作，才能發揮作用效果。同理，君勢沒有法術，則無法以治國，無術以御下。無客觀法源可依，無主觀君勢可恃，術亦失落無依。

　　至於韓非的法、術、勢三者之間究竟是平列平等關係，沒有優先性問題？還是縱貫上下關係，有其價值的優先性？歷來論者，多以後者定論，然或曰法爲優先者，如王師邦雄；〔註84〕或曰勢者，如蕭公權、高柏園；〔註85〕或曰術者，如熊十力、〔註86〕牟宗三，〔註87〕熊、牟並皆以韓非的「術」是「陰森險忍」。這三派其實都有其立論的背景和立場，所以各執一端以統其他兩端。〔註88〕其實依上文所述，法術勢三者本是可以互爲頂點的活三角。而若就本章節的研究，韓非立論以國君爲重心，「術論」文字又在論「法」談「勢」之上，又以術用修養定出君主的人格高下，則術應爲優先。且韓非言及帝王之術非僅有如熊、牟二者所稱之「陰森險忍」，亦有其清虛用靜、含斂謙退的靈慧成分。如此一方面可與道家的聖人會通，也可和儒家的聖德互補。若然，韓非的客觀法制結構就不必然要和道德脫鉤，而可以做有機的整合運作。

　　其三，中君、中主抱法處勢而治，雖然國家可致富強，然其術用未有如上君的高度修養，幽而不明的術變成君主制臣的秘窟，君臣之間的關係不再是互相尊重，所謂的諫用之道恐怕也不可能發揮。下君不懂得運用君主的優勢條件處勢以任法，術的運用更拙劣，甚而讓渡給週遭左右的權臣，因此姦臣當道、忠臣隱退、法術之士更遭到迫害的厄運，韓非所講的下君不是別人，正是今之世主。當世之主不管所顯現的型態是仁愛惠民或是殘暴刑民，都離

〔註84〕參見王師邦雄前揭書，同註48，頁147～239。
〔註85〕參見蕭公權前揭書，同註27，頁231及高柏園前揭書，同註53，頁95～99。
〔註86〕參見熊十力《韓非子評論》（台北：學生，1977），頁3。
〔註87〕參見牟宗三《中國哲學十九講》（台北：臺灣學生，1983），頁185。
〔註88〕如王師邦雄有意借韓非的「法治」觀和現代的法治精神找到接合關係，是以突出「法」；熊十力要證成韓非是法術家而非法家，故而特別彰顯韓非的「術」；牟宗三以儒家的立場，對於法家人主所獨擅的秘術深引爲憂，也以「術論」爲主；高則扣緊〈難勢〉和〈定法〉的話，重新檢討諸前賢的成果，別闢蹊徑，以勢爲先，高所論架構清晰，精義絡繹，然對文本的上下文結構的瞭解，仍有待商榷。如「君無術則弊於上，臣無法則亂於下，此不可一無，皆帝王之具也」的「具」，同「養生之具」的「具」意爲「所必須者也」，亦即〈難三〉篇所說的：「人主之大物，非法則術也。」強調法術是君主的兩大寶物。然高氏卻將「具」解釋爲工具，然後由此說法術是「帝王的工具」，進而論申「勢」的優先性並以法、術爲輔。高氏之說恐有理解的困境。

法治國，因此走上亡國之路。值得注意的是，韓非爲了說明法治適合當世而仁義不可以爲治，曾提出下列的論述：

> 且夫以法行刑而君爲之流涕，此以效仁，非以爲治也。夫垂泣不欲刑者仁也，然而不可不刑者法也，先王勝其法不聽其泣，則仁之不可以爲治亦明矣。（〈五蠹〉）

顯見韓非對仁愛的詮釋已經跳離儒家以仁爲首出之德的精神。「仁愛」變成韓非心目中無法救亡圖存的緊箍咒，而法術變成了救命仙丹。因此仁人在韓非眼裡不是萬民仰賴的救世主，甚而是亡國之君。

其實儒家說仁，意涵極爲豐富，可以是「不容自已」的不忍人之心；或是「一念自覺」的道德工夫；或是「修養成聖」的境界；而其貫通於政治中則是綜括諸德而爲一套粲然周備的人文結構。絕非如韓非所謂的「效人」，做表面工夫而已。再者，儒家雖然重視「道之以德，齊之以禮」的仁道德治，但仁、刑也並非完全不相容，此所以孔子曰：「禮樂不興，則刑罰不中，刑罰不中，則民無所措手足」（《論語·子路》）。準此，上述「仁之不可以爲治」的說法在韓非的義理系統中雖能成立，卻不足以撼動「仁政」的思想根基。

其四，臣民方面，韓非皆分爲有益、無益和有害三種類型，強烈反映韓非尊君重國的思想和現實功利的價值觀，關於尊君和國家至上的價值觀，早在韓非之師荀子的作品中就曾提出過：「君者，民之原也。」與「民不爲（君）用，不爲（君）死，而求兵之勁，城固不可得也。」（〈君道〉），至此，儒家思想由孟子的「民貴君輕」觀念有了轉向，不過荀子畢竟是儒家，尚能嚴守儒家「禮樂教化」的傳統，強調道德價值優先於政治價值，然而作爲弟子的韓非早期的作品雖仍有儒家、道家的色彩，愈到晚期簡直徹底顛覆了儒家所標榜的賢德和價值觀，而與現實功利價值觀結合，立下中國政治傳統中「君尊臣卑」的觀念與壓制言論自由的心態，因此唯有守法盡忠的忠臣、法術之士才是國家賢臣，厚植國家生產和兵力的耕戰之士是國之棟樑。巖穴之士、烈士成了無益之臣，伯夷由儒家的古之賢人、聖之清者變成無益之臣。儒、墨顯學、游士縱橫家更爲動搖國本的蠹害之民。

第三節　結　語

墨、韓二子以國家經濟富庶、兵力強盛爲訴求，兩者都把儒家作爲主要

回應的對象，顯出極欲重建國家秩序的企圖心，思想處處流露出積極、強力、現實、重利、功效的價值觀，由此所反映的人格類型，都有君、臣兩部分，而韓非多了對人民百姓的討論。

其中於對現實人主和人臣的觀察描寫，二位思想家對於當時的君主、人臣都不假辭色的提出警言，對現實人主和人臣的人格特質和爲政風格多有意見及批判，但仍難掩其深切的寄望。二者對於理想的君主和人臣的人格設計多通過聖人、聖王；忠臣、賢臣來表述，但內涵仍有些不同。

比較觀之，墨子的聖人是古之聖人、聖王，而韓非子則是今之聖人，兩者心目中的理想人主都具有「強力」、「務力」的人格特質、威權的性格和明照四海的明察睿智，強烈要求其臣屬要絕對服從上意，不得有自由意見的表述，君主集權的意識於此可見，其目的無非是爲了秩序的建構。所不同的是，墨子的聖人貴義，以義尚同於天，是具有兼愛天下萬民情懷，且是天下之最賢可者，充滿道德理想。其尚同的政治作爲，雖然抹煞了個別、多元的其他文化價值，但其主張「義政」，反對「力政」，實仍以「爲民除患、興利天下」的「公利」爲主。而韓非子的聖人則「貴法」，以法齊民，強調明君「務力」、「用其力」（〈五蠹〉）。透過法的制定強力執行，將所有的價值、思想全部劃歸爲君國一體的單一價值觀。當然，韓非的上君有用術的修養，且根據本章第二節的辨析，並不排除可以有道家虛靜無爲的修養和儒家聖德的成分，但僅及於御臣，且不免有權謀的成分，並不及於治民。儒家的聖德又常在爲求富國強兵的唯一價值排擠效應下，隱而不見，甚至轉而批判、攻擊。因此我們可以說墨子聖人的權威仍是和人民的利益站在同一陣線；韓非則以國君、國家的利益爲優先，這反映出兩人不同立場的功利價值觀。

墨子和韓非子對理想人臣的設計都具有忠心的成分，且都是忠於君主，然而他們都反對儒家式的忠德，此實因在他們的功利實效的觀念系統中，儒家式的忠臣徒顯其忠，無實際事功表現，因此墨子認爲儒家的君子非爲國家忠臣，韓非乾脆直說他們是無益之臣民、國之蠹蟲。而對儒家尊重，並許之爲清高不群之士而隱於山林皋壤的巖穴隱者，也不表認同，認爲是無益之臣。由此反射出他們對儒家的道德觀充滿質疑和有意的顛覆。

韓非和墨子心目中的賢臣特質，比較不同的地方，在於墨子式的賢臣尚義，甚至可以爲了尚義而背棄祿位，而韓非子則從利益的角度出發，凡是國君的威權、賞罰都無法驅使的人，即使有賢，也是無益之臣，墨子的人臣通

過「義不義」加以查考，韓非子的人臣則藉由「益無益」檢驗。故所有儒家傳統所肯定的道德觀和人格類型，如古之聖人、大人、仁人、君子、烈士全都遭到強烈的批判和質疑，拿伯夷來說，孔子稱之爲古之賢人、孟子贊之爲「聖之清者」，墨子也許之爲「立憲的聖人」，其地位都在人格的高階典範人物，韓非雖也曾說他有賢行，但卻是無益世用的人，徹底改寫了儒墨兩家對伯夷的評價。

　　從上述的比較來看，墨子與韓非子雖然都非儒甚而反儒，但墨子仍不失道德理想的色彩，對於國家的執政者仍有道德的期盼，不脫「人存政舉，人亡政息」的人治色彩，與儒家的德治觀其實並不衝突。因此墨子所崇拜的古代聖王和儒家幾無二致，只是所偏重稱揚的面向不同而已。墨子對儒家稱揚的仁人、君子、士君子也都賦予墨子式的道德內涵，而予以肯定。韓非思想既然站在統治者的角度立說，以尊君明法爲依歸，以爲和道德仁義不能相輔相成而排除了君主的德性修養，甚至詆毀儒家的價值觀，然術用既是人主潛御臣下之術，實則關係到君王的德行修爲，如果君王的德行修爲不好，忠貞的賢臣和士人如何實現理想和抱負？此所以儒墨道三家的政治思想中仍相當關切君主的德行和心靈。因此唯有肯定德性修養價值，君主的術用才能英明的立下長治久安的法度以御臣下，齊平萬民。韓非早期的思想雖曾觸及於此，只是後來在救亡圖存的急務催促之下，消聲匿跡了，轉而批評、否定。用此觀之，我們可以說，韓非在時代的趨勢下雖不得不暫時背離原有的師學淵源，但這樣「離德務法」的偏激言論，讓他原本意圖建立的客觀之法，反而因爲道德的隱退，加強了「一人之治」的專制與極權的統治性格！

第七章　先秦諸子人格類型之綜納分析與會通

第一節　先秦諸子人格類型的綜納分析

由上面幾章的全面分析論述，先秦四家七子依個人體會所觀察或構畫的人格類型雖有多種層次和型態，歸結起來大約都有理想和現實兩重。理想人格是每位思想家精心設計出來的，而現實人格則是他們的睿識觀察，這兩重人格境界無一不滲透著思想家的性格、價值觀和思想理路。且這樣理想、現實的劃分不是「非黑即白」的截然區分，實乃類於對比哲學「形器的對比」中的「理想存有」和「現實存有」的對比，此誠如沈清松先生所說的：

> 存有學的對比有二個層面：第一，形器之對比：當吾人注視這世界時，則呈現在吾人的注視前面的各種存有者，無論其為理想之存有者（即所謂形），或實際的存有者（即所謂器），皆處在一種對比的情境下，此即形器層面的對比。〔註1〕

先秦諸子的人格類型正是以這樣的對比形態出現，如儒家的聖人君子與小人之分、王霸之辨；道家上士與下士、真人和眾人之別；墨家古之聖人、聖王與今之王公大人的不同，和法家上君與下君之分等等，其中隱含著理想和現實的「形器對比」。以下先以圖表總結歸納各家對這兩重人格境界的名稱用語（含出現次數）、內涵、代表人物，並加以比較分析。再談介乎這兩者之間的各色人格。

〔註 1〕 沈清松《現代哲學論衡》（台北：黎明，1990），頁 19～20。

一、先秦四家七子理想人格類型觀比較分析

表一：先秦四家七子理想人格類型觀一覽表

（括弧內的數字代表先秦諸子原典中所出現的人格類型名稱的次數，打＊者爲出現次數最多者。）

學者	理想人格的名稱	理 想 人 格 內 涵	代表人物
孔子	聖人（8）	「聖人」有博施仁愛的內聖之德和外王濟眾的事功，即「才德兼備」者。	
	仁人（2） 仁者（15）	仁者既有盛德復有大業，但仍以「德」爲主。	比干、箕子、微子啓
	君子（106）	君子兼具內外之德，即內以修己，外以治人，二者之間以修己爲要。	子產、蘧伯玉、宓子賤、南宮适
			顏回、閔子騫、冉伯牛、仲弓
孟子	理想的君主未有專稱	具有聖德，以內聖之德指導政治，不用任何暴力征服別人，而用文德教化使近悅遠來。	堯、舜、禹、泰伯
	理想的人臣稱之爲「大臣」	大臣也要「以道事君，不能則止」。	
	聖人（29）	聖人具「仁智合一」型態。是踐形、盡性以企於「大而化之」的化境而有「大而化之」的人格境界者。	禹、舜、伊尹、周公、孔子、伯夷、柳下惠
	仁人（8） 仁者（11）	反求諸己。具親親之德和仁政愛民之功的內外兼備者。	舜
	大人（12） ＊君子（78）	不受形軀之限、只安於口體之養；而能盡性立命，將人的特殊全面性完全發揮出來，使其「生色也，睟然見於面，盎於背，施於四體，四體不言而喻」，即讓耳目口鼻四肢通體洋溢著仁義禮智聖的充實而有光輝的人格。	
	王者（9）	能「以德服人」，發政施仁，恩及四海，保民而王。	堯、舜、禹、湯、文、武
	引君以當道的賢臣	賢臣「引君以當道」都是兼具內聖之德和外王的社會實踐者，但較傾於內在的德性。仁政王道理想是將道德理想灌注於政治領域中。	微子、微仲、比干、箕子、膠鬲，伊尹、百里奚。

荀子	聖人（81）	聖人是偏於「智」者的「仁智合一」型態，具能慮、能固的操守，有「至強、至辨、至明」的「三至」特質。	仲尼、仲弓、舜、禹
	大人（2）	「大人」臻於「虛一而靜」的「大清明」知慮境界。	禹、湯、堯、舜
	仁人（25）仁者（18）	仁人「忠信端愨」爲本質。	伊尹、呂尚、召公
	*君子（294）	君子「謹守禮義」。	
	聖王（40）明主（17）明王（4）王者（38）	「聖王」是盡倫盡制者。是「文章」──禮義法度的制定者。既有「盡倫」的聖德，兼得勢在位的「盡制」者也。其爲「上明下化」的君主，即君主的心已經過解蔽工夫，歸於「大清明之心」，而能以道化民，不需辯說，百姓自能化於無形。	周公
	聖臣（5）	所謂的「上賢」，是既仁且知，可爲卿相輔佐之臣的「人主之寶，王霸之佐。」	
	大忠之臣	大忠者係「以德覆君而化之」者，能以「疾、功、善」三者之德覆被其君，使之自化於善者。	
	諫諍輔拂之臣	諫臣強調「從道不從君」的道德理想。	諫臣－伊尹、箕子 爭臣－比干、伍子胥 輔臣－平原君 拂臣－信陵君
	大儒（14）	大儒的修爲已經臻乎「志安公，行安修、知通統類」，自然中節，安而行之的的境地。不管窮達，人格和德業都會贏得大家的尊重而享有貴名。	孔子、仲弓、周公
老子	*聖人（28）從事於道（1）善爲士者（2）上善（1）士（1）善人（4）有道者（3）大丈夫（1）	老子的理想人格是爲政治人物量身訂製的。具備有三寶──慈、儉、不敢爲天下先的心靈涵養，呈現出來的人格境界是深刻如海、廣闊如山谷、單純如赤子者，反映在治國風格上則是惟民意是從、清淨無爲、謀於未兆的政治風格。	

莊子	*聖人（111） 神人（8） 至人（30） 大人（9） 眞人（19） 德人（3） 天人（3）	莊子所勾勒的理想人格，具有安之若命的人生觀、自由開放的心靈、拔乎流俗的價值觀。而其心靈已能擺開功名利祿的束縛、化掉名言是非概念的成見、解消形軀我的執著。不僅有「由人向天走」胸次悠然、高邁凌越的精神境界，也呈現「由天向人走」的人間精神。	王駘等 殘畸之人 泰氏 冉相氏 許由 孫叔敖 老子 關尹
墨子	*聖人（111） 聖人（50） *聖王（121） 明王（2） 兼王（1） 兼君（3）	墨子爲理想統治者的人格，塗上貴義的精神、兼愛的情懷、節儉的作風、強力自爲的特性、尊天明鬼的態度和尚同尚賢的權威等色彩。	堯、舜、禹、湯、文、武、稷和伯夷
	賢士（4） 仁人（13） 義人（2） 君子（115）	理想的人臣，有兼愛、尚義、力行的精神和自律自省的修身之道及忠誠事君的態度等道德修爲。	
韓非子	聖人（68）* 明主（94） 明君（1） 明王（5） 有術之主（1） 有術之君（1） 有道之主（4）	能「盡人之智」的「上君」，其具有虛靜觀照的術用修養、任勢的權威和務法的能力。是位有最高勢位、同時擁有立法、執法與行政權而能「救群生之亂，去天下之禍」，實現大一統的強有力的人物。	新聖
	有道之君（3） 聖君（1） 聖王（9）		
	忠臣（16） 法術之士（10） 足貴之臣（1）	能使國君明垂後世稱霸。須具有三個特質，一忠君，二奉公明法，三有益於君國。 能儲蓄王資的經濟效益和國家軍事力量的戰鬥力。	伊尹、百里奚 伊尹 百里奚 管仲 商鞅 比干 關龍逢 孫子 吳起
	有益之民（1）		耕戰之士

　　先秦四家七子都傾注極大的熱情，花最多篇幅塑造和追求理想人格，從上表的比對，我們發現四家七子的理想人格典型均有「聖人」之名。不過引用比率最高的不是儒家而是表面上要「絕聖棄知」的道家。而「大人」一詞，在《墨子》書中，尚沿用古代傳統所謂身分地位的意義，到儒家的《孟子》、《荀子》和《莊子》則視之為理想人格的代碼。「大丈夫」則被《老子》、《孟子》用以稱謂理想人格。而古代《詩》、《書》中的「仁人」、「君子」，儒家大量使用來做為道德理想人格的代言，尤其是「君子」，更是儒家著意描寫，用來象徵現實人格的榜樣。《墨子》則用之以象徵理想的人臣。至於「聖王」、「明王」一詞雖由墨子首先揭出，但《莊子》、《荀子》和《韓非子》也都引用，要皆用來指謂「理想統治者」，《韓非子》更是綜納「聖人」、「聖君」、「聖王」、「明王」、「明君」、「明主」、「聖主」等詞一併來指稱理想的統治者。尤其是「明主」一辭，更是《韓非子》指謂上君的代名詞。

　　其他的理想人格的「符號」，《荀子》特立了「大儒」；《墨子》有「兼王」、「兼君」；《老子》有「上士」、「上善」、「善人」、「善士」、「從事於道者」和「有道者」；《莊子》也創「天人」、「真人」、「德人」、「神人」等等名稱。而《韓非子》則將《老子》的「從事於道」和「有道者」轉換成「有道之君」和「有術之主」。我們若依其所使用的理想之「名」去瞭解理想之「實」，要皆可看到諸子異中有同、同中有異的獨抒思想和交相滲透的情形。其中儒家喜歡沿用傳統的名詞再賦予新義，因此，原本具才性意義的「聖人」變成了「德業兼備」者，而有傳統上貴族階級屬性的「大人」、「仁人」、「君子」也都有了德性的內涵。比較值得注意的是荀子的「大儒」，荀子首言「大儒」並力言大儒外王之效，荀子有意重新斟定儒家「內聖」通向「外王」的理想形象殆無疑義。道家和墨家喜歡用創新的名詞指稱人格類型，此如墨家用「聖王」、「兼君」、「兼王」等詞，旨在強調統治者的兼愛胸懷和王者的權威身分。而道家老子的「上士」、「上善」、「善人」、「善士」和「從事於道者」，都強調理想人格要從事修道工夫方能向上「超拔提升」以臻乎「無為自然」的「善境」。《莊子》的「天人」、「真人」、「德人」、「神人」則可看出《莊子》的理想人格乃「由人往天上走」再「由天返乎人間」的「真實」且「神妙」的心靈涵養境界。

　　不過，儘管四家七子理想人格類型有這麼多的名稱，一言以蔽之曰「內聖外王」也。「內聖外王」可說是四家七子理想人格的基本型態，質言之，每

一種理想人格都凝聚了思想家們「內聖外王」的美好意願。此中可能寓有兩種涵義：其一，諸子率皆強調實踐修養的必要性，由充實人的精神生命以與天地同格；其二：爲了實現拯救人類、兼濟天下的精神。他們標立了各具風度的理想人格，寄寓了自己的願望。所不同的是，彼此之間對內聖外王的內涵體會不一，而有不同的偏向和思想特色。比較起來，儒、道兩家較強調內聖之德，而儒家中的荀子較孔孟二儒重視外王，道家中的《老子》也比《莊子》重視政治實踐。但比起重視事功表現的《墨子》和《韓非子》，《老子》和《荀子》仍是以內聖爲本。

　　分別而言，同樣重視內聖之德的儒道兩家，和同樣重視政治外王功效的《墨子》、《韓非子》彼此之間內涵也不同。以下先從同樣強調內聖修養的儒、道兩家說起。儒道兩家在表面上雖都以「修道」做爲品評人物的標準。皆以「內聖」做爲決定「外王」的人格層次，均主張政治實踐是一種內在的修爲，也稱理想的人格爲「聖人」。且若依共時性原則，《莊子》的由鯤之小可以變成鵬之大並化於南冥的理想人格和大約同一時期的儒家孟子所謂的修養歷程相似：「可欲之謂善，充實之謂美，充實而有光輝之謂大，大而化之之謂聖」（《孟子‧盡心》），皆是一種「由小而大」、「由大而化」的超越提升方式，即個體的小我經由修爲工夫可以涵納萬物而與宇宙自然大我交融合一。兩者的理想人格境界也都是「大而化之」之境。〔註2〕所不同的是孟子承續孔子，其理想人格所欲修的道是：「欲爲君盡君道，欲爲臣盡臣道」（《孟子‧離婁》），其由「小人」、「君子」以臻乎「聖人」的人格梯階，正依於人是否能盡倫理之道而定，乃是人文之道，其價值依歸是人文社會；《莊子》繼《老子》之後，其理想人格所修的道同於《老子》，都是「人法地，地法天，天法道，道法自然」的自然之道：「道，有情有信，無爲無形。可傳而不可受，可得而不可見。」（《莊子‧大宗師》）並以自然天地爲依歸。而自然的道，無窮無際、無形無象，一落言詮、心一認可，便已「言語道斷，心行路絕」，故曰：「唯道集虛。虛者，心齋也。」（《莊子‧人間世》），亦即要經由「無我、無名、無己、無功」等自我消解的工夫才能超然於物外，冥契道妙、應世不窮。

〔註 2〕 莊子常用「化」形容理想人格的極境，如鵬舉千里是「化」，莊周夢蝶也是「化」，再如兩忘而俱化、聽而化等，此所以憨山註莊，常以「大而化之」詮釋其理想的人格境界。參見憨山注《莊子內篇》，憨山：《莊子內篇注》卷二，收入嚴靈峰編《無求備齋莊子集成續編》25，台北：藝文。

　　《莊子》這種隨緣任化、委運自然，和儒家孟子「由仁義行」及「存養擴充」的工夫入路不同，以是，孟子的「大人」光輝、「大而化之」的聖人是由「仁義善端的充實」而有；但《莊子》的「反己而不窮，循古而不摩」的「大人」，其大而化之的境界則一如「無己」的「至人」，其「物我同體肯定」的「化境」乃在「忘仁義」的「坐忘」工夫中呈現出來。要之，孟子的聖人承孔子「博施濟眾」的聖人，是以「盡性立命」積極有為態度去「化成自然」、「改造自然」的理想人格，具有「誠於內，形於外」的人格光輝，近於《中庸》所說的「北方之強」，具剛健自強的入世情懷；《莊子》「遊乎四海之外」的理想人格，呈現的是以「全生（性）安命」的態度，與「道通為一」、「順物自然」，達到精神自由、逍遙無待之遊的聖人境界。其與老子「獨立而不改，周流而不殆」的聖人，皆近於《中庸》所說的「寬容以教，不報無道」的「南方之強」，有著「超世而不遺世」的超俗性格。

　　孔子、孟子的理想人格的道德實踐工夫多從正面德性的存養、擴充，心的加法來說；此與道家老、莊從負面心染的消解、滌除，乃就心的減法而言，工夫完全不同。倒是荀子，其雖言「隆禮師法」、「積慮習偽」的加法工夫，實乃建立在「虛靜涵養」的「解蔽」之心上，是見儒、道兩家的人格養成之道在荀子身上有了形式上的結合。不過老、莊的虛靜是心靈涵養的工夫，旨在觀照萬物，使天地萬有皆在心靈的觀照下各安其生，達到物物自然的境界；荀子的虛靜心則是一種認知的依據，目的在認知「禮義」以使行為合道。荀子的聖人雖然也經過一番「解蔽」的過程，但重點是要認識合於禮義的新知，達到「知通明類」並「應變不疑」之境，期使禮義教化深入民心，移易風俗。所以比較起來，荀子「虛靜」的目的是要達到「盡禮」，以極於「能慮」、「能固」的聖人操守，注重的還是道德博厚的修養。老莊的虛靜涵養則是一種剝除的歷程，不斷的揚棄外在所有可能使心靈物化、異化的雜質，讓心靈歸於虛明無染，也就是要藉由「去知」、「忘禮樂」、「忘仁義」等「坐忘」的工夫，消解過分人為造作的知識和禮樂。從此觀之，儒家的聖人是「進乎禮樂」，深具人倫之理、饒富文化涵養者，道家則是「超越禮樂」，復返自然，任真自得的人。

　　由上述不同的人格內涵比較，我們看到儒道兩家重人文和尚自然的不同思想理路。以是，面對周文疲弊的時代課題，儒家欲「以質救文」，開顯的是「仁禮雙彰」、日新文化的盛德；道家老莊則要「以質抗文」，反省的是文化的病態流弊，把關懷的重心從人文轉到天道自然，並由天道自然的觀點出發，

提出與儒家相對立的人格類型。毋怪乎儒家的理想人格都是歷史上有文化、
文明創化之功的古聖先賢，如堯、舜、禹、湯、文、武、周公、伯夷、伊尹、
柳下惠等；道家的理想人格則大都是虛構型、因名見義的「寓名」人物，或
名不見經傳的傳說人物，其中尤以前者比例最高，此如王駘、哀駘它、申徒
嘉、叔山無趾、闉跂支離無脤等等殘畸卻德充符之人，還有泰氏、冉相氏、
天根、無名人、王倪、齧缺等等。以是之故，儒家極力踔揚「以身殉道」的
「殺生成仁」和「舍身取義」的作風，《莊子》卻認為這有違「尊生」、「貴生」
的自然原則，而大加撻伐。依是論之，《莊子》思想和儒家精神雖有相契之處，
在思想屬性上仍屬於以「復歸自然」為心靈歸鄉的道家者流。不宜就此界定
其學術性格為「儒道之間」、「綜合儒家思想精神」者。〔註3〕

韓非和墨子雖都強調理想人格的事功表現，並將理想的統治者塑造成一
個很有政治實力和權威的領導者。但墨子和儒家一樣，其理想的指標人物「聖
人」、「聖王」，都贊成「仁義」之治（儒家稱仁政，墨家稱義政），而反對用
武力去征服別人和統一社會秩序的「力政」，是以墨子理想的聖王有兼愛的情
懷和非攻的主張，加上有來自天志、鬼神的監臨，和賢人的輔佐，所以其權
力尚不致無限擴張。倒是韓非的理想君主雖有虛靜的術用修養可以立法、御
下，但極顯「尚力」的特質，既握有權力且主張儲備耕戰實力以富國強兵，
武力和法律凌駕在道德之上，並將一切的價值都納入客觀的法的結構中。所
以墨、韓二者的理想人格雖然都能面對現實，備世之急，救群生之亂，並有
利於國家，不過，墨子評估利不利的標準在於天下萬民百姓，而韓非則在於
國家利益，且因韓非視君國一體，國家利益實等同於君王的利益。因此墨子
的理想人格基本上和儒家一樣具有聖德成分，所尊崇的聖王皆有好義、尚賢、
節用、愛人、反對武力征服等品質。

而依本書第六章第二節所論，韓非早期思想，對於上君在術用修養上，
雖不排除虛靜冷慧的觀照具有聖德的成分，但愈到晚期，理想統治者所謂的
「道德仁義」全都在富國強兵的急務下被排除在外，政治道德兩分，政治的
歸政治，道德的歸道德。總括說來，墨子仍然有崇古聖王的傾向。韓非則認

〔註3〕 唐君毅、王師邦雄都將《莊子》視為與儒家關係匪淺者，王師甚至認為《莊
子》可能承繼顏子之學。可參見唐君毅：《中國哲學原論，原道篇》，（台北：
學生，1983），頁 104 及王師邦雄《中國哲學論集》（台北：學生，1994），頁
58～63。

爲古聖王的時代已經過去，與其到歷史上尋求古聖王的拯救支援，不如期待新聖王誕生。只是新聖王究係何人，韓非只有指出他們具有「虛靜觀照的術用修養」、「任勢的權威」和「務法的能力」。是位集最高勢位、立法、執法與行政權於一身而能「救群生之亂，去天下之禍」，實現大一統、強而有力的人物。至於有誰符合這樣的特質，韓非則未舉出人物典範。〔註4〕

　　針對理想人臣的設計，儒家孔、孟、荀三者和墨子、韓非子都有志一同的賦予他們「忠」的特質。但儒家的忠臣是依據「從道不從君」的原則，墨子也主張在緊急事務之下，爲人臣者可以直道而行，不必因爲「尚同」的機制事事請示人君，免得錯失解決問題的機先；韓非子的忠臣、法術之士和足貴之臣的「忠」，則完全依照「從君原則」，遵從「君命無二」的軌範，毫無自由意志可言，甚至爲了求得「聽用而振世」的機會，可以「白污」、「役身以進」的侍奉君主。換句話說，韓非要人臣不用管如何入仕的道德身段和風骨，最重要的是要積極主動的入仕求用。韓非的思考是：唯有入仕才能有效忠國君，並爲國立功的機會，也才是眞正的有益君國的賢臣、益臣，否則連臣之實都沒有，如何有忠臣之名？

二、四家七子現實人格類型觀的比較分析

表二：先秦四家七子現實人格類型觀一覽表

學 者	現實人格類型名稱	現 實 人 格 的 內 涵	代表人物
孔子	*小人（24）	「小人」尚未有理性自覺，其人格不獨立，容易情緒化，「近之則不遜，遠之則怨」。氣度胸襟都顯得拘狹而不能成人之美。	
	鄉愿（1）	「鄉愿」是賊害道德的僞善者。	
	具臣（1）	具臣者，未能以道事君，反而「枉道相從」的臣子。	冉求 子路
孟子	*小人（13） 小夫夫（1） 賤丈夫（2）	良心放失，把心的主權交給小體一耳目之官，順隨官能慾望向外求索，「養小體」，滿足口欲並唯利是圖的生命情態。	北宮黝 孟施舍
	鄉愿（5）	同乎流俗，合乎污世；居之似忠信，行之似廉潔；眾皆悅之，自以爲是，而不可與入堯舜之道。	陳仲子

〔註4〕韓非子雖曾在〈難三〉提到「伊尹、百里奚」爲聖人，然其「聖人」之謂係就古聖而言，並非就理想的統治者——新聖來說。

	霸者（11）	以力服人的君主。常「以力假仁」，假借「仁義」之名，行欺詐霸道之實。	春秋五霸 今之諸侯
	長君之惡（1） 逢君之惡（2）的 人臣	君王尚未有過處，爲人臣者不僅不引君「鄉道志仁」，反而先導之向惡，不斷慫恿國君「約與國強戰」，誇稱自己能爲君主「闢土地，充府庫」，且「戰必克」。	今之大夫
荀子	*小人（81）	生命重心外傾，其生命情態「縱情性而不足問學」。「能亦醜，不能亦醜」，有能就「倨傲避違以驕溢人」，無能就「妒嫉怨誹以傾覆人」，在言行智能的表現往往驕矜自是，自矜自伐。即使得到榮名也是「可以有勢榮，不可以有義榮」的虛張之「勢」。	五霸
	姦人（2）	即「奸險之人」，有欺世盜名之嫌，其「飾邪說，文奸言」口才一流卻不順禮義者。	史鰌 田仲
	權謀之君（10） 闇主（8）	以富兼人的君主，一味的「好利多詐」、「權謀傾覆幽險」，故而走上危亡的路。	齊湣王 宋獻王 今之世主
	篡臣（5）	篡奪人君威權的人臣，「逆命而不利君」其「上不忠乎君，下善取譽乎民，不恤公道通義，朋黨比周，以環主圖私爲務」，日以營惑人主、圖謀個人私利爲務，足以使國君身危、國家危殆的「權謀傾覆之人」。	韓之張去疾 趙之奉陽 齊之孟嘗
	態臣（5）	「巧敏佞說，善取寵乎上」是以佞媚爲容態的人臣。其「內不足使一民，外不足使距難」，故「百姓不親，諸侯不信」。	齊之蘇秦 楚之州侯 秦之張儀
	國賊（4）	不顧人君的榮辱，不顧國家的利害，只爲了保持自己的祿位和廣結賓客而「偷合苟容」。	曹觸龍
	俗儒（3） 陋儒（1） 散儒（1） 腐儒（1） 溝瞀儒（1） 賤儒（3）	「衣冠行僞已同於世俗，然而不知惡」。若爲政的話，雖不至於國亡，然而至多也只能使「萬乘之國存」，雖無害社會也不能裨益於世。	子夏、子張、 子游之儒者
老子	下士（1） 盜夸（1）	生命向外奔馳不返，往下沉落。是順俗趨末的俗情之流。具有強烈的企圖心、野心，然而根本否定理想、否定任何真理的存在價值。其存在的樣態往往縱情聲色、追名逐利、逞強競勝。而其爲政的風格是嚴刑酷法，厲民自肥、崇尚軍功。	
莊子	世俗者（10） 眾人（16）	昧於真實，執假爲真的人格，其特質爲：執著形軀、封限心靈、計較名利、拙於大用。其求名忘己，矯行喪真是「役人之役，適人之適，而不自適其適者。」	子產 狐不偕、務 光、伯夷、叔 齊、箕子、胥 餘、紀他、申 徒狄

墨子	*大盜（12）	藏天下於私，企圖以權力宰制天下的統治方式不僅無法解民倒懸之苦，還帶來無比的災難甚至可能換來身戮國亡的惡果。	叢枝、胥敖、有扈的國君 日中始
	別君（2）	不察尚賢使能、不行尚同之治、喜攻伐兼併、不節用而聽樂、不辨執有命之言。總體觀之，缺乏「尚賢使能」和「尚同」一民的領導能力卻又有攻伐好戰和不知節用利民的慾望和習性。	今之王公大人、當今之主
	*暴王（19）	反天意而行、執有命而爲、不修政而亂國。既不尊天明鬼而兼愛以順天意行，又不「非命」致力爲政，復耽於享樂不知「節用愛民」和不知「尚賢使能」爲政，一味窮兵黷武攻伐篡併他國。	三代的暴王桀、紂、幽、厲
	世俗之君子（5）	不知辯仁義 知而不行 明小不明大	今之士君子 今之士 今之君子
韓非子	下君（2） 闇主（1）	不懂御下之術，但知盡己之能，不知處勢，自失刑德並輕釋法術。自失爲人君主的立場，刑德兩大權柄反成爲大臣把弄、篡弒君主的工具。	世主 齊桓公 簡公 宋君
	無益之臣（1）	行爲雖賢卻因不受君祿，「不臣天子，不友諸侯」，故非明主所能臣，是君主不得賞罰勸禁，且無法駕馭的人，猶如千里馬雖可以致千里，不爲人用亦爲枉然。其輕賤物質名利，隱於巖穴之中，過著「輕物重生」與世無爭的生活。	華士 狂矞 鮑焦 華角 孔、墨、曾史 伯夷 叔齊 豫讓
	當塗之人（5） 諂諛之臣（1） 譽臣（1） 重臣（4） 重人（15） *姦臣（19）	擅權自爲、操弄國家法律，虧法以自利、耗國以便家。他們懂得揣摩上意，專門奉承迎合君主，以君主的好惡爲好惡。是危害國家、禍國殃民的危險人物，更是妨害君權、壅蔽主上的「大姦」。	今之權臣
	無益之民（1）	世俗尊之的「清高」、「賢良」、「莊重」、「忠誠」等德行和所推崇的「勇士」、「烈士」、「仁人」、「大人」、「聖人」，都是無益之民。這是國君失術無道的象徵和產物，若不加禁絕，將導民於亂。	儒家之士 遊俠
	蠹民（1）	危害國家，耗蝕國本的害蟲，需除之而後快。	學者（儒）帶劍（墨）、言談者（縱橫）、患御者、工商之人

從先秦四家七子對現實的人格類型的分判，我們發現諸子對現實的人格帶有強烈的批判色彩，儒家從道德的角度入手，對於無德或缺德的小人，甚至是亂德的鄉愿、姦人；還有「尚力不尚德」的君主和「枉道事君」的人臣，無不予以嚴詞批評。而「小人」又是儒家集中討論的對象。且由孔子德性尚未自覺的小人；孟子良心放失、從其小體的小人，到荀子違禮縱情的小人，我們看到「小人」道德日趨下流的歷時性發展。由是觀之，今日所謂的「小人」幾乎等同「齷齪下流」的形象，迨始乎荀子。此說若然，孔子的「唯女子與小人為難養也，近之則不遜，遠之則怨」實為孔子對尚未理性自覺的生命型態所做的如實描寫，不宜誤讀為是孔子對女子的歧視。

道家老子相對於「上士」的下士，和莊子的俗眾之人的生命型態都是順俗趨末者，老莊是從心靈修養的觀點來說，對現實的執政者徒有強烈的政治企圖與野心，卻視理想為無物、輕賤百姓和遺害萬民的行為，皆口徑一致地指責他們有如「強盜」一般的巧取豪奪。《莊子》直道當時的諸侯是披著「聖人」的假面而竊取仁義的大盜。

墨子、韓非從功利角度切入，對於自壞「以上御下」統治秩序的統治者都加以指斥。不過，墨子的「暴王」相對於「聖王」，特別從統治者不知節用、尚賢，且反天意而行、執有命而為和不修政而亂國的層面來指斥統治者的不是，而韓非的「闇主」相對於「明主」，則著眼於統治者自失刑德並輕釋法術的層面論君主之非。至於人臣方面，墨子較從行為層面指出今之士君子的不義，而韓非則對當權的當塗之臣（當塗之人、諂諛之臣、譽臣、重臣、重人、姦臣）擅權自為、阿諛獻媚而妨害君權、壅蔽主上及禍國殃民的行為直斥為「大姦」。韓非在以法齊民立教的價值觀下，要求所有人民「尊上利君」，否則為蝕害國本的「蠹民」。

綜合起來，韓非是四家七子中唯一從君主立場發聲並將政治問題罪及下民的思想家。然而，不管諸子非議、批判的角度和觀點，我們發現他們所批評的現實或世俗的人格對象幾乎都衝著當時的為政者而來，此一「現實」不僅是價值的批判也是事實的描寫。如孟子說「五霸」是「三王的罪人」，而「今之大夫」更是「五霸的罪人」，還說今之所謂「良臣」其實是「古之民賊」和「今之諸侯之罪人」。而荀子所謂的闇主、權謀之君，除了歷史上的齊湣王、宋獻王外，今之世主亦然。老莊所謂的盜夸、大盜不是別人，正是對當時統治者的投射；至於墨子和韓非更是對當時的王公大人、士君子還有世主、權

臣一一點名。從此以觀，我們可以說，四家七子乃由現實人格類型的觀察出發，從而提出他們心目中理想的人格典型。於是形成理想和現實兩種型態的人格對比。

　　然而這種現實與理想的對比結構其實是一種「動態的對比」，會隨著個人的體悟經驗和時間的推移持續辯證發展，沈清松認爲這是中國人特有的智慧：

> 質言之，中國人的智慧實爲一種對比的智慧。老子所言的：「萬物負陰而抱陽，沖氣以爲和」，似乎正指出某種結構上之對比。易繫辭傳所言：「一陰一陽之謂道，繼之者善也，成之者性也。」又似乎點示出某種動態的對比。〔註5〕

　　沈氏雖舉《老子》、《易經》爲例，其實從上述先秦諸子以理想與現實兩重對比區分人格類型，也可以印證這種形態對比中的動態對比智慧。以下試加分析說明。

三、理想與現實人格類型之間的動態關係

　　先秦四家七子所提出的理想和現實的人格類型之間並非截然對立的斷裂關係，人或順習氣向下滾或經由人心的自覺向上超拔而有上下游移的變化，這兩者之間是渾淪一體的。也就是說，不管諸子各家的人性觀如何，基本上他們都相信人有自我調整的能力，只要經過一番修爲工夫，都可以上達於道、鑄就人格，不過，由於墨子、韓非子所謂的理想人格乃針對統治者且傾於事功表現而說，故而關於自我調整能力的理論，四家七子中，以儒、道兩家孔、孟、荀、老、莊五子說得最完整。

　　孔子說：「性相近，習相遠。」（《論語・陽貨》）孔子認爲後天學習才是形塑不同人格的關鍵，而要成就高偉的人格就要著實的去實踐仁道，也就是所謂「志於道，據於德，依於仁，游於藝。」（《論語・述而》）。人只要一念自覺，發心爲仁，便可與道契接，成就人格之美，故曰：「仁遠乎哉？我欲仁，斯仁至矣。」（《論語・述而》）而且這樣的工夫不可須臾違離，要做到「無終食之間違仁，造次必於是，顛沛必於是。」（《論語・述而》），甚至是窮其一生都要做的功課：「任重而道遠。仁以爲己任，不亦重乎，死而後已，不亦遠乎？」（《論語・泰伯》）孟子「道性善，言必稱堯舜」（《孟子・公孫丑下》），

〔註 5〕見沈清松前揭書，同註1，頁24。

並曰：「乃若其情，則可以爲善矣。」（《孟子‧告子上》）「人皆可以爲堯舜」（《孟子‧告子下》）。強調成就理想人格的普遍平等性，「聖人」不再是遙不可及的存在，孟子這樣從人的根本、人性本然處肯定人的神聖性，當是孔孟最大的不同，〔註6〕也是孟子有進於孔子之處。故孟子心目中，聖有多種形貌：有造福百姓開物成務型，或品德崇高足以正人心者，都可稱之爲聖，他們所留下的行跡雖然不同，展現的生命價值卻等倫無二。故〈滕文公〉中的「三聖」——「禹、周公、孔子」和「五百年有聖人出的堯、舜、湯、文王、孔子」（《孟子‧盡心》）都是聖人。

　　既然上述的聖人都是「人倫之至」的聖者，何以有諸多不同的型態？孟子所謂的「聖人」有無層次高低的問題呢？這是常常被問起的問題。若順著孟子的思路來推論，聖人的境界當係就道德意志純化而論，不考慮現實經營的成效。此可用王陽明所說的「成色分兩」來詮釋更爲清楚：

> 聖人之所以爲聖，只是其心純乎天理而無人欲之雜。猶精金之所以爲精，但以其成色足而無銅鉛之雜也。人到純乎天理方是聖，金到足色方是精。（《傳習錄‧卷上》）

　　是即聖人的德性純粹無雜，猶如精金之成色，故在聖人這一類型中，凡聖人者皆有「不行不義，不殺不辜」的特質；所不同的是，聖人「才力亦有大小不同」，猶「金之分兩有輕重」〔註7〕故而開展出來的型態不同。蓋人的性情有純駁、氣質分清濁、才力大小也不同，行跡、際遇又殊異，正如金的分兩亦有輕重一般。以是，每個人「形色」的條件不同，開展出來的事功、格局、氣象自然不同，成就出來的型態也就不同。雖然「才力」不同，而「純乎天理」則同，皆可謂之「聖人」，猶如黃金的分兩雖不同而足色則同，皆可謂之「精金」。且依王陽明進一步的詮釋，眾聖平等，吾人對聖人只宜論德之精一，不宜論功之多寡，若在聖人的事功斤兩上較量，就是「順軀殼起念，流爲功利。」（《傳習錄‧卷上》）

　　既然眾聖都是心性純乎天理，天人合德的示現，何以孟子認爲孔子是自有生民以來，「賢於堯舜」的「出類拔萃」者，而說：「伯夷隘，柳下惠不恭，

〔註6〕楊海文認爲孟子追求聖凡平等的理想人格論體現了他在精神上的方向感，而孔孟最大的差異關鍵也在於此。詳見〈「仁且智」與孟子的理想人格論〉《孔子研究》第四期，2000，頁40～9。

〔註7〕見王陽明《傳習錄‧卷上》（台北：黎明，1986），頁45。

隘與不恭，君子不由」呢？（《孟子‧萬章》）

此孟子有言：

> 孔子之謂集大成，集大成也者，金聲而玉振之也；金聲也者，始條
> 理也；玉振之也者，終條理也；始條理者，智之事也；終條理者，
> 聖之事。智，譬則巧也，聖，譬則力也。由射於百步之外也：其至，
> 爾力也；其中，非爾力也。（〈萬章〉）

言下之意，伯夷、柳下惠、伊尹和孔子雖同為聖，但孔子的聖德集眾聖之大成，這好比射箭，伯夷、柳下惠、伊尹和孔子四人之力都可以射到百步以外，但孔子的智巧，能射中鵠的。由此觀之，孟子顯然最推崇孔子，故在孟子的人格評價中，孔子獨步於千古至聖，較其他三聖為高，這並非孟子「為聖人爭分兩」、「順軀殼起念」。而是深有寄託。試看孟子在〈公孫丑〉篇中借孔子弟子的贊詞來稱述孔子：

> 宰我曰：「以予觀於夫子，賢於堯、舜遠矣。」子貢曰：「見其禮而
> 知其政，聞其樂而知其德；由百世之後，等百世之王，莫之能違也。
> 自生民以來，未有夫子也。」有若曰：「豈惟民哉！麒麟之於走獸，
> 鳳凰之於飛鳥，泰山之於丘垤，河海之於行潦，類也。聖人之於民，
> 亦類也。出於其類。拔乎其萃。自生民以來，未有盛於孔子也。」
> （《孟子‧公孫丑》）

在上節引文中，宰我從全副心情的深處說孔子；子貢從歷史文化的大流上說孔子；有若從整個人格世界高峰說孔子；〔註8〕孟子則通過這三個人的話稱揚孔子。可知孟子是基於主觀的心情對孔子再三致意，表明其仰慕孔子的人格的心跡，孟子曾說：「乃所願，則學孔子」（《孟子‧公孫丑》）。肯定其述而不作、創業垂統的文化貢獻，及願私淑孔子而為儒家信徒的心聲（《孟子‧離婁》）。再由他以雄辯滔滔之姿，欲承先聖闢邪說詖行以正人心、繼絕學的憤世孤懷，在在可看到孟子與孔子「先聖後聖，其揆一也」（《孟子‧離婁》）的儒家本懷。因此，就客觀立場言，孟子認為聖人只有因形色條件不同而有不同的行止和型態，其間並無軒輊。但就主觀鮮明的儒家立場，遂視伯夷、伊尹、柳下惠為偏顯一體的「偏至型」聖人，孔子為集大成「圓至型」的聖人。

荀子同乎孔孟，也主張聖人非生而本具，而是「學而行之」者。荀子認為「禹桀」、「聖凡」人性的基本條件一致，故而主張「塗之人可以為禹」，此

〔註8〕 參見程兆熊《人學與人物》（台北：明文，1987），頁13。

與孟子「人人皆可爲堯舜」的觀點無二，同樣肯定人人可以爲聖的可能性，只不過孟子的心性爲善，一經自覺的存養擴充即有致聖的可能，是「由仁義行」踐仁成聖的實踐路數。荀子由情欲界定人性內容，若「順是」而「不節焉」，將有淪於惡的可能，故須賴後天禮義、禮法的學習才能化惡成善，是以荀子的聖人乃伏術爲學，變化本性以修治其志行，直到「變故」、「修爲」至於全盡，而後始備。（參見第四章第一節（一）之3）

在荀子的義理系統中，人的「禮義」、「禮法」非生於內在的心性，而人的心雖能見理、知道卻不能具理、生道，尚須通過「以心知道」的工夫才能明道，而心要知道，必先經「治心之道」的「解蔽」工夫，讓心靈歸於「虛靜」、「清明內景」（《荀子・解蔽》）之境，〔註9〕是即〈成相〉所說的：「水至平，端不傾，心術如此象聖人。」唯其如此，才能使心不爲邪說異端所蔽，唯精唯一地志於「禮義之道」。是以「天下無二道，聖人無兩心」（《荀子・解蔽》）。由於聖人心無偏蔽，故「有兼聽之明，而無矜奮之容；有兼覆之厚，而無伐德之色。」（《荀子・正名》）對任何事物都不預存成見，事事衡之以「禮義之道」，使「眾異不得相蔽而亂其倫」（《荀子・解蔽》）。綜合而言，聖人對於事物的「欲惡取捨」能「兼權之，熟計之」（《荀子・解蔽》），不致患了偏蔽、不周的毛病。持之日久，其清明內景的心與禮義之道合爲一體，無行不善，所以說：「積善成德，而神明自得，聖人備焉。」（《荀子・勸學》）

孟子的聖人「由仁義行」、「性之」而從容中道，荀子的聖人則經由後天的禮義薰陶而至乎「縱其欲，兼其情」，不勉而中道，安然而行的怡然自得之境：「聖人之行道也，無強也。仁者之思也恭，聖者之思也樂。」（《荀子・解蔽》），這在〈不苟〉、〈議兵〉、〈解蔽〉中都一再提到。由上述，孟子主張內修爲聖，荀子強調外塑成聖，二者成聖的工夫路徑雖殊，卻同歸聖境，且荀子曰：「塗之人可以爲禹」，一般百姓若能立志向學，勤修詩書禮樂之道，日漸月修，隆禮積善而全盡，也有讓自己的生命從卑賤提升到尊貴的「義榮」層次，而有成聖的可能：

> 夫詩書禮樂之分，固非庸人之所知也。故曰：一之而可再也，有之而可久也，廣之而可通也，慮之而可安也，反鈆察之而俞可好也。（《荀子・榮辱》）

〔註9〕梁啓雄《荀子柬釋》：「內景，指他的涵養的工夫著於心，蘊於隨。」（台北：河洛，1974），頁302。

> 塗之人——百姓，積善而全盡，謂之聖人。(《荀子·儒效》)

> 鄉也混然塗之人也，俄而並乎堯禹，豈不賤而貴矣哉！(《荀子·儒效》)

總之，儒家認為一個人的人格要成為君子或小人，取決於個人的選擇，此荀子說：

> 小人可以為君子，而不肯為君子；君子可以為小人，而不肯為小人。

> 小人君子者，未嘗不可以相為也。(《荀子·性惡》)

小人的人格所以「日退」、「日徼其所惡」而不能成為君子，歸根結柢，還是小人放棄了自己做人應盡的責任，選擇「慕其在天」之路，或妄自菲薄，認為賢人天生異稟：「（小人）知慮材性，固有以賢人矣。」(《荀子·榮辱》)或心存僥倖，妄想借助天命的路，君子小人的人格於焉相差懸殊：

> 小人錯其在己者，而慕其在天者。君子敬其在己者，而不慕其在天者，是以日進也；小人錯其在己者，而慕其在天者，是以日退也。

> 故君子之所以日進，與小人之所以日退，一也。君子小人之所以相縣者，在此耳。(《荀子·天論》)

這裡說明理想和現實的人格是雖然境界對比相懸，卻是動態而流動的，因為這對比的兩造之間會因修養、實踐的不同而有上下游移的動態的變化。套句顏淵的話：「瞻之在前，忽焉在後」，用孟子的話說，人格的變化則可謂是「出入無時，莫知其鄉」(《孟子·告子上》)，個人唯有不斷的自我操持、「下學而上達」(《論語·憲問》)，才能登極於道，臻乎聖境；否則將「下達」、「日退」而成為「自暴自棄」、「從其小體」的小人。這樣的人格動態變化，道家老、莊也有。

按照本文第五章的論述，道家老、莊心目中的人格也是依修道的工夫，主體心靈修養的程度而定，此《老子》謂理想的人格為「勤而行之」者，而《莊子》理想的人格也是經過「無己」、「無功」、「無名」等心靈工夫達致者。從《老子》的發生意義來說，《老子》的理想人格是為統治者量身訂製而言的：

> 道大，天大，地大，王亦大。(《老子·廿五章》)

> 道常無為而無不為，侯王若能守之，萬物將自化。(《老子·三十七章》)

意即「道」如天地一般大公無私、無偏私親阿，而可包容、成全一切眾生萬物。希望政治領袖如能效法道之「虛心能容」的精神，必能化萬物於無形，

使萬物、百姓各遂其生、各長其長，是乃百姓之福。其實何止侯王需要如此，人人都應該向道學習，故從《老子》的本質意義說，《老子》所謂的自然之道應是對所有的人開放的，此證諸《老子》之言：「人法地，地法天，天法道，道法自然」（〈廿五章〉）。並感嘆「道」是易言易形如平坦的大路一樣，只是一般人卻不行大路：「吾言甚易知，甚易行。天下莫能知，莫能行。」（〈七十章〉）「大道甚夷，而人好徑。」（〈五三章〉）由是可知「無爲自然」的道不是統治者的專利，而是通向天下所有的人。

　　承續發揚《老子》之道的《莊子》，則由南伯子與女偊的對話說明聖人之道是可得而學的：

　　　南伯子葵問乎女偊曰：「子之年長矣，而色若孺子，何也？」曰：「吾
　　　聞道矣。」南伯子葵曰：「道可得學邪？」曰：「惡！惡可！子非其
　　　人也！夫卜梁倚有聖人之才而無聖人之道，我有聖人之道而無聖人
　　　之才，吾欲以教之，庶幾其果爲聖人乎！不然，以聖人之道告聖人
　　　之才，亦易矣。吾猶守而告之，參日而後能外天下；已外天下矣，
　　　吾又守之，七日而後能外物；已外物矣，吾又守之，九日而後能外
　　　生；已外生矣，而後能朝徹；朝徹，而後能見獨；見獨，而後能無
　　　古今；無古今，而後能入於不死不生。殺生者不死，生生者不生。
　　　其爲物，無不將也，無不迎也，無不毀也，無不成也；其名爲攖寧。
　　　攖寧也者，攖而後成者也。（《莊子・大宗師》）

上節文字言及南伯子葵有意向女偊學道，而女偊答以「惡！惡可！子非其人也」，表面上看來，似乎道非人人可學，有待於外，而否定了南伯子葵學道的可能，也否決聖人之道向所有人開放的可能性。然而，吾人衡諸女偊自謂「有聖人之道，無聖人之才」，卻可以聞道、修道而致「年長，色若孺子」，並啓導有聖人之才的卜梁倚學道、修道進而成道，可見女偊乃是位無才而能體道、得道的「眞人」。順此而論，道可學而致，實不假外在的才智而有。此誠如郭象之注：〔註10〕

　　　虛心凝淡爲道，智用明敏爲才，言梁有外用之才，而無內凝之道，
　　　女偊有虛淡之道而無明敏之才，各滯一邊，未爲通美，然以才方道，
　　　才劣道勝也。

由此印證女偊之答南伯子葵，並非正面的否定，而是用莊子一貫的「弔詭」

〔註10〕 參見郭慶藩編、王孝魚整理《莊子集釋》（上）（台北：群玉堂，1991），頁253。

之詞，反詞以顯眞，是如鍾泰所說的：「『子非其人也』，激之之辭，非拒之也。若其拒之，則不告之矣。」〔註11〕亦如憨山之謂：「女偶藉惡！惡可！」的感嘆詞，感嘆道之難言及道之不易學，而「子非其人也」則是有意提醒並激勵南伯子葵「道不易學，既無生知之聖，必待學而後成」。〔註12〕依據上面的分析，可知莊子認爲人人都有成爲至人、眞人的潛質，其成聖之道和儒家一樣，已契及人皆可成聖之義。〔註13〕換言之，就莊子觀點，不管現實的人格起點爲何，人人皆可循後天自我心靈修養之路，不斷蛻化提升至乎理想人格之境。

　　由上述推論，吾人發現諸子各家都以道行的深淺來判定人格高下，而其不同，實源於各人對人不同的核心觀照。易言之，吾人亦可說，先秦儒者的思想性格其實是建立在他們的人觀上。舉例來說，孔孟皆以仁說人，認爲人的核心價值在於「仁」。如孟子嘗曰：

　　　　仁也者，人也。合而言之，道也。（《孟子‧盡心》）

直截了當的指出人的核心意義就在「仁」上，孟子且繼孔子的仁教，將義、禮、智等德性都收歸爲內在，進一步豁醒人性的靈明善根，積極肯定人有「不慮而知」的「良知」、「不學而能」的「良能」，並認爲人之所以爲人的意義和價值尊嚴不在於人的「耳目之欲」、「小體」的獸性上，也不在「公卿大夫」的「人爵」尊貴地位上，而在於人有「能思」的「心官」、「大體」和「仁義忠信，樂善不倦」的「天爵」上，人人皆有「貴於己者」的「良貴」，這才是人與禽獸壁立萬仞，突顯人之所以爲人的尊嚴所在。要之，孟子、荀子都曾經通過「人禽之辨」來突顯人之所以爲人的價值尊嚴，並即此賦予理想人格自我生命充分實現之後的道德形象和境界，孟子將人禽之辨界定在「幾希」的「仁義」善端，因此理想的聖人、仁者是從「立命」的觀點「由仁義行」，並即仁心善推而擴充爲仁政者。每個人若能自覺挺立道德主體，則可「盡心

〔註11〕　見鍾泰《莊子發微》，（上海：上海古籍，1988），頁146。
〔註12〕　參見憨山前揭書卷四，同註2，頁17～8。
〔註13〕　關於道家是否已具有人人皆可以修養成爲至人、眞人的可能，唐君毅認爲莊子尚未契及人皆可以學爲堯舜的普遍人性，參見氏著之《中國哲學原論原道篇》卷一（台北：臺灣學生，1978），頁395，關於唐先生的看法，高柏園論之甚詳，可參看《莊子內七篇思想研究》（台北：文津，1992），頁193～6。而牟宗三認爲透過一定的實踐修行，人可以培養出這種理想人格。徐復觀也認爲老莊的人性是善的，憑著善性，人最終應可成爲至人、眞人。相關的論述參見牟宗三《現象與物自身》（台北：學生，1975），序言，頁3。及徐復觀《中國人性論史——先秦篇》（台北：商務，1988），頁356～93。

知性知天」(《孟子‧盡心》),此心洋溢著天德,當下「萬物皆備於我」(《孟子‧盡心》)。故而堯舜是人,我也是人,皆有「人人自貴」的「天爵」,人人皆可爲堯舜,人人皆有可以爲聖的潛能(《孟子‧告子》)。人的小我經由道德情懷可以「反身而誠,萬物皆備於我」(《孟子‧盡心》)。反之,若不加推擴,愛就會萎縮。此孟子說:「推恩足以保四海,不推恩不足以事父母。」(《孟子‧梁惠王》)

　　荀子將人禽之辨建立在人能辨分和使群上,強力主張人在社會的領導地位和人的核心意義在於具有倫理道德:

> 人之所以爲人者何已也?曰:以其有辨也。……然則人之所以爲人者,非特以二足而無毛也,以其有辨也。今夫狌狌形狀亦二足而無毛也,然而君子啜其羹,食其胾。故人之所以爲人者,非特以其二足而無毛也,以其有辨也。夫禽獸有父子,而無父子之親,有牝牡而無男女之別。故人道莫不有辨。(《荀子‧非相》)

所以人若不能善用「能辨」的能力,便淪爲如禽犢一般的禽獸,若能充盡發揮,自能成爲「辨萬物」、「成天地」的聖人。而超凡入聖的聖王則能秉持「制天命」的立場制定出一套矯化、制約人性偏險不正成分的禮義之道以重建道德人文秩序。先秦儒家從德性內涵觀人,所以強調惟有道德修養才能成就人格的高偉。

　　道家《老子》則將「虛靜」視爲人的素樸本眞:

> 致虛極,守靜篤。萬物並作,吾以觀復。夫物芸芸,各復歸其根。歸根曰靜,靜曰復命。復命曰常,知常曰明。不知常,妄作凶。知常容,容乃公,公乃全,全乃天,天乃道,道乃久,沒身不殆。(《老子‧十六章》)

因此唯有常常作「虛靜觀復」的修養才能成爲上士、聖人。《莊子》則認爲人眞正的主宰不是外在的形軀的「形」,而在於「使其形」者(〈德充符〉),因此所謂的修養是「養生主」而不是「養生」而已,而所謂「使其形」的「生主」(生命的主宰),此一眞正的主宰,在〈德充符〉稱爲「德」,〈齊物論〉則稱爲「眞君」。亦即人要養護生命的主體核心就要回歸眞我,與天人不相勝才夠得上是眞人,否則便易流爲惑於俗情的俗情眾生。要之,道家老莊由自然本眞觀人,認爲人的眞君、眞性雖本具,卻在過度社會化、人文化的過程中流失,甚而變得虛僞,故其修道工夫不再是道德禮教的自律教化,而有賴

於不斷滌除心染、化解生命雜質的心靈涵養。唯有刳心、洒心、解心，才能讓心靈不起妄心造作，而不斷的回歸生命本始的樸眞，並轉化人心、成心、繆心爲虛靜心、靈台心，使心涵納萬物，全體觀照而看到萬物的眞相。亦即透過「無己」、「無名」、「無功」（《莊子・逍遙遊》）或「忘仁義」、「忘禮樂」而「坐忘」（《莊子・大宗師》）工夫，「外天下」、「外物」、「外生」而「朝徹見獨」（《莊子・大宗師》）的體道過程才能成爲得道眞人。（詳見第五章）

　　歸納上述，先秦諸子所謂的理想人格和現實人格雖有對比的差殊，卻是一種經由不斷體現的動態過程。在這個意義上，個體的自我不是靜態的結構，而是始終變化的動態結構。人人都有爲聖的潛質，而實際上學習成聖的過程卻又是永無止境的。〔註14〕一般來說，理想人格不易企及，而人又不甘居於下流，因此大部分的人都是介乎這兩者之間，於是形成橫跨這兩者之間的人格類型，以下先以圖表顯示如下：

表三：介於理想與現實之間的先秦諸子人格類型一覽表

學　者	人格類型名稱	人　格　內　涵	代表人物
孔子	狂簡之士（19）	有道德理想，但工夫尚未純備者，其志大而事略、不忘其初心道德境界和「善人」一樣，是道德層次低於君子且「質美而未學者」。	狂者－ 子路 子貢 子張 宰我 狷者－冉求 子夏
孟子	豪傑之士（93）	以「尚志」爲本務，「無恆產而有恆心者」「雖無文王猶興」。在職業上是等待入仕的士，在修養上是志乎大人君子，然大德未立者。其之所以爲士，在其心不在其跡，在其志不在其業。能於天下滔滔的時代，以其淋漓的生命元氣，或挺身而出，擔當世運，或捨身而去，以自求志。	陳良
荀子	＊「學而行之」的士（157）	有志從事道德修養之士，爲進德修業的初階，不再擁有世襲的「勢榮」；生命的尊榮純然靠自己內在的修養而定的「正身之士」。具有「仁知」恕道並「篤行禮法」且能好言、有辯才。已從抽象的理想色彩蛻化出來。	

〔註14〕參見杜維明著，陳靜譯，楊儒賓導讀《儒教》（台北：麥田，2002），頁 138～41。

	霸道之君（29）	信立而霸者。是「以力兼人者」和「信立」的君主，和各國諸侯互相約盟立誓，以爭取盟友的方式建立自己的威信，是爲「得友者霸」。雖不是用禮義治國，不足以服人心，然善於用人，謹畜積，修戰備，因而政府與民眾上下互相信賴，天下莫能與之相抗衡，而雄霸一方。	春秋五霸
	功臣（5）	內足以使一民，外足以使距難，其對內和齊百姓而「民親之」，對外能禦寇制敵而「士信之」。人君用之，必「國強身榮」。	齊之管仲 晉之咎犯 楚之孫叔敖
	次忠之臣（3）	次忠之臣「以德調君而輔之」，以德調服君心，而輔助成就事功，是乃「有功而不順」者。	管仲
	雅儒（3）	志雖能公，行也能修，但不能通統類，必須經過出「勉而行之」的心理掙扎才能自安。智慧還不能觸類旁通，遇到禮法沒有明文規定而自己又沒有經驗聞見過的事情，就無法推理、妥善處理。但誠實不自欺，其「內不自以誣，外不自以欺」，以是「尊賢畏法而不敢怠傲」。可勝任「諸侯、大夫、士」的工作，而用雅儒則可使「千乘之國安」。	
老子 莊子	中士（1）	對於「道」若存若亡者。	
	畸人（2） 方之外（1）	遊於方外、拔乎流俗而「侔於天」者，是爲「天之君子」。藉著思想的高蹈遠舉，雖然突破俗情世界的框框而順任心遊，日就清虛，卻也不免憤世嫉俗、孤獨悲涼。在生命精神正、反、合的辯證歷程中，是屬於「反」的層次，此時與外在現實的世界有著衝絕網羅的對立、破裂和緊張的關係。	宋榮子 列子 公子牟
	道德之士 方之內（1）	遊於方內者，具有三個重要的心靈品質：其一，安貧樂道，不貪富貴。其二，身處困窮，不改信念。其三，超世邁俗，笑傲王侯。能掙脫名韁利鎖的束縛，保持身心自由，不受權力污染。還有堅持信念的意志，不向惡劣環境屈服而能「臨難而不失其德」。	孔子 顏回 曾子 原憲
韓非子	中君（1）	次等君主，爲能「盡人力」之君，即藉法度結構將人力資源充分發揮的君主。中主的能力雖然不若上君，只要「能去私曲就公法」，將臣民一併納入法的結構中，通過法的客觀結構，取捨一切，不必依賴君主的智識逐一判斷，就可「民安而國治」。	一般的君主

先秦四家七子中，獨有墨子未有橫跨理想和現實兩類的人格類型。而《老子》稱介乎理想現實兩者造之間的人格類型爲「若存若亡」的「中士」，惟《老子》亦未加分析說明。《莊子》稱介乎現實和理想之間的人格爲「遊於方內」的「道德之士」和「遊於方外」的「畸人」，二者皆能跳脫俗情的框架束縛，任心自得，安然自處，但尙未能與世俗相諧，融人我天地爲一體，故不免顯得「傲然獨立」不能諧俗。儒家將介於君子和小人之間的人格謂之爲「士」，且以「士」爲入德的層次；是爲能自作主宰，不受環境拘圍而志於道者，所不足的只是尙欠「事上磨練」爾，假以時日，日進乎道，不無「肉身成道」的可能。從先秦三位儒者大量引用「士」來說明入道的工夫並將無位之士賦予道德操守的期許和內涵，是見其對於道德實踐工夫的重視。荀子視「霸道之君」爲次等之君，把次等的臣子名爲「功臣」和「次忠之臣」，次等的儒者爲「雅儒」；韓非子稱次等的君主爲「中君」，並積極推動「中主而治」的政治主張，凡此都是從治國的社會事功角度來肯定這些介乎現實和理想之間的人格，他們的德智雖未臻於至善，但安邦定國的功績卻可嘉可許。

四、一樣看人心各異

比較先秦四家七子所提到的各種人格層次的代表典型，除了韓非子外，先秦諸子對於理想人格大都有崇古或托古的現象，尤其是將古代帝王塡上自我理想的色彩。〔註15〕此誠如巴瑞特（W. Barrett）所說的「古典學者中的人文傳統把古人埋想化了，同時虛構了事實，這是理想主義無可避免的。」〔註16〕由於每位思想家的觀點不同，對理想人格的構畫自然也不同，其中儒家孔、孟、荀三子和墨家喜歡託言三代聖王，而莊子多寄言三代之前，於史未載、不見經傳的子虛人物。然而即使儒、墨兩家同樣尊三代聖王，但賦予堯、舜、禹、湯、文、武等古聖帝王的內涵卻未必相同。

析言之，儒家對古聖王多用單稱的方式或二人合稱，如單稱堯或單稱舜、湯，若二人合稱則有堯舜、舜禹、禹稷、禹湯、文武並稱者。而孟子「言必稱堯舜」，荀子多言舜禹、禹湯，間亦有言堯舜禹湯者，但像墨子那樣將堯舜

〔註15〕關於先秦諸子托古帝寄寓理想人格的說法，韋政通曾爲文論述，參見韋氏所著之〈傳統中國理想人格分析〉，收入李亦園、楊國樞主編之《中國人的性格》（台北：桂冠，1988），頁 1～47。

〔註16〕轉引自柯尼格（Koenig）著。朱岑樓譯《社會學》（台北：協志。1967），頁 109～10。

禹湯文武六聖王一起合稱的情形並未見之。

　　孔、孟、荀、墨對堯傳舜、舜傳禹的傳賢禪讓之道，和舜舉皋陶、湯舉伊尹、文王武王舉才（《論語・泰伯》）任賢退不肖的舉賢、尚賢作風均加以肯定。而孔、墨都肯定堯實行禮樂的作風，如孔子對堯「煥乎其有文章」的治績表現許以「巍巍蕩蕩，民無能名」（《論語・泰伯》），墨子說堯的時代「且以爲禮，且以爲樂」（《墨子・三辯》）。墨子甚且認爲堯、禹俱能以儉治天下，堯之尚儉是「黍稷不二，羹胾不重，飯於土塯，啜於土形，斗以酌。」（《墨子・節用中》）而禹則是「力時急而自養儉」（《墨子・七患》）。

　　關於禹的勤儉和自奉儉樸、盡力爲公、勞苦天下的形象，儒家也讚嘆有加，如孔子對他「菲飲食，惡衣服，卑宮室」而「致孝乎鬼神，致美乎黻冕，盡力乎溝洫」（《論語・泰伯》），謂其「無閒然」（《論語・泰伯》）；孟子一則說他有「好善言」（《孟子・離婁下》）、「聞善則拜」（《孟子・公孫丑上》）和「人溺己溺」（《孟子・離婁下》）的內聖之德，同時說他有「三過家門而不過」（同上）勞苦奉獻，爲民治水之功；荀子則說禹能「辟除民害逐共工」復能「北決九河，通十二渚，疏三江」兼可「平天下，躬親爲民行勞苦。」（《荀子・成相》）

　　湯武革命的事蹟，孟子、荀子、墨子皆正向肯定，孔子倒是未曾讚一辭，且由其對武樂曾有「盡美矣未盡善」（〈八佾〉）的評論可知對武王伐紂之事不無微詞。孟子、荀子、墨子對湯放桀、武王伐紂的事件皆極力褒揚，並對時人有湯武「弒君」、「篡奪天下」的說法一一駁斥。孟子雖認爲湯武的人格層次未必比堯舜好，堯舜是「性之」，生命人格已能盡性踐形，而湯武則是「反之」，尚要「強恕而行」（《孟子・盡心下》），但孟子一反時議，指出湯武革命並非「以下犯上」的弒君行爲，而是弔民伐罪的「誅暴」義舉：「賊仁者謂之賊，賊義者謂之殘；殘賊之人，謂之一夫。聞誅一夫紂矣。未聞弒君也。」（參見《孟子・梁惠王》、《孟子・離婁》）。而荀子也說：「湯武非取天下也，修其道，行其義，興天下之同利，除天下之同害，而天下歸之也。」（《荀子・正論》，另見《荀子・王霸》、《荀子・議兵》）。墨子亦從「誅」而非「攻」的角度爲湯伐桀、武王伐紂做詮釋：「彼非所謂攻，謂誅也」。（〈非攻下〉），並認爲湯、武如同「禹征有苗」一樣都是「兼」的表現（《墨子・兼愛下》）。

　　舜深得儒家三子的稱頌，然孔子稱美其公天下、無爲而治的胸懷（〈泰伯〉）；孟子明其善盡人倫之孝，樂以忘天下的親親之德（《孟子・盡心》）；荀

子著重描寫舜「兵不血刃，遠邇來服」的王者之風（《荀子・王霸》）。文王在孔子看來是「周文化」的象徵，故有：「文王既沒，文不在茲乎」（《論語・子罕》）之嘆。孟、荀從文王的治績上看，視他爲仁政王道思想的實行者，故而孟子有：「文王一怒而安天下之民」（《孟子・梁惠王下》）的說法，並說：「文王之治其岐也：耕者九一，仕者世祿，關市譏而不征，澤梁無禁，罪人不孥。老而無妻曰鰥，老而無夫曰寡，老而無子曰獨，幼而無父曰孤：此四者，天下之窮民而無告者；文王發政施仁，必先斯四者。」（《孟子・梁惠王下》）而荀子也說：「文王以鄗，皆百里之地也，天下爲一。」（《荀子・王霸》）

　　概括言之，儒、墨兩家的古聖帝王都具有內聖外王的人格特質。儒家強調的是以德化民的德澤，爲古聖先王增添崇尚仁義禮樂的人文色彩，只是對於這些古帝王的形容描寫，孔子常是渾然說內聖外王的德業，而孟子傾向內聖部分說，荀子多就外王事功說。墨子則著重尊天事鬼，愛人節用的德行和政治事功表現。強化古聖王們儉樸及興利除患的形象，賦予他們反對禮樂人文的看法，並突出他們「尚同」的權威領導功能。整體說來，歷史的帝王經過理想化的形塑後，已然成爲諸子宣揚理想的基型。墨子托古立言的成份尤其多，如墨子非樂，便說大鍾、鳴鼓、琴瑟、竽笙等「上考之不中聖王之事，下度之不中萬民之利」，而年代越後的聖王作樂愈繁，天下愈不治；愈古的聖王作樂愈簡，天下則愈治，所以說：「周成王之治天下也，不若武王，武王之治天下也，不若成湯，成湯之治天下也，不若堯舜。」（〈非樂上〉）；主張兼愛，便說：「若夫兼相愛交相利，此自先聖六王者親行之。」（〈兼愛下〉）；主張節用，便說：「古聖王制爲節用之法」、「諸加費不加民利者，聖王弗爲。」（〈節用中〉）；墨子主張明鬼，便說：「古聖王治天下也，故必先鬼神而後人者此也」、「古聖王必以鬼神爲賞賢而罰暴，是各賞必於祖，僇必於社」（〈明鬼下〉）；也因其主張節葬，所以三代的聖王都是「薄葬」、「道死者」（〈節葬下〉）。諸如上述的例子在墨子書中不勝枚舉，而上述種種和儒家不同的古聖王形象都是由墨子的思想觀點所渲染出來的。

　　先秦諸子中，莊子、韓非子雖不推崇歷史上的帝王，但也有托古說理寓意的作用，莊子甚至把古代的帝王歷史上溯到黃帝之前，再假托爲姓名，以因名見義。〔註17〕事實上，先秦諸子這樣借古人古事寄託自己理想或思想的

〔註17〕關於莊子因名見義的寓名人物，丁千惠將之分爲五種，可參見丁千惠〈因名見義──論莊子的寓名人物〉，鵝湖 22：3＝255，1996，頁 23～31。

例子所在多有。故而除了上述儒、墨兩家對古代帝王有所稱美外，對於其他歷史人物也有予以高度的評價或批判者，其中有面對同樣歷史人物，評價不同者，也有評價雖同，內涵異趣者。此如：

周公雖在歷史上未嘗稱帝，但同樣受到儒、墨兩家的尊崇。儒家的孔、孟、荀俱稱周公爲聖，惟三位儒者著重的面向不完全相同，孔子褒揚周公制禮作樂的文化貢獻；孟子彰顯周公「兼夷狄，驅猛獸，而百姓寧」（《孟子·滕文公上》）的時代使命；荀子強調周公的權變智慮和維護周王室政權，天下猶一的政治績效（《荀子·儒效》）。再者，孟荀二者皆稱孔子爲聖，孟曰：「聖之時者」（《孟子·萬章上》），荀曰：「大儒之效」（《荀子·儒效》），孟子側重孔子無可無不可的處世態度說其集大成、金聲玉振的崇高人格境界，荀子則突出了孔子「知者不惑」「仁知且不蔽」的理性精神，及由此化成的安邦濟世之才與人文理想，二者都不無有藉孔子這面大旗來推行自己的學說思想的作用。

蘧伯玉，孔子稱道他爲道德日進、懂得用行舍藏，出處進退得宜的君子，莊子對他也有正面的借重和推崇，從他在〈人間世〉裏對顏闔的建言中，可知他在莊子心目中的形象是善用因順之道，虛己遊世之人。孔子著重在說堅持理想的處世之道，莊子則意在表明無所泥滯的全性之方，前者訴諸道德實踐，後者強調心靈涵養。

孟子、荀子和韓非子同尊伊尹、百里奚。孟子稱伊尹爲「聖之任者」（《孟子·萬章上》），荀子則謂之爲「聖臣」，韓非也承認二者是聖人。三位思想家都肯定對伊尹是位忠君事主的臣子，然而面對兩人入仕的說法卻大不相同，孟子對伊尹「割烹要湯」，百里奚「食牛以干秦穆公」的傳說斥爲無稽，不予置信，極力澄清他們不可能爲了事君而委身以求和枉道相從的作風。韓非則直把傳說當眞，全盤接受伊尹爲宰，百里奚爲虜以干其上的傳說，而宣說只要能達到「聽用而振世」的目的，自污「役身以進」又有何不妥？並褒揚他們「不辭卑辱」，實乃「憂天下之害，趨一國之患」的仁義作風。（參見第六章第二節（一）之 2）孟、韓於此不同的歷史詮釋中，無異是各自寄託了他們一主道德、一尚功利的價值觀和政治思想。

面對相同的歷史人物，諸子予以不同評價的現象則有：管仲，先秦三儒者的看法都有兩層，一方面肯定管仲不以武力保存華族文化的事功，一方面對於其道德操守都持負面看法，從孔子的「不知禮」、「小器」之鄙，孟子的

「專政侵權」之譏到荀子的「尚功不尚義」、「尚智不尚仁」的評價，無不有貶斥之義。對管仲的觀感，荀子給予管仲的評價和孔子較為接近，皆能以多元的觀點來看；孟子純從道德的角度批判其非。至韓非，則一逕肯定管仲的霸王強國的事功表現。認為管仲、商鞅皆為能使國君「名垂後世」復令國家「長安於天下」的「足貴」忠臣。

又如子產，孔子讚許為有四種君子之德的「君子」（《論語·公冶長》），莊子貶之為與人「遊於形骸之外」的俗人（《莊子·德充符》）和孔子明禮重德的形象不同；韓非一則說他明法，一則謂其不識「因人知人」的察姦之術（《韓非子·難三》）。至於伯夷，孔子說他：「不念舊惡，怨是用希。」（《論語·公冶長》）、「求仁得仁，又何怨乎？」，而以「古之賢人」稱之（《論語·述而》））；孟子贊之為可使「頑廉懦立」的「聖之清者」（《孟子·公孫丑》）；墨子也許之為「立憲的聖人」（《墨子·尚賢中》），其層次概皆屬人格高階的典範人物。但在莊子眼中，伯夷是求名忘己，矯行喪真「役人之役，適人之適，而不自適其適」者（《莊子·大宗師》）。而韓非雖曾說他有賢行，卻因其不能用世建功，故為無益於世用的「無益之臣」（《韓非子·姦劫弒臣》）。莊、韓二者顛覆了儒墨兩家對伯夷的正面評價。至於箕子，韓非和孟子、荀子一樣肯定其忠貞直諫精神，但莊子則將他和伯夷等同視之，皆為不懂得全生保真的「求名忘己」（《莊子·大宗師》）者。

事實上，每一位歷史人物的形象雖多元，但其人格的真相只有一個，然綜括上述所見，先秦四家七子看一樣的人卻有不同的評價，且往往為了證成自己的觀點，選擇不同的歷史事件，甚至對同樣人物的歷史事件作出不同的歷史詮釋。因此我們可以獲得一個結論：即先秦諸子對歷史人物和歷史的看法，大都不是為了還原重建歷史真相的史學目的，而是他們憑藉過去的古人古事來加強自己的論點或建構自己的學說。如果說孟、荀二子是以「孔子」為大旗來推行自己的學說，而莊子寓言是借重言托顯自己的思想，那麼我們也可以說其他諸子一樣是以「古人」為旗，借重對古人的評價來為自己的學說搖旗吶喊，而他們引古人所說的話亦皆為「重言」。就史學的觀點來說，先秦諸子引述古人、古事的主觀性色彩雖然濃厚，實無補於古史的研究，反而因歷史事實和史料相混，攙進了偽史料而無法還原歷史真相，但是從他們引述的古人和借古事進行對人物的評價與詮釋，卻有助於我們去探究還原諸子的思想觀點。

第二節　中西人格類型論之類比與會通

　　本書第二章曾論及西方心理學背景下的諸多人格類型。大抵而言，西方的心理學家都具有醫生或心理治療師的身分，而且學院派的兩大主流勢力為了沾上「自然科學」的邊，都運用科學方法的典範來研究。其中，以個體的身體結構做為人格分類和立論的基礎，觀察測試的對象大都以病患為主，而對人格的描述誠如張平所說的：多少帶點診所的「藥味」。〔註18〕這樣的研究視角和方法用來觀察和治療已呈現病態的精神患者，固然有抑制病情的作用，但這種「物性化」的心理學和治療，矮化了人的無限潛能，對患者的成長和未來未必有根本的幫助。如從生理特質分析人格類型，純以體型去推斷人格的類型和疾病的關係，便犯了「因果決定論」的毛病，失諸「由果推因」的武斷，此在張春興、楊國樞合著的《心理學》就指出兩點錯誤：

　　其一，個人的體型（肥瘦）可能隨環境、隨年齡而變化。在某種環
　　境下（如窮困）、在年輕時，一個人的體型可能被列為瘦長型者，如
　　到中年後環境改變，即可能變為肥胖型。設若個人的人格特質持久
　　不變，就不能單以某一時期的體型去預測其人格特質。其二，雖然
　　某一體型與某些人格特質間的相關看似很高，但這只顯示兩者有關
　　係，而不能確定其因果關係。〔註19〕

人的體型變化會隨著環境、年紀改變，給人的觀感也與當時社會文化風尚有關。不同的時代、社會情境，個人的體型對心理態度的影響程度自然不同。舉例來說，中國的唐朝以豐腴為美，當時的人可以做一個快樂的胖子，肥胖體型的煩惱不上身。但換成宋代或現代，崇尚瘦長、骨感美，「環」肥比不上「燕」瘦的美。放眼今天，有幾個快樂的胖子？媒體廣告甚至醫院診所不斷提出肥胖有害身體健康的宣言，紛紛打出瘦身美容、瘦身健康的秘方，不斷宣揚瘦身後，整個人會變美、變得有自信，如此一來，瘦子何多愁、憂鬱之有？用此觀之，按體型來做人格分類，著實太片面而值得商榷。

　　而由佛洛伊德領軍的另一心理學主流──「心理分析」學派，雖然將研究重心轉移到內在的「潛意識」領域，但他同樣運用「因果分析法」，強調早期的經驗，和「行為主義學派」一樣犯了由果推因和崇尚實證方法、科學典

〔註18〕 參見張平《孔子西遊記──中西人格研究方法之比較》（南京：江蘇教育出版
　　　　社，1998），頁 22。
〔註19〕 見張春興、楊國樞合著的《心理學》（台北：三民，1973），頁 411。

範等過度簡化的問題。尤其是他所指的潛意識多侷限在性心理的發展，並偏重變態的臨床觀察，所看到的是人的「低等潛意識」，而非人無限可能的「高度潛意識」，故由此觀察到的人之現象，僅見到人的「獸性」而不及「人性」。

像上述這樣從「行為機械化」及「泛心理化」的心理學觀點提出對人的審視、詮釋的現象，雖產生不少的流弊，卻一直獨霸盛行於歐陸及美國心理學界，蔚為西方心理學界的兩大主流勢力。吾人若從西方心理學的發展史看來，或許可歸因於是：西方心理學在剛從哲學的掌握中掙出而甫獨立成軍之初，就陷入當時已發展成熟的「自然科學」手中，以致傳統心理學往往借重自然科學方法，通過物理特徵來解釋人類心理活動，故而所看到的「人格」內涵仍屬可測量的生理現象和物理層次。〔註 20〕不過，這樣用科學本位研究人的研究趨勢，其實窄化了人的視域，是種根本性的錯誤，美國心理學家墨瑞（Henry Murray，1893～1988）即說：

> 心理學的主流一開始就踏錯了一步，為了與科學並肩而行，自亂了腳步，從一開始就自限於極不自然的實驗室中，研究人的一小部分對生理刺激的反應，而未能正視整個人在自然環境中適應的情形。〔註21〕

墨瑞這段話清楚的勾勒出傳統主流心理學的方向誤導——即為了遷就科學典範，而未能針對它特殊的研究對象——人，來建立獨特的典範。蓋「典範」雖然是一種研究方針，可以幫助我們釐清人的問題。然而，過度運用解釋物理現象的科學方法作為斟定人格類型的典範，甚至將典範的工具意義目的化，脫離人的現實經驗，忽略人存在的真實樣態和生活世界。由此範式所看到的人，究竟是物理現象還是人的真相？且以病態的人格作為詮釋所有的人的公分母是否有足夠的概括性？

在廿世紀現象學、存在哲學的推波助瀾下，有些心理學家深刻反省到自然科學研究方法和觀點無法真正瞭解人的內心紛紜複雜的世界，所以將正視人的生活世界和人的「意向性」的「現象學」觀念與方法帶到心理學界，希望帶動心理學界的「觀念革命」，把對人的研究重心轉到人具體的生活經驗和生活世界上。〔註 22〕人本主義心理學和超個人心理學者將這樣的研究取向推

〔註20〕參見 Joseph J. Kockelmans 著、郭慰萱譯《胡塞爾現象學的心理學》（台北：幼獅文化事業有限公司，1990）。

〔註21〕轉引自李安德著、若水譯《超個人心理學——心理學的新典範》（台北：桂冠，1998），頁 41。

〔註22〕參見 D. Stewart、A. Mickunas 合著，范庭育譯《現象學入門》（台北：康德人

向了高峰。

榮格雖是佛洛伊德的弟子，也重視早期的經驗，並遠溯於民族集體潛意識，不過他的「潛意識」不像他的老師一樣侷限在性驅力和幽闇的意識上，而包括了人的靈性和充滿無限的潛能，這樣和佛洛伊德決裂的方向抉擇，使他沒有成為佛洛伊德「心理分析」學派的「王儲」，而成為後來「超個人心理學」的祖師。由他所提出來的八種心理類型，實有助於我們瞭解人的性格甚至是文化傾向，後來的心理類型論者如埃里克森和所謂的「人格九型」性格型態的分析幾乎不出其研究範圍。（參見第二章）

至於號稱心理學第三勢力的「人本主義學派」，正面揭櫫「以人為本」、「以人為中心」的旗幟，強調以人的整體作為研究對象，不再將人做「物性」、「病態」等「非人化」的看待。人本心理學派的代表學者對人格類型的分判有不少的論述，有從人的社會取向分析人格者，此如阿德勒和弗洛姆，他們將人格和社會生活連結起來，視人格和社會互為動因，即社會體現人格，人格塑造社會，較諸過分強調天生體型、氣質、性格決定論，更具後天的能動性。或有從健康人的行為特質所觀察的「自我實現」人格類型論，此如馬斯洛和阿爾波特。所觀察到的人都是具有充分統合發展能力和結果的人格類型。

及至六○年代，更有馬斯洛所謂的「以宇宙為中心」的心理學第四勢力「超個人心理學派」（或曰「超人本心理學派」），和弗蘭克開創的「意義治療」新興思潮。從此，西方心理學者不僅從泛科技化、泛物化的觀點轉向「人本化」、「人性化」，甚至提升到「超人本」、「超自我」的靈性探討了。由上述西方心理學一波波的改革浪潮，我們對西方心理學界對人的身而心，由心而靈的研究焦點位移，發現西方心理學的發展，已由人的生理物性轉到深度心理，再晉升到高度心理學，而這樣的發展趨勢和先秦諸子的人格類型論顯然越來越接近，彼此可以有不少對話互通的成分。

依著本書第三至第六章所述，先秦諸子的身分和西方人格心理學家多具醫生或心理分析師的背景不同，先秦諸子所具備的是「士」階層的身分，屬於當時的社會菁英份子，他們關心民瘼，力圖救世之弊。比較言之，西方人格心理學家要拯治的是個體的病人，而先秦諸子要治療的是整個時代文化的病痛。若說西方人格心理學是心理治療，那麼先秦諸子的人格思想便是社會治療、文化治療。在先秦諸子看來，身處的時代雖然亂離，社會儘管幽闇，

工智能科技公司出版部，1988）。

人生即使苦難，人仍有值得存活的意義，甚至可以活得很有價值尊嚴和真實美善。所以在他們的心目中，人格固有理想和現實高下不同的人格層次和型態，但所看到的，無所謂的病態人格，都是健康的常態人格，而且理想和現實兩者之間是完全連續而不割裂的，也就是聖人與凡俗人格之間是可以上達或下達的流動。由此觀之，西方人格心理學界晚近發展的人本心理學和超個人心理學思潮，其實早在中國先秦時期奔流湧動，以下試著比觀中西對人格類型的觀察並找到中、西方會通的可能線索。

一、人格理論反映學者人格

按照第二章第三節所述的西方人格理論：「人格理論是學者自己的人格表現」，人格理論往往反映著各個思想家不同的研究進路、思想架構、甚至是自我的人格特色。以是，通過學者對人格類型不同觀點我們看到思想家各人不同的思想取向和人格類型。吾人將這樣觀點套用在先秦諸子的「人格類型論」上，似乎一樣適用。

首先，由上述「一樣看人心各異」的現象可以印證到所有的古人都在為先秦四家七子的思想背書、搖旗吶喊，而由不同的觀人標準看到不同的思想取向。以是，儒墨俱道堯舜禹湯，儒家稱美堯舜禹湯仁政愛民的德相，而墨家歌頌古聖先王兼利天下、為民除患的事功，足見儒家重視仁義道德，墨家強調社會功效。道家老莊同法家韓非則都不尊崇古聖，道家奉嬰兒為師並虛構理想人物為聖，反映真樸自然的思想。韓非以新聖可期，古聖不可追法，透顯他變古的歷史觀點。再看諸子對管仲、伯夷的不同評價，俱可看出彼此不同的價值判準。韓非從尚功角度肯定管仲；儒家則從道德眼光予以貶抑。伯夷，孔子以其「不念舊惡」、「求仁得仁」道其為賢人。孟子因伯夷讓國逃隱言其為「聖之清者」，皆以德稱。莊子則從他不食周粟、餓死首陽山說他「役人之役」，有害自然真性。韓非更就尊君為上的角度，直斥其為「無益之臣」。

依上述，由不同的人格觀點可以照見各家思想的觀點思路，而且諸子心目中對人格類型的分類不可能在真空中進行，要皆懷抱對生活現實的回應和嚮往。此由《淮南子·要略》、《漢書·藝文志》之言先秦諸子崛起於「救世之弊」和牟宗三的「周文疲弊」的文化機緣說可得到證明。〔註23〕問題是，

〔註23〕參見牟宗三《哲學十九講》第三講（台北：學生，1983），頁45～68。

先秦四家七子對社會文化的關懷和時代的脈動的掌握何以不同？此中除了時代思潮使然，當必涵著思想家個人對現實問題的挑戰和回應，亦即關係到思想家不同的性命才情。參照西方心理學家的說法，人格理論就是人格理論家在闡述他們自己，學者們的理論，即是他們人格的表現。而承上文所論，理想人格乃諸子心思意路的寄託，那麼，我們由先秦諸子對理想人格的生命向度和內涵再輔以史傳，或可看到思想家的生命顯影。

以上所論若無誤，則我們從先秦四家七子理想人格的向度、內涵來和榮格、埃里克森的「心理類型」和性格傾向作一比對，可以有下列的看法：

先秦四家七子的理想人格典型雖然都以「內聖外王」為人格的基本向度，其實踐次序大體是：個人先內以修身成德，進而發揮自己的才能以安頓天下百姓，是成己成物，內外無隔的。不過我們由上述第四章的討論發現，孟荀二者雖都承自孔子的內聖外王理想，孟子的聖人著重內聖之德的修為，荀子的聖人強調外王的儒效，如果說人格理論是學者自身性格的投射，〔註24〕則孟子「由仁義行」強調「反求諸己」的內省工夫，以迄於「大而化之」的理想人格，所投射出來的人格較接近榮格所說的「內傾型」人格，我們再從他嚴別王霸、義利，維護儒家的方嚴立場及以幾近信仰的方式私淑孔子，而諸侯又與之始終尊而不親的行誼看來，「感覺敏銳而內斂，態度隨和卻清淡」的「內傾感受型」差可擬之。

而荀子則接近「客觀、理智重規矩」的「外傾思考型」性格。據榮格的說法，典型的外傾思考（維）型的人是：

> 會把整個生命活動和理智的結論聯繫起來，而這些決定最終總是受客觀與料所定向，無論這些與料是外在事實還是一般被接受的觀念。這種類型的人總是把一種決定性的意見賦予客觀現實，不然就是賦予客觀定向的理智程式，借助於這一程式，我們可以衡量善與惡。〔註25〕

由榮格上述的說法，外傾思考型的人往往將外在客觀的現實及由客觀決定的智識原則，納入他個人的黃金原則中，以之作為自己和社會共同遵循的是非善惡準則。用此觀之，荀子的「盡倫盡制」的聖人，本身既是「化性起偽」性偽合一的實踐者，也是禮樂教化刑政的制定和施行者，其能「盡禮」，

〔註24〕參見趙士林《荀子》（台北：東大，1999），頁1。
〔註25〕見榮格著，吳康等人譯《心理類型》（下）（台北：桂冠，1999）頁2。

以極於「能慮」、「能固」的操守，並具有「至強、至辨、至明」的「三至」特質（〈正論〉），透顯出來的人格偏就智慮明達的理性意義特質，而參合他與當權者對話時，質樸、恭敬而不失立場的態度來看，加上他尊重霸道的現實觀點，凡此皆可看出荀子主智、重現實、嚴紀律的外傾思考性格傾向。其實關於荀子這樣的性情傾向，牟宗三早已點出，他說荀子是：

　　　　誠樸篤實之人，常用智而重理。〔註26〕

韋政通承牟先生之說也斷言：

　　　　荀子是一誠樸篤實之人，而其心靈又表現為智的型態。〔註27〕

不過牟、韋兩位先生係從思想和文字風格推敲，今藉由西方人格理論和榮格的心理類型論來斟定孟子、荀子的不同性格傾向，既可相互印證亦可看到東西方不謀而合的看法。

　　再依榮格和埃里克森所說，所有的心理類型向度都只是一種傾向，故而比較起來，墨子、韓非子的理想人格比儒家更重視外王功效，和儒家比起來，墨、韓二者更顯外傾性格，惟二人雖都重視現實功利，強調備世之急，但由墨子貴義和摩頂放踵、勞苦利民，力倡「兼愛非攻」的救世熱情看來，應屬「喜和諧、交際，善於適應外在環境變化」的「外傾感受」型。而從韓非子「喜刑名法術」的知識僻好，其為了急於救世，劃道德於政治領域外的態度，依照變古歷史觀、人性自利及現實功效的角度提出其嚴酷少恩的法家學說，足見其人近乎「現實感強、懂得掌握時代變化作有利的決定，喜追求新鮮感，情感淡薄」的「外傾感覺」型。

　　道家老、莊的理想人格強調心靈修養，似乎又比儒家來得內傾些，如老子的聖人重視虛靜涵養，自安於沒有人事紛擾的小國寡民之境，其為理想人格所素描的形象喜用「上」、「善」、「愚」、「靜」、「獨」，由此反映的或者屬於「喜獨來獨往，具有玄思智慧，追求自我內在的存有，而不善處理現實問題」的「內傾思考」型。而莊子「坐忘」冥契萬物、與人天俱和的理想人格，和他時時善體物情，人魚俱樂、夢化蝴蝶的冥契經驗觀之，大概是「有超凡的洞察力，常有超越自我，與物冥合的密契體驗」的「內傾直觀型」或「時有內在美感心靈湧現」的「內傾感覺型」。

　　以上的比觀，雖不能像第二章一樣，可從諸子的生平中找到印證，但或

〔註26〕引文見牟宗三〈荀學大略〉收入《名家與荀子》（台北：學生，1982），頁199。
〔註27〕見韋政通《荀子與古代哲學》（台北：商務，1985），頁19。

許可以提供我們另一種角度，有助於我們對先秦四家七子其人的性情考察。

然而，姑不論先秦諸子究竟屬於何種性格，其實都不妨礙他們經由自我修養、陶鑄成聖的人格呈現，幾乎所有的諸子都以聖賢理想人格自期。吾人且觀孔子的自述：

> 德之不修，學之不講，聞義不能徒，不善不能改，是吾憂也。(《論語‧述而》)

孔子一生志乎進德修業，其以德業精進自我期許，對於自己不能修德、講學、徙義、改善常深以為憂，因此他雖然三歲而孤，十七歲之前又失怙，生活境遇時遭困阨，但他卻能自力更生，並在貧困的生活中鍛鍊出各種的生活能力和品格，〔註 28〕因此當時人及弟子以「聖人」稱譽他，並說他是「天縱之將聖」時，他答稱：

> 吾少也賤，故多能鄙事。君子多乎哉？不多也！(《論語‧子罕》)

表明自己不是多學而能，而是能面對生活困境的挑戰，從而跳脫環境的束縛，做環境的主人，不管身處在何種環境中都能積極尋得為人的意義，成就德性人格。也就是《中庸》所謂的：「素其位而行，素乎富貴行乎富貴，素乎貧賤行乎貧賤。」對孔子而言，人生的每一個階段都是人格成長的契機，都有意義和價值開發的可能性，此其曰：

> 吾十有五而志於學，三十而立，四十而不惑，五十而知天命，六十
> 而耳順，七十而從心所欲，不踰矩。(《論語‧為政》)

由孔子自道所呈現的學行歷程是一個持續自我修養的人格發展歷程：孔子在十五歲就做了一存在的決斷，要建立自己的志向，其所志者何？志於學也。也就是「為己之學」或說是「成人之道」，用現代的話說就是學習做真正的自己，真正身心成熟的人。而這樣的自覺，至三十歲時已能卓然自立並在「立於禮」的文化素養中承擔社會責任，由此可知孔子已跨越「少之時，血氣未定」(《論語‧季氏》)的少年成長危機。一般而言，四、五十歲正值「血氣方剛」(《論語‧季氏》)爭名逐利，鬥性十足的壯年階段，孔子能不為表功近利所惑而穿透名、利的虛假，視富貴如浮雲，即以有限的肉體生命去實踐無限的精神生命，這標誌著孔子的心靈獨立和自我超越，根本毫無壯年的精神危機。到了六十歲，幾乎迄及「聲入心通，無所違逆」(朱子註)無「意必固我」的自由心靈境界。走到七十歲──孔子人生的最後階段，孔子更是達到「從

〔註 28〕參見司馬遷《史記‧孔子世家》。

心所欲不踰矩」無入而不自得的藝術化境，絲毫嗅不到「及其老也，血氣既衰」（《論語・季氏》），以致對俗情世務產生貪念的妄執。〔註29〕要之，孔子不但不受肉體生命的生物性拘限，反而能充分的在道德上自我實現，一步步突破生理的限制和發展的危機走向成人之道。所以孔子嘗謂自己並非「生而知之」者，更非當時人所說的那樣「天縱之聖」，其所以有讓顏淵「仰之彌高，鑽之彌堅」（《論語・子罕》）的人格，是經由後天的努力修為、實踐而逐步上達，以至於「安而行之」的境界。故而孔子雖謙稱：「若聖與仁，則吾豈敢？抑為之不厭，誨人不倦，則可謂云爾已矣。」（《論語・述而》）但他秉持「述而不作」，以「斯文在茲」自任的使命感和淑世的理想懷抱，及其誨人不倦的教育的志業，不僅成全了自己，鑄就「聖人」的人格，同時為中國文化的精神開光點眼，遂有「天不生仲尼，萬古如長夜」〔註30〕的歷史地位。

　　孔子之後而有孟子踵繼之，且看孟子的自我告白：

> 五百年必有王者興，其間必有名世者。由周而來，七百有餘歲矣。
> 以其數則過矣；以其時考之，則可矣。夫天未欲平治天下也；如欲
> 平治天下，當今之世，舍我其誰也？（《孟子・公孫丑》）

孟子在這番表述中，先歸納出歷史的律則，每過五百年一定會有聖王興起，而且會有傑出的人才輔佐天子平治天下。據此，由堯舜至湯，湯至文王，文王到孔子，都是五百年，其間分別出現了皋陶、伊尹、萊朱、太公望、散宜生等「名世者」。然而從周武王以後至今，早已超過五百年，而天下尚未平治，此時當是聖賢大有作為的時候了！論述至此，孟子筆鋒一轉，遂以何等豪邁！何等氣概的壯語說出：「欲平治天下，捨我其誰」的抱負！

　　孟子無疑是以追步聖賢自期，期待自己做一個輔佐聖王的當代「名世」者。故孟子雖跟他的弟子說自己「四十不動心」，無意為齊卿相（《孟子・公孫丑》）。但他指的是自己的道德修養已經可以不受外在的權勢名利富貴誘惑，絕不「行不義、殺不辜」而得天下，並非意謂自己不願得位行道以拯濟黎民於水火。此所以他說自己要像當年「禹抑洪水，而天下平；周公兼夷狄，驅猛獸，而百姓寧；孔子成春秋，而亂臣賊子懼」一樣拯民濟世、平治天下，

〔註29〕以上的疏釋多參酌杜維明〈儒家的成人觀〉《人性與自我修養》（台北：聯經，1992），頁49～78。

〔註30〕宋朝有位無名氏在十里長亭的牆壁上題了幾個字，說是「天不生仲尼，萬古如長夜。」此語後來變成為大家常引為稱頌孔子的話。參見蔡仁厚〈唐君毅先生論人格世界〉《儒學的常與變》（台北：東大，1990），頁170。

進而成為一個時代的「名世」者。由此，孟子深切感受到當時的時代問題不在於自然災害或政治侵權上，而在於觀念的災害，因此他說：「我亦欲正人心，息邪說，距詖行，放淫辭，以承三聖者。」（《孟子‧滕文公》）換言之，孟子雖以聖賢自期，以邁向理想的人格，但孟子顯然將自己定位在「賢相」和「佈教傳道」之聖上。尤其是「佈教傳道」，不僅是君子的志業，同時也是孟子自己的志業，我們參合本傳可以獲得印證。《史記‧孟荀列傳》提到孟子因言唐虞三代之德，與所如之諸侯不同，遂「退而與萬章之徒，序詩書，述仲尼之意，作孟子七篇」。可知孟子的後半生也和孔子一樣執教民間，以教育文化為志業，傳述聖學儒業。而由孟子提及的君子五種教育方法：「君子之所以教者五：有如時雨化之者，有成德者，有達財者，有答問者，有私淑艾者。此五者，君子之所以教也」（《孟子‧盡心》），可知孟子教人學道雖也和孔子一樣因人施教，但孟子更強調對道的堅持，絕不能為了「因人施教」而降低道的格調，故而言曰：「大匠不為拙工改廢繩墨，羿不為拙射變其彀率。君子引而不發，躍如也。中道而立，能者從之。」（《孟子‧盡心》）孟子時而春風化雨，時而雷鳴閃電的教學身影由此可見。這也可以說明孟子為何特就孔子「學不厭，誨不倦」表彰孔子仁智合一的聖者形象，並脫口直道在諸聖之中獨鍾孔子的心願：「乃所願，則學孔子。」（《孟子‧公孫丑上》）

再觀荀子，荀子弟子曾嘆惜他「德若堯禹」、「行比孔子」、「宜為帝王」，卻因「天下不治，……不遇時」遂不能成就聖王事業，並對世人以荀子「非聖人」「不及孔子」的評語深致不滿（《荀子‧堯問》）。可見在荀子弟子心目中，荀子的人格已與聖王的品位等倫，但我們從荀子和范雎的對話中提到：秦國雖有優勢條件足以稱王，卻只成就霸業，正在於「無儒」者的輔弼。言談中對大儒之效再三致意，更就儒者足堪卿相大夫的才德多所著墨。（《荀子‧儒效》）顯然可見的是，他乃以儒者的口吻暢言儒者用世之道和治國的效驗，根本無意為帝王，但願居「賢相」之佐的心志。這和孔子羨慕周公，並說：「如有用我者，吾其為東周乎」（《論語‧陽貨》）、「苟有用我者，期月而已可也，三年有成」（《論語‧子路》）一樣，一方面希望在動盪混濁的亂世中得遇聖君在位以建立和諧均富的理想社會；另一方面希望自己能像三代的賢相做個「修己安人」的佐國良相。〔註31〕

〔註31〕參見程潮〈儒家理想人格的三種發展模式〉《孔孟月刊》三十八卷第十二期，2000，頁9。

　　至於墨子究竟屬於何種人格類型？墨子生前即有學生跌鼻稱他爲「聖人」，可見他在學生心目中的崇高地位。而歷史上有關於他的人格評論，大抵是系統外的批評，未必中肯，此如孟子從「親親推恩」的角度，先以「摩頂放踵，利天下而爲之」來形容其苦行的形象，再重力抨擊他的「兼愛」學說是「誣民」、「害政」的邪說，簡直是「無父」的「禽獸」（《孟子・滕文公》）。而荀子說他的思想「上功用，大儉約，而慢差等」（《荀子・非十二子》），以言蔽之曰「蔽於用而不知文」（《荀子・解蔽》）。對於墨子親力自爲的行徑，直道是「役夫」（《荀子・王霸》）。諸子中，莊子較平允，而給予墨子個人「才士」的肯定（《莊子・天下》）。汪中則以「仁人」頌之，以爲九流中惟儒者可與相抗，餘皆非其比。〔註32〕梁啓超以「實行家」稱之；〔註33〕孫詒讓更大大踴揚其人格偉大，認爲戰國諸子皆在其下。〔註34〕梁啓超又據其勞苦實行的行誼言其「極像基督」〔註35〕唐君毅譽爲「豪傑之士」。陳問梅借孟子的話許其爲「聖之任者」，是爲人格尚未全備的「偏至型聖賢」。〔註36〕

　　上述各家所論，不管褒貶善惡，皆有其歸類的觀點和理趣，惟都是就其思想系統來看，未必如實。不妨從墨子所設計的理想人格來看，反而更貼近墨子。譬如，墨子認爲聖人是「嘿則思，言則誨、動則事」三者代御，以至「手足口鼻耳，從事於義」者（《墨子・貴義》），這不正是墨子到處說義、行義的「義人」形象嗎？墨子平日博覽群書、好學深思，一有機會就教人爲義，連暴人也不放棄，一行動起來，可以爲了消弭戰火，連夜趕路十天十夜，甚至腳都磨破了仍然不稍減其熱情。因此，若依墨子本人的標準，他自己的人格足可成爲理想統治型的聖人。而從他對學生說：「周公旦朝讀書百篇，夕見漆（七）十士。故周公旦佐相天子，其脩至於今。翟上無君上之事，下無耕農之難，吾安敢廢此？」（《墨子・貴義》），透露出墨子有以周公爲典範，並表達他對周公的嚮往和對治理國政的抱負。雖然墨子一生，始終未能像周公一般佐相天子，發揮他的治國理念。但他倒是在他一手創立的組織中，淋漓盡致的落實了他興利濟世的十務思想。墨子是第一任的鉅子，整個墨家集團

〔註32〕汪中《述學・墨子序》。
〔註33〕參見梁啓超《墨子學案》（上海：上海書店，1992），頁67。
〔註34〕孫詒讓《墨子閒詁・墨子傳略第一》。
〔註35〕參見梁啓超前揭書，同註33，頁78。
〔註36〕此陳問梅先生借用唐君毅先生的用語來形容墨子的人格類型。見陳問梅《墨學之省察》（台北：學生，1988），頁447。

如同天下的縮影，據《莊子‧天下》所述：「墨家以鉅子爲聖人，皆願爲之尸，冀得爲之後世。」可知鉅子的地位崇隆，爲墨者最高執法者，整個組織皆由鉅子統管，此形同尚同人事結構的最高政治領導者。且在《墨子》書中，我們看到墨子常以首領身分推薦下面的徒眾出仕，爲國舉才，如墨子曾推薦耕柱子於楚，使管黔敖推薦高石子於衛，推薦勝綽事齊將項子牛，勝綽因爲違反墨家非攻的主旨，墨子便派高孫子把他辭退。（見《墨子‧魯問》）這正是落實「尚賢」政治中「能者舉之，不肖者下之、甚而廢之」的「盡賢」之道。而且墨家內部法律嚴明，執法如山，有時超越王權，守著比國家法律更高的道德標準要求。由《呂氏春秋‧去私》所記載的事件，可知墨者之法是：「殺人者死，傷人者刑。」及當鉅子執法之際，根本不再是人間的父親，直是替天行道貫徹天志而以滅親爲大義的人，是以，即使國君特別恩賜免死或是鉅子之子殺人，都一樣死罪難逃。像這樣鐵面無私，無親恩私情，不正是「賞賢罰暴，勿有親戚兄弟之阿」（《墨子‧兼愛中》）和「雖富貴爲暴，必得其罰」（《墨子‧尚賢中》）的具體寫照？而墨子自己自奉儉樸，生勤無服地過著最基本的物質生活，十足體現出「尚儉」的作風。凡此鉅子種種風格，都很難不讓人和墨子所謂的聖王人格型態產生聯想並一一疊和。據此我們可以說，古聖先王都沾上了墨子的鉅子形象。

老子在書中以第一人稱自比爲聖人，其所謂的聖人雖具政治意味卻深蘊三寶智慧和深刻如海、廣闊如山谷、單純如赤子的人格特質。因此，老子「其猶龍邪」的歷史形象雖然如「神龍」般見首不見尾，〔註37〕然而從他在書中自謂式的宣稱，或者可以用「敦樸自然」、「任眞自得」的智者形象來形容他的人格。而對於莊子，如果將莊子的自述與其後學所紀錄的莊子形象來看，莊子之人與《莊子》之書所交響出來的韻味是一致不悖的——莊子當是位「有人之形，無人之情」的眞人、至人。關於他超越俗情的「無情」面向，可由他以「寧曳尾於塗中」的魚自比，表明自己已能擺開名利束縛不爲宦情所牽的心志可看出。（〈秋水〉）。再由他將死之際不願接受學生的厚葬，而願以「天地爲棺槨，以日月爲連璧，星辰爲珠璣，萬物爲齎送」地與天地合一、自然俱化的瀟灑看來，他是眞正能「外形骸」、「忘生死」的。而從他過惠施之墓所表達的那種「無與言之」（《莊子‧徐無鬼》）的懷友之情；和他抒發的「舊國舊都，望之暢然」（《莊子‧則陽》）的懷鄉之情，在在顯現出莊子群於人「有

〔註37〕見《史記‧老莊申韓列傳》。

人之形」的形象。即使是對妻子之死「箕踞鼓盆而歌」，其實也是這般「道是無情卻有情」和「至情無情」的表露。〔註38〕

　　韓非子以有修爲操守，能「燭私」復「矯姦」，且能奉獻法術給君王的「法術之士」自居。在他的筆下，法術之士雖具堅強果決、剛勁正直，可以矯正權臣姦邪的行爲，並能遠見明察，照見權臣的陰私，讓君主可以「禁群臣之私邪」（《韓非子・和氏》），且一旦得到君主賞識、重用，斷無大臣當權誤國的情事。這是韓非對自我才德的肯定。不過他也知道，當時的爲國者即使知道國亂，欲以爲治，也不肯聽納法術之士之言，反聽命於大臣和左右近習之人，導致法術之士徒有一腔公忠體國之情而無法上達帝王的天聽，韓非遂有「難言」、「孤憤」之慨。在〈孤憤〉篇中，韓非以法術之士自居，訴說法術之士的困境和孤立無援的憤恨；〈和氏〉篇裡更借用春秋時楚國和氏奉獻玉璞的故事申論法術之士處境的困難與無奈。表面是訴說道盡法術之士的悲哀際遇，實則隱伏著自己悲慘的命運。韓非子既然明知法術之士的危機，何以不僻身自處以自全呢？此實緣於他的公族身分，和愛國獻身的情操，蓋韓非身爲韓國公族後裔，始終不能忘情於家國，故而他不像當時的六國才士，爲了個人的稻糧生計，徒逞口舌機鋒和權謀機巧，而是滿懷沸騰的愛國熱血，屢次上書韓王，希望力挽國家頹勢，甚至爲了存全祖國而入秦，以致遭嫉受讒而死。在〈問田〉篇，我們藉著韓非的後學所記，看到韓非雖深知法術之士的悲劇際遇，寧願堅持做一個「立法術，設度數，所以利民萌便眾庶之道」而不「憚亂主闇上之患禍」的「法術之士」；也不願做一位因畏禍而能「全遂」己命的人。而他這樣的堅持終究讓他與史上的法術之士一樣，死得很慘烈。這就是韓非子「強毅勁直」的人格形象！這樣的人格特質曾讓他不見用於宗國；也曾讓他不避艱險的奉命使秦，終於殉國。

　　綜合上述觀之，先秦四家七子們的性格或許不同，但他們對自我的期許和人格行誼表現無一不與其所塑造的理想人格相應。這印證體現了西方人格

〔註38〕一般都把莊子對妻子死的反應集中在他「鼓盆而歌」的無情表象上，忽略了他在和惠施的對話中有提到：「我獨何能無慨然！」這樣的話，可見他並非不哀傷，沒有感情，而是當他「察其始而本無生，非徒無生也而本無形，非徒無形也而本無氣。雜乎芒芴之間，變而有氣，氣變而有形，形變而有生，今又變而之死，是相與爲春秋冬夏四時行也。」豁然發現人死了是回歸天地自然，「人且偃然寢於巨室」，又何必「嗷嗷然隨而哭之」？故而「自以爲不通乎命，故止之。」由此觀之，莊子果眞無情乎？用「有人之形，無人之情」來形容也許更貼切。

心理學所說的：「學者們的理論，也是他們人格的表現」。

二、中西人格類型相似相通處

西方人格心理學幾經發展轉變，到當代，人格心理學已漸漸由非正常人的「變態心理學」和非人化的「白鼠心理學」，轉向「以人為本」、「全人為中心」的第三勢力——人本心理學，美國心理學界甚至發展出「以宇宙為中心」的「超人本心理學」運動，而形成馬斯洛所說的「心理學的第四勢力」。因著第三、四勢力的思潮變革，研究人的典範跟著開闊起來——由唯理性的科學典範走向宏觀的心理學典範。事實上，人本和超人本心理學家從全人觀點和人應然的靈性層面來看待人，才真正貼近「心理學」（Psychology）這一名詞的本義——靈心（Psyche）的科學（logos）。主張以意義為導向的「意義治療」大師弗蘭克即曾一再引用歌德的話說：

> 我們若以人之實然來看待人，那麼會使人變壞；我們若以人之應然
> 來看待人，那麼會使人變好。〔註39〕

弗蘭克指出人雖處於實際的本質（實然）狀態，但如果迴避生命的應然意義這個問題，那麼，就不知道人之所以為人的本質何在。弗蘭克的「意義治療」（logotherapy）便是建立在人的應然基礎上所發展出來的心理治療，其目的就在於幫助患者發現經驗上感受到矛盾的原因，以使病人能消解其矛盾的同時實現自身的潛在價值。

除弗蘭克外，幾乎所有的人本、超人本心理學家從應然的觀點望出去的人格形象，都不再侷限於病態和正常的劃分，除了有現實的人格取向外，更有健康、成熟的人格類型，甚至是理想的典型。此實有類於先秦諸子所謂的現實與理想的超越區分。吾人加以比觀，發現有不少相類之處。為了便於比對，茲先表列如下：

附表四

心理學家	不健康型	健康成熟型	理 想 型	備　　註
阿德勒	管理支配型 索取依賴型 躲避型	社會服務型		

〔註39〕參見弗蘭克著，游恆山譯《生存的理由——與心靈對話的意義治療學》（台北：遠流，1992二版），頁26。

弗洛姆	剝削型 接納型 囤積型 市場型	生產型	存有型	耶穌基督爲「存有型」
奧爾波特		經濟型 審美型 社會型 政治型 宗教型 統整自我實現型		
馬斯洛		自我實現型	超越自我實現型	
羅傑斯		充分發揮機能		
弗蘭克			超越自我型	

　　阿德勒和弗洛姆所指的「索取依賴型」（接納型），其人格特質是被動、屈從、怯懦、貪婪、易輕信和傷感，凡事依賴他人、生活靠別人供給，行動聽別人支配，往往想竭力從別人那裏獲得他想要的一切。在授受方面，屬於接受者而不是施予者。認爲一切的美好都在外面，生活靠別人供給，行動聽別人支配，他們但求被愛、受助而不能愛人、助人。弗洛姆認爲，這類型的人，外表上樂觀而友善；對生活和生活的才能具有某種信心，但是當他們「供應來源」受到威脅時，就會感到焦慮和心神錯亂。他們常有助人的願望，但其助人的目的不是眞正付出，而是爲了更多的索取和依賴。〔註40〕這就頗接近孔子「近之則不遜，遠之則怨」，得意就驕慢自大，失意就「長戚戚」的小人型態，孟子所指的心從物慾、物役、自甘下流「養其小體」的小人也是這般。

　　弗洛姆所提到的投機、善於應變、冷漠和浪費，直把自己當作可出售的商品的「市場型」人格，則類於荀子的小人。弗洛姆指出這類型的人，將一切的價值都價格化，包括人最珍貴的自尊都是建立在別人的肯定上，甚至爲了贏得外在的名利聲譽等虛榮的地位，可以販賣自己和別人的尊嚴。是徹底反價值、顛倒黑白的人。而荀子的小人正是這般缺乏原則，唯一原則就是以價格高低衡量一切事物的人，其生命性格外傾，惟利是求，即使有知識也是爲了取譽媚人：「小人之學以爲禽犢」，得意就「倨傲避違以驕溢人」，無能就「妒嫉怨徘以傾覆人」，其「縱性情，安恣睢，而違禮義」隨時可以爲了利益

[註40] 參見弗洛姆著，孫石譯《自我的追尋》（台北：志文，1988），頁57。

出賣自己和別人的靈魂。弗洛姆曾用易卜生（Henrik Ibsen，1828～1906）劇本「皮爾・金特」（Peer Gynt）中的主角人物來說明這種自我狀態，極爲傳神：皮爾・金特想發現自己的自我，卻發覺自己就像一只洋蔥一樣——能夠被一層層的剝開卻找不到核心。〔註 41〕雖然弗洛姆說這類型的人是現今資本主義的時代產物，但在荀子的「小人」身上也看得到。〔註 42〕荀子不也用：「小人休焉」（《荀子・大略》）來形容小人嗎？荀子的小人不只是從俗、順俗的隨波逐流者，其人格更已經嚴重偏差到：活著，生命沒有價值感；死了，也就一無所有，這和皮爾・金特的「空心人」豈有別乎？

阿德勒和弗洛姆所謂的「躲避型」（囤積型），把安全感建立在囤積和擁有物的基礎上。他們緊緊的抓住同時沉緬於過去的感情和經驗中，態度固縮、自設藩籬，經常以「不」字抗禦別人的友好和善意。顯現出吝嗇、多疑、迂腐、頑固、懶惰和佔有的人格特徵。弗氏認爲這是十八、九世紀西方人的特徵，倒也和莊子所說的「執著形軀、封限心靈、計較名利」執假爲眞的現實人格相去不遠。

而阿德勒和弗洛姆所提出的「管理支配型」（剝削型），具敵意、挑釁、利己、強佔、竊取、粗魯和傲慢的特徵，其以強力或狡詐奪取他人的物質財富和精神財富。在他們眼中，每個人都是他榨取的對象，弗洛姆說這種「予取予求」型的人格型態可回溯到十九世紀榨取天然資源的強盜土豪們，而現今在地球上到處榨取的「流氓」、投機的資本主義者和利用武力侵略弱小國家的強權者亦屬之。〔註 43〕事實上，先秦四家七子筆下那些爲了擴張自己的慾望城國，攻人城地、枉顧民生，甚至暴奪民食衣財，輕賤人民生命的現實統治者，不也是如此「予取予求」的嘴臉嗎？此孟子斥之爲「罪人」；老子、莊子更痛指爲「盜夸」、「大盜」。

就健康成熟的人格類型而言，阿德勒的「社會服務型」人格（socially useful type），能正視問題並以有益於社會的方式解決問題。而弗洛姆「生產型性格」具備獨立、自主、完整、自發、愛和創造的特徵，是「以人爲中心」，他們都是能運用自身的力量去實現自己潛在能力。奧爾波特「統我論」（Proprium）所指的健康成熟的人格，也是個具備自我延伸的能力、和他人建立溫暖的交

〔註41〕 參見弗洛姆前揭書，同註 40，頁 65～6。
〔註42〕 參見弗洛姆前揭書，同註 40，頁 73。
〔註43〕 參見弗洛姆前揭書，同註 40，頁 72。

互關係、有情緒安全感和自我悅納的心理、符合現實的知覺、有一定的技能和熱心投入任務、對本身有客觀瞭解與統整人生觀等七項特質者。馬斯洛的「自我實現」型和羅傑斯的「充分發揮機能」的理想人格，也是能肯定、信賴自我生命的核心價值，並充盡發揮自我潛能、活出真正自由、充滿創造力的人生。

　　弗洛姆並以仁愛、分享以及贈與為人生目標的「存有者」作為理想的典型，認為這類型的人能把握人生的意義價值，充分感知宇宙的和諧、實現自我的責任而達到最高的創造境界。至於馬斯洛的「超越型自我實現」人格，除了有一般自我實現的特徵外，還有超自我或出世者的特徵，也就是他所謂重視「存有的價值」（B 價值）而時有高峰經驗、能從永恆意義觀察理解人事、具真善美統一的動機、重視整體論的世界觀、有強烈的協同傾向、能超越人我之間的分歧、更重視創新和發現、關心人類的命運、尊重平等的對待他人及更重視精神生活。這樣的人格呈現不僅提高人性正常和健全一面，還將人性的價值推向了一個新高度。而在理想人格的具體典範人物方面，上述的心理學者幾乎都特別指出：「應以各傳統文化中偉人、聖賢、天才、英雄、殉道者為楷模，以為年輕的一代樹立一個理想的人格模式。〔註44〕」不過阿德勒、弗洛姆、馬斯洛、弗蘭克等人幾乎都把理想的典型寄託在「上帝」身上，弗洛姆就直接說「耶穌基督」是「存有型」的典範。

　　大抵來說，上述西方心理學家所提出來的自我實現或超自我的人格特質，都已能跨越小我、自我的藩籬充分開展自我的潛能，實現自由獨立的精神領域，而超自我的人格更將生命精神調適上遂，和他人、大我的宇宙世界相容無礙。用此觀之，儒家孔子「斐然成章」的狂狷之士、孟子「無待文王猶興」的豪傑之士和道家莊子筆下「獨與天地往來」的方外之人，人格型態雖異，生命理境則朝向健康成熟人格。而先秦四家七子所提出的理想人格也與「超自我實現」的人格精神幾乎完全相通。如馬斯洛所謂的「健康型自我實現」近於儒家的「君子」，在生活實踐中證悟存在價值，但是對生命終極意義猶然模糊；「超越型自我實現」則進入生命終極意義的探索，儒道兩家所謂的聖人、真人、至人等超人格與之近似。至此中西雙方不僅對人的核心意義有相同的看法，人格的精神理境相通，連運用的語詞都很相類，以下我們先從先秦諸子的理想人格說起，再與超個人心理學的理想人格略做比較。

〔註44〕參見車文博《人本主義心理學》（台北：東華，2001），頁 496。

　　先秦四家七子雖也從「實然」的態度看人，但重點還是從人的「應然」價值看，此所以先秦四家七子無不以極大的篇幅來談理想人格。且由本章第一節的論述已知，諸子所提出來的理想人格類型，幾乎都是他們個人的人格表徵。所不同的是他們體認的「應然之道」（或曰意義）和實現「應然」的路徑不同而已。如孔子提倡「仁教禮樂」內外兼修，孟子主張「由仁義行」的內省之道，荀子則強調「隆禮師法」的智明行修之學。而他們共同關懷的終極意義都是要鑄就成己成物、立己達人的道德理想人格。道家老莊提倡用「無為自然」和「心齋坐忘」來修養自己的心靈，使人格達到精神超越遙升的目的。另外墨子則把「行義」視為培養人格的方法，旨在培養澤及萬民、興利天下的「聖人」。至若韓非子則以「虛靜明照」的冷智做為「救群生之亂，去天下之禍」的聖人涵養。由此觀之，先秦四家七子所提出的理想人格，無論是經由內省還是外塑；是通過靈修還是行義；是具備觀照的智慧還是冷智的觀照；都不是把人當作一個心理學意義下的「心理人」，也不把人僅僅當作是「政治人」或「經濟人」來看待。〔註45〕而是從人的整體性闡明做人的意義和本質，並將人置諸於大我的世界中加以肯定其價值。是即儒家孔子說的：「己欲立而立人，己欲達而達人」（《論語・雍也》）或老子說：「聖人非以其無私邪？故能成其私。」（《老子・七章》）唯有放下小我的執著，超越小我與外在世界，才能感而遂通，得到真正的大我、真我而和天地合一，與萬物並育。各家所謂的「大我」容或不同，有的指社會、家國天下者，此如儒、墨、法三家；或是就宇宙天道、自然萬物而言，此如儒、道兩家，然而要皆點明小我與大我彼此之間必須交相互動、滲融諧和，才能看到人格意義充分的極成開展。

　　在先秦四家中，尤以儒家「以人德合天德」和道家「超世而不離世」的理想人格最能和西方超個人心理學的所強調的靈性發展思潮相應。杜維明曾說儒家的理想人格是既超越又內在的道德自我靈性發展的動態過程，他說：

　　　　（儒家）的自我，是一個靈性發展的動態過程，就本體論而言，自我，亦即我們的本性，均是來自天命，因此他從本來圓滿之境來看，他是神聖的。由此觀之，自我是既內在又超越的，他既屬於我們內在本有的，同時又屬於上天的，……這正是偉大的文化理想及精神

〔註45〕參見潘小慧〈儒家的人觀〉《人的意義》（台北：五南圖書出版公司，2001）頁117。

　　價值。從生之根源……自我的結構中天生便有超越之境的強烈渴
　　望……這種對超越境界的強烈渴望，從深處來看，也就是自我超越
　　的渴望，超越現實存在的自我，以實現理想中的自我。〔註46〕

杜氏所論雖以儒家爲主，然而道家「天人不相勝，與物有宜」的眞人，也是
「轉俗成眞」、「迴眞向俗」，既超越又內在的靈性自我發展。尤其將之與馬斯
洛所說的「超越的靈性」內涵比對，若合符契。

　　馬斯洛曾把人精神超越的靈性視爲人的內在本性、存在本質，後人歸納
他所指的「超越」意義，主要約有下列十三種涵義：〔註47〕

　　1、超越是一種忘我的心境，和變得專心一意、入迷、集中注意時的心境
　　　　一樣。

　　2、超越個人的軀殼，與存在價值等同。

　　3、超越時空，人和整個人類、打成一片。

　　4、超越文化，超越型自我實現世界公民。

　　5、超越自我、自私和自我中心。

　　6、作爲神體驗的超越，同他人、整個宇宙的存在相融合。

　　7、超越死亡、痛苦、疾病、邪惡等等。

　　8、超越即接受自然的世界，以道家的方式聽其自然，超越自我的低級需
　　　　要。

　　9、博愛是超越的一種型態、實現人際協同。

　　10、超越二岐式（極化、黑與白的對立、非此即彼等）思維。

　　11、超越也意味能變作神聖的，而不僅僅停留在世人的水平。

　　12、達到高峰體驗和高原體驗就是一種超越。

　　13、超越普通的、日常的人性，追求非凡的、超越性的人性。人能成爲目的
　　　　本身，成爲「神」，成爲一種完美，一種本質，一種存在，壯嚴而神聖。

　　上述馬斯洛所謂的十三種超越的靈性內涵，處處可見道家法天道自然的
人格境界，如其所謂的忘我、超越時空、痛苦、生死而與他人、宇宙相諧的
內涵，正是道家「無名、無功、無己」無爲自然、逍遙無待的理想人格呈現。
而其所謂博愛的胸懷、超越二岐式的思維也和道家不爲俗惑、超凡入聖與慈

〔註46〕轉引自李安德前揭書，同註21，頁261。
〔註47〕馬斯洛曾將「超越」概括爲35種意義，車文博將之歸納爲13個內涵。參見
　　　　車文博前揭書，同註44，頁515。

愛天下的人格一致無二。

論述至此，我們發現先秦諸子既超越又內在的理想人格與超人本心理學家眼中的理想不謀而合，這樣的結果，令人雀躍，「彷彿若有光」的打破中西之間的限隔！事實上，儒道兩家的思想對那些不受傳統心理學典範拘限，獨開生面的超個人心理學家而言並不陌生。他們早已察覺人格是具體多元且豐富的，深知以狹隘的典範研究、定義人，對人類文明是深鉅的遺害。故而一方面將西方文化和精神危機的矛頭一致指向傳統「唯物式」、「簡約化」主流心理學，一方面不忘向東方取經，努力開啓西方心理學與東方智慧溝通之門，希望能化解當代西方文明所帶來的精神危機，這樣的關注已經將西方主流心理學派的個體心理治療擴及到群體社會的文化治療。

最早關注東方智慧，並把東方精神灌注到西方心理學的是榮格，他提醒西方人千萬不要低估這種價值。並指出，東方早已熟知的現象學，西方才剛剛開始研究。榮氏說：

> 精神分析本身及因之出現的各種主義，不用說是用西方人所發展出
> 來的，和東方人的古代藝術比較，可以說是一種初學的企圖。

他還認爲東方深藏於人類心靈深處，可以消除白人的亞利安猛獸的無限貪慾，從而使西方踏進精神紀元的門檻。〔註 48〕繼榮格之後，馬斯洛、奧爾波特、埃里克森等人都指出主流心理學有「過於西方化」的本位主義和文化侷限性，埃里克森就說過這樣的話：

> 當我們進入到最後階段（發展的第八階段：圓滿成熟）。不能不承認
> 我們西方文化確實沒有向東方文明一般容納人生全部的觀念。〔註49〕

1960 年來，有愈來愈多的心理學家開始各種心理學的研究，並廣納東方、中國的智慧，而有所謂的儒家心理學、道家心理學等等。羅傑斯就很欣賞老子的言論，曾說《老子·十七章》爲團體領袖下了最好的定義：

> 最上等的國君，人民幾乎不察覺他的存在；……善於領導者，不輕
> 易發號施令，當大功告成，理想圓滿時，人們都說：「這是我們自己
> 完成的。」

又說《老子·五十七章》是他最欣賞的一段文字，因爲這一章歸納了他內心

〔註48〕 參見劉耀中〈榮格：以易經爲本的心靈主義〉（收錄於周陽山、傅偉勳《西方思想論中國》（台北：正中，1993），頁 179～80。

〔註49〕 轉引自李安德前揭書，同註21，頁 207。

許多的信念：

> 我無爲而治，人民便自然化育；
>
> 我寧靜自處，人民便自然歸正；
>
> 我不施教令，人民自然富足；
>
> 我無所欲求，人民就自然樸實。

而羅傑斯在《論成一個人》的第八章的序言中曾提到：他所謂要成爲一個人，應該按照自己眞面目、本來面日去爲人。而這樣的說法與中國老子所說的「自然」意思是一樣的。〔註50〕馬斯洛也曾表示：「學院派的心理學過度限於西方化，實在需要汲取東方的資源。」〔註51〕並指出中國道家老子曾帶給他很大的啓示。1949 年他就用過「道家」一詞來描述行爲成分中有目的的自發性。「順物自然」是道家的核心思想，「存在愛」是馬斯洛用來指謂一種愛對方的本質或生命的愛，而馬斯洛常常用道家無爲或任其自然的表現來描述「存在愛」。〔註52〕並推崇老子「道法自然」和「聖人」的作用在於「輔萬物之自然」的思想，認爲這也是人本教育主要精神所在。他說：

> 「道家的」意味著提問而不是告訴。他意味著不打擾、不控制。他
>
> 強調干預的觀察而不是控制的操縱。他是承受的和被動的，而不是
>
> 主動的和強制的。它好像在說，假如你想瞭解鴨子，你最好是向鴨
>
> 子提問，而不是告訴鴨子是什麼。對於人類兒童也同理。〔註53〕

另外，據李紹崑說，馬斯洛在一九七〇年初，著手編寫一本新書，還大量引入了中國老莊哲學，可惜書未就，人已撒手歸西。〔註54〕

以上是西方心理學家自謂受道家人格思想影響的部分。也有些心理學家認爲中國儒家的人格思想和超個人心理學有會通處，並藉儒家的道德人格類型來詮釋超個人的生命境界。此如心理學家列文森（Levinson）曾以超個人的口吻疏解孔子自我表白的學知歷程。〔註55〕他說：

> 我與上天，也就是與生命和死亡，與個人價值的終極根源，與自我

〔註50〕參見江光榮著《人性的迷失與復歸──羅傑斯的人本心理學》總序（台北：貓頭鷹，2001），頁 25～6。

〔註51〕轉引自李安德前揭書，同註 21，頁 195。

〔註52〕參見狄卡波奧著，莊耀嘉編譯《健康性格》（台北：桂冠，1981），頁 176。

〔註53〕見林方主編《人的潛能和價值》（北京：華夏，1987），頁 20。

〔註54〕參見李紹崑《美國的心理學界》（台北：商務，1991），頁 8。

〔註55〕子曰：「吾十有五而志於學，三十而立，四十而不惑，五十而知天命，六十而耳順，七十而從心所欲，不踰矩。」（〈爲政〉）。

　　建立起一種新的關係；由此我獲得了新的靈性自由，超越了慾望和

　　倫理、社會與自我之間古老的對立。〔註 56〕

依列文森所指，人的生命雖然有限，人的精神生命卻可以因為自我的超越而
永恆不朽，人唯有意識到這樣的存在本質，才能活出生命的意義和價值。此
說正是儒家理想人格的共同特質。關於此義，弗蘭克甚至用「良知」來說明
人的意義價值根源。如果以立體的三度空間來說明人的身、心、靈三部分，
弗蘭克認為人的精神向度與心理向度是不一樣的，當我們只看人的生理和心
理，而忽視人的精神（靈性）向度時，充其量只看到人的心理深度，人的精
神向度根本看不到，也因此就看不到整體的人。〔註 57〕弗蘭克所指的精神向
度即著眼於人有良知，可以自律、自我提升的部分，因此他說：「除非我把良
知理解為超越於人的一種現象，否則我便無法成為良知的僕人，良知展示絕
對的道德律，其憑藉必然來自超越之境。」〔註 58〕這樣的陳述實趣近於儒家
所謂的讓良心做主，挺立道德主體，開闢價值根源以成就聖賢人格的說法。
不同的是弗蘭克的良心、良知的源頭乃從宗教的上帝（參見第二章第二節），
與孟子所謂的自本自根，非外爍而來的說法有別。

　　綜括上述，顯示東西方的文化傳統裡，都肯定人有靈性的體驗，和超越
的理想人格，同時也看到西方心理學家對儒道兩家人格理想的契接。我們可
以說先秦諸子所謂的修德、成聖、匡世濟民和超個人心理學中的自我超越，
都是指人精神向度的高度成長。包括在形容人格的術語和旨趣，都相通而漸
趨一致。如超人本心理學家所指的「真正的自我主體性」，乃是肯定人有一根
本的核心，是人之所以為人的存在根據，其為人之「存有」（Being），而非為
人所「擁有」（Having）。且這樣的主體性和存有，不因人的不瞭解而不存在。
馬斯洛稱此為「真我」、弗蘭克名之為「靈性中心」、「靈性的自我」，羅傑斯
則以「真自我」、「超越性的中樞」稱之。馬斯洛和弗蘭克甚至把「真我」喚
作「內在的良知」。馬斯洛認為成熟的人格應具備「超越佛洛伊德的超我，進
入內在的良知」〔註 59〕而弗蘭克也指出：「良心絕對的道德律的憑據必然來自

〔註 56〕轉引自李安德前揭書，同註 21，頁 208。

〔註 57〕參見李天慈，〈宏觀的心理學之本土化〉《輔導論文集》，頁 5。台北市立師範
　　　　學院學生輔導中心編印。

〔註 58〕轉引自傅佩榮《釐清自我的真相》（台北：天下遠見，2003），頁 199。

〔註 59〕Maslow（1968）認為佛洛伊德所謂的超我並不等同於人內在的良知。他說：「假
　　　　如真正的良知是像 Freud 說的，從父母而來的，而你父母是罪犯，那你會有

超越之境」，〔註60〕這兩位超個人心理學家進一步點出人的核心意義不能脫離「良知」而有，顯然貼近先秦儒家的說法。上述超個人心理學家所說的「良知」和「眞我」，和孟子「非由外鑠我也，我固有之也」的「四端之心」（〈告子〉）、《莊子》「如得其情與不得，無損乎其眞」的「眞君」、「眞宰」（〈大宗師〉），內涵容或不同，卻殊途同歸的指向人的根本核心意義，而且用「良知」、「眞我」指謂人的高度靈性和大我，中西皆然。

　　最大的不同應是弗洛姆、馬斯洛、弗蘭克等超個人心理學家所設計的「理想人格」都有西方宗教爲基礎和背景，因此他們都把終極關懷和靈性的開啓訴諸宗教，而所謂理想的人格也指向「耶穌基督」。話雖如此，可喜的是，這些心理學家雖然相信宗教，卻不否定其他文化世界所謂的「靈性」，因此他們認爲信仰是開啓理想、通向靈性的門，卻未指某一特定宗教，也一再釐清宗教信仰乃是追尋眞我、提升靈性充分而非必要的條件。1988 年大衛‧埃爾金斯（David Elkins）與四位西方心理家所合寫的一篇關於靈性修養的文章提到，他們對宗教不貶抑且尊重，但他們更認爲「靈性」是人的根本價值：「如果宗教虔誠是指加入某種信仰、儀式及傳統性的宗教活動，那麼靈性修養便相異於宗教虔誠。不屬於某一傳統宗教人也可能很有靈性。」甚至認爲：「靈性修持是人的現象，比傳統宗教更虔誠更基本、更先天，二者有所不同。」〔註61〕由是觀之，超個人心理學家基本上已經承認人類自我超越的靈性發展不必經由宗教，也能讓我們透過有限的空間進入廣闊的無垠世界，這樣的說法讓我們看到中西百慮一致、殊途同歸的會通。

三、不斷發展的動態人格

　　承前所述，晚近西方心理學家對人格類型的看法不再只有常態和病態的劃分，更有超越常態，使人的靈性充分發展的人格。而這充分發展的人格並

　　　　怎樣的良知呢？」因此，根據 Maslow（1971），如果硬要稱「超我」爲良知，
　　　　必須記住其只不是外在或外來的良知罷了。並且務必記住另外一種良知，「內
　　　　在的良知」（intrinsic conscience），是「居於超我之上」（"beyond the superego"），
　　　　而才是「眞正的良知」（true conscience）。以上關於馬斯洛對「超我」和「良
　　　　知」的分辨，可參看李安德〈超個人心理學與宗教的關係〉，網路文章
　　　　www1.au.edu.tw/ox_view/edu/religious/college/news/News10.htm。
〔註60〕參見李安德前揭書，同註21，頁 284。
〔註61〕參見李安德前揭書，同註21，頁 274。

非在幼年時期就已經完成，而是不斷的形成發展。這樣的看法和先秦諸子動態人格的觀念實爲一致，包括對於如何自我超越、發展的方式都極爲相似。

西方超個人心理學家「追尋自我」、「自我超越」的方法中，有所謂的「回歸中心」法，指的便是將人從不斷的客體化，理性化、生物化、情緒化等離心式的追求中拉回來，從而逆向反照回歸眞正的自我。其回歸的過程是：客體我──純粹意識中樞之我──高層自我。而這樣回歸中心的修習實爲一種探索內在、重見大我的旅程。及至人們在不斷「回歸中心」的過程中找到眞我，人們就會感到朝氣蓬勃、精力充沛，好像能量之源一般，深切的意識到與其他的存在緊密相連。李安德曾用「水井」打比方：自表象來看，人的「個體自我」如每一口各自獨立的井，每一個人的眞我就如同井井相通的水井之源。〔註62〕而一旦突破個體「小我」，打開自我中心的層層限隔，尋得了眞我，便好似進入地下的伏流，充分體驗到井井同源的存在整體感和與物諧和的境界，此時人已超越時空的限制，而與外在的事物、世界融合爲一，進入一個永恆與無限的領空。〔註63〕用馬斯洛的話說就是所謂的「高原經驗」。〔註64〕然而這樣自我超越的追尋過程並非一帆風順，步步高昇的。馬斯洛就說過：「靈性修持的高原經驗、美妙感受不只是偶發性、刹那的高潮，而有賴於「時間、努力、修練、研究、奉獻」才能鍛鍊出來的生活境界，且是「一生的事情」。〔註65〕心理綜合的創始人阿沙吉歐力（Roberto Assagioli，1888～1974）曾把自我超越區分成五種類型：從追尋意義的意志方面超越；從超個人之愛方面超越；從超個人行爲方面超越；從美的方面超越；從眞我實現方面超越等等。〔註66〕綜觀上述，西方超個人心理學家所描繪的「回歸中心」超越工夫無一不和先秦諸子所說的工夫歷程相應。李安德便認爲莊子「坐忘」的工夫歷程，相當於超個人心理學所說的「超越」之意，他說：

〔註62〕 見李安德前揭書，同註21，頁299。
〔註63〕 以水井和水井之源比喻自我與超越自我之境的心理學家是 Ira Progoff，參見李安德前揭書，同註21，頁318。
〔註64〕 斯洛曾用「高峰經驗」形容自我實現者突破小我限制融入大我的特殊經驗，但他後來發現不少年輕人爲了得到「高峰經驗」而不擇手段，甚至濫用藥物變成嗜癖，只爲了獲得站在高峰的短暫快感。爲了避免自己提出的觀念被誤解，他在不否定高峰經驗及其價值的同時又提出「高原經驗」，也是超個人自我的體驗。詳見李安德前揭書，同註21，頁299。
〔註65〕 李安德前揭書，同註21，頁299。
〔註66〕 李安德前揭書，同註21，頁325。

這寓言（指〈大宗師〉中顏回「坐忘」的寓言）的「忘」很明顯地
和我們所謂的「超越」同義。〔註67〕

「坐忘」是莊子反樸歸眞，回歸眞我的修養之道，與超個人心理學的「回歸中心」修練法一致，換言之，莊子的「無己、無名、無功」、「外天下、外物、外生」之道亦爲超越的工夫。而庖丁經由「技進乎道」達致「無厚入有間，恢恢乎其於遊刃必有餘地」的解牛境界，便可說是一種「物我冥合爲一」的高原經驗。循此而言，《老子》「反者，道之動」、「損之又損以至於無爲」而臻乎「復歸嬰兒」的虛靜境界，和儒家孔孟的「三省吾身」、「反求諸己」及「萬物皆備於我，反身而誠」心靈境界，亦皆可說是一種超越的回歸。只是儒家孔孟所要回歸的眞我是具有道德創生意義的「德性我」，而道家老莊要回歸的眞我是能放下一切執著，讓開一步成全萬物，使萬物能自生自長的「情意我」或說「藝術我」。〔註68〕

若與阿沙吉歐力五種超越型態比觀，概括而言，先秦四家七子的理想人格典型都是愛國利人、關心民瘼型，都可說是屬「超個人之愛方面」的超越。若仔細分析，則儒家「任重道遠」式的上達於天道、天德，較接近阿沙吉歐力所說的「從追尋意義的意志」超越；道家「無我、無心、無爲」默契道妙，相忘乎江湖、會心於魚樂之境，當屬於「從美的方面」超越；儒道兩家的聖人都不只停留在個人的自我實現，而接受更高潛意識的召喚，並邁向更高的價值境界以實現更美好的自我，皆可說是「從眞我實現方面」超越，只是儒家美好的自我爲「道德的自我」；道家美好的自我是「藝術美感的自我」。至於墨家任俠好義、急人之難的作風，和 Assagioli「從超個人行爲」超越一樣，都是無私地爲更高理想和價值獻身。

超越回歸的修持固然能讓我們看到高層的自我，體驗人宇宙大我擁抱爲一體的高原經驗，但誠如先秦諸子所說的，人人雖皆有成爲堯舜、聖賢、眞人的潛質、潛能，但未必然實現，西方心理學家所說的健康理想人格亦然。雖然人人「可爲」、「能爲」，並非人人皆已「成爲」，端賴是否能通過「回歸中心」的靈性修持、在高層潛意識之內接受眞我的召喚。此所以超個人心理學者幾乎都認爲不健康和理想之間的人格狀態是一種動態、流動的發展關係，此如阿德勒

〔註67〕見李安德前揭書，同註21，頁337。
〔註68〕勞思光曾說：「老子所肯定之自我境界已可證爲情意我。」參見勞思光《中國哲學史》第一卷（香港：崇基，1980），頁190～4。

弗洛姆、奧爾波特、馬斯洛等人皆有所論（參見第二章第二節）。弗洛姆尤其提出所謂的「動態性格」說，這樣的觀點又和先秦諸子的看法一致。

按照弗洛姆的說法，每個人不僅是四種「非自發創造」性格的混和（此就各種性格分量的不同而各異），同時具有「自發創造性」和「非自發創性」兩種生命向度的混合（此就各種性格型態自發創造性的分量而定）。因此人格特質的呈現，就看每個人的性格中「自發創造性」程度的強弱而定。若「自發創造性」的成分較強，則表現出正向特質，若較弱，則漸趨負向發展，以是，任何不同性格的人向如依照其人格結構裡所佔的自發創造性程度來看，都各有其正、負向的發展，〔註69〕茲依所論列表如下：

附表五

基本性格	正　向　發　展	負　向　發　展
接納性格	領受、負責、忠實、謙虛、討人喜歡、社會適應、樂觀 理想主義、敏感、信賴、仁慈	被動、無主見、順從、無自尊、奉承阿諛、卑躬屈膝、自是 不切實際、怯懦、易欺、善感
剝削性格	積極、主動、自重、自信、勇敢、有吸引力	剝削、侵略、自大、傲慢、鹵莽、善誘惑
囤積性格	重實際、節儉、謹慎、保守、有耐心、堅定、沉著、有條理、忠義	無想像、吝嗇、多疑、冷淡、無生氣、頑固、懶惰、固執、佔有
市場性格	有目標、能變化、有遠見、善交際、有效率、寬大、慷慨	投機、無定見、無方向、不甘寂寞、躁急冒進、冷漠、浪費

若就「人格九型」的學理，則所謂正向發展，即是將自己的性格往「整合的方向」發展，人格健康成熟；負向發展乃指往「瓦解方向」發展，可能淪為負面的人格狀態。是以，若往「整合的方向」發展（整合方向的順序是：1－7－5－8－2－4－1；9－3－6－9，見附圖 1），則人格九型中的第一型 Perfectionist（至善論者／改革者）會吸納第七型的優點，理性、公正、誠實，根據良心指引，明辨是非善惡。且能接納現實的不完美，而能更喜悅、更人性的將自己的理想行動化。

第二型 Giver（給予者／助人者）會往第四型，而變得富同情心、慷慨大度，充滿愛心、細心體貼，願意為人奉獻服務。懂得欣賞自己獨特的生命歷史，進而成為真正愛自己並真誠愛別人的人。

〔註69〕 參見弗洛姆前揭書，同註40，頁 100～5。

第三型的 Performer（執行者／地位尋求者）將往第六型，擁有特殊的感染力，能帶動別人的情緒，使人自動的靠向他、效法他。其長袖善舞的人際關係使他贏得別人的欣賞和讚揚。

第四型 Romantic（浪漫空想者／藝術型）會轉化成第一型，變得能與他人分享並參與外在的真實世界，使自我在不斷的反省、尋找中擁有敏銳觀察和自我創造的能力，進而將自我主觀的經驗轉化成有價值的東西。

第五型 Observer（觀察者／思考者）向第八型轉化，會運用非凡的知覺、獨立的思考，發現新的事物並用他們的能力去行動、參與生命中的挑戰而成為有遠見、思想開放的智者。

第六型 Trooper（騎兵型／忠誠者）轉向第九型，不再焦慮別人怎麼想，或權威怎麼說，或傳統法律怎麼規定，而依所發生的情況適當的反應，學習將別人與內在的自己間保持同樣重要與平衡，同時積極展現自我的能力，成為真正值得信賴的人。

第七型 Epicure（享樂者／豐富型）邁向第五型，則將出向外尋求和諧，返回到自己內在去思考反省，客觀的看複雜的真實面，並生機勃發地將自己深刻體驗的多種知識經驗帶給生活週遭的人。

第八型為 Boss（上司型／領導者）轉往第二型，會以無比的自信、勇氣及領導才能，支持及鼓舞他人完成偉大的成就而成為受人尊敬和仰望的領導與服務者。

第九型 Mediator（仲裁者／和平追求者）吸納第三型，感受力強、樂觀、詳和，能悅納並相信自己，不僅能自覺自在的活在真實世界中，且為生活週遭的人帶來安寧和諧的氣氛。彼此在截長補短中各自成健康成熟型。

反之，若走「瓦解的方向」（即 1－4－2－8－5－7－1；9－6－3－9，參見圖示的反方向），則第一型繼續惡化下去就會變成第四型，將成為自以為是、心胸狹隘、極端教條的道德獨斷者，或是耐性全失，不能等待過程而急著要完美的成果，以致強迫性地挑剔別人的毛病，卻從不知檢省自己。甚至更糟的變成言行不一的「偽君子」。

第二型惡化為第八型則頗有佔有慾，容易用愛來操縱、侵略或傷害別人。常為了獲得別人的愛，以服務別人的方式來自我滿足，而當別人不欣賞或接納時，他們會憤怒，不過他們慣常用自我欺瞞的方式，否認自己的負面情緒，充其極會以攻擊報復的態度，由背後打擊原先他視為非常特殊的朋友。

第三型會惡化爲第九型，像變色龍一樣到處鑽營，十足顯露剝削性和投機性，盡可能的利用別人以圖利自己，或毀抗他人以維護自我的形象，一旦遇到挫折失敗，則易退縮到以懶惰不動的態度來生活。

第四型惡化爲第二型，在缺乏與外在溝通的情況下，其敏銳善感的直觀能力，會使得他們退縮到自己的幻想天地裡，而變得極度憂鬱、遠離人群，導致自己與別人的關係疏離甚至有自我毀滅的傾向。

第五型則惡化爲第七型，由於過於思慮，反而在未想到解決問題之前，就自我困限問題中，終而成爲古怪、偏執的人。躲在自我的知識世界裡建構空中樓閣而愈加脫離現實，憤世嫉俗。

第六型則惡化爲第三型，淪爲依賴的、有受虐傾向的人，會以某種理想化的角色、不眞實的自信，向外尋求並依賴權威者或權威信仰，從不敢獨立自主，在屈從自卑與不安全的焦慮之下，因而做出令自己害怕的結果。

第七型惡化爲第一型，會不斷嘗試各種事物以尋求新鮮的感受和刺激，並不斷製造快樂的氣氛，來使生活變得輕鬆，因而忽略現實生活的眞實與自我的限制，導致缺乏現實生活的承擔，而成爲浪蕩閒散的逃避者，使浮淺的快樂轉爲深沉的悲涼。

第八型惡化爲第五型，爲了追求自我的私利和滿足操控環境的慾望，整個人移向信奉極權主義，像暴君似地欺凌弱小，無情的迫害阻擋自己獨裁的事物。

第九型惡化爲第六型，由於過度樂觀的將他人或某種價值理想化，以致在不知不覺中逐漸損害自己現實處理的能力，變得非常壓抑、無助、懶散，容易依賴別人而迷失生活的方向。

附圖 1：The Enneagram of Personality Types

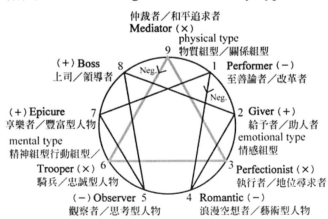

　　以上不論是弗洛姆的的正負性格走向或「人格九型」的整合、瓦解方向的人格型態皆非由命定而由人定，且由健康成熟型到一般型到病態人格乃是一種動態的過程。亦即每個人不管是什麼樣的性格起點，都可以自我鍛鍊「成人」，當然也可以下墜而爲負向的、病態的人格。這樣的觀點和本章第一節提到先秦諸子理想與現實人格之間的動態變化一致無二。人格九型整合後的極致表現好比先秦諸子依照個人體會所擬塑出來的理想人格，相對的，瓦解後的人格九型則好比先秦諸子對現實人格的描寫。

　　即此比觀，吾人發現荀子的聖人近於第一型「至善論者」往整合方向發展的極致人格表現。因爲第一型「至善論者」的理想型，理性、客觀、對自我有高度的道德要求，同時能以身教化導別人，唐・理查・理索（Don Richard Riso）曾用「道德導師」來形容健康「改革型」道德自律且以身化人的形象。這正和荀子「備道全美」足以「縣天下之權稱」衡量天下的聖人形象吻合。〔註70〕而據上一節的分析，荀子的性格相當於榮格冷靜客觀的「外傾思考型」，依唐・理查・理索，榮格此一型態相應於人格九型中的第一型。若此說無誤，則可進一步證明荀子的理想人格是其性格的理想投射。同理，墨子的性格接近榮格的「外傾感受型」，此一型態依唐・理查・理索之說，又相當於人格九型中的第二型「助人型」，其極致的人格表現是：公平無私地付出關懷，盡力照顧人、愛人及助人，甚至可以捨己利他，他們是行動上慈悲的化身。〔註71〕此亦與墨子「兼愛利人」的聖人情懷極爲相應。用此觀之，「人格理論是學者自己的人格表現」的說法確然可信。

第三節　結　語

　　本章所論約有二端，首先將前六章的論述作一綜合的歸納整理比較，從中我們得出：

1、先秦各家諸子所提出的人格類型不外有理想、現實兩種典型，寄寓著
　　思想家個人對現實的隱憂和社會的關懷及其理想。

2、諸子對理想人格的設計反映著思想家個人的人格特質和他們對自我人

〔註70〕參見唐・理查・理索（Don Richard Riso）著，吳振能、傅世良、陳營生譯《性
　　　　格型態》（台北：遠流，2000二版），頁291～4。

〔註71〕參見唐・理查・理索（Don Richard Riso）著，吳振能、傅世良、陳營生譯《性
　　　　格型態》（台北：遠流，2000二版），頁41～52。

格的期許。

3、由諸子對人格類型的價值分判，可看到各家的思想性格，以至於他們
面對同一個歷史人物會因不同的眼光、判準而有不同評價或賦予不同
的內涵。

4、先秦諸子多以行道作爲分判人格高下的判準，只是對道的內涵掌握不
同而已，而各家諸子所以不同道，實源於諸子對人的核心意義有不同
的觀照。

此外，我們也試著和西方人格心理學家們所提出的人格類型觀比論，結
果發現：

1、西方晚近的心理學，爲了因應文明過度發展所帶來的價值觀失落、意義
虛無和過度自我膨脹的精神危機，發展出更具包容性的研究範式的第三、四勢
力——人本心理學和超個人心理學。此已完全跳脫科學主義的傳統，使人變得
愈來愈有人味；尤其是超個人心理學的人觀更卸除了過於西方化的文化侷限
性，讓我們看到人更高層次的潛意識、靈性的自我和可能陷落沉墮的危機，這
愈來愈靠近先秦諸子所提出來人格理想和現實，至於他們所關注的超越回歸之
道和儒、道兩家所提出的修養工夫簡直是異曲同工。不過，和先秦諸子比起來，
心理學系統仍著重在如何瞭解自我、瞭解社會從而達到自我實現和成功的現實
目的上。至於人如何自我修養的實踐工夫理論方面則顯得不足。

2、西方心理學家是人格治療家，其人格類型的區分標誌著他們對人的
客觀認知，重心在於個體的心理治療上和突出個人深度、高度潛能的發揮。
〔註72〕而先秦諸子則多爲士人，共同關懷的是周文疲弊的問題，其對理想人
格的塑造往往寄託在政治人物身上，卻又開放給每一個人，意在標舉一種處
世態度和行爲方式，要治療的是整個的社會與文化。

3、西方心理學在晚近的發展思潮，雖已承認人皆具有高度靈性價值，並
將人格的養成視爲一種動態的發展過程，此似與先秦諸子同調，但二者之間
仍有差殊。西方人格心理學產生於耶教的文化，所賦予人的最高極致仍依附
在宗教文化上，因而人雖可以經由靈性的修持而發揮潛能以企及爲人的理
想，但高度的靈性由信仰開啓，只有上帝才是最完美的理想所寄，一般人只
能向這樣的形象接近而無法成爲完美典型。先秦諸子則相信人有完美潛能，

―――――――――――
〔註72〕 參見許波〈人本主義健康人格和儒家理想人格的比較研究〉《心理學探新》21，
2001，第 1 期，頁 3～8。

直接從人和社會文化、人和天合、人與宇宙爲一，來描寫理想人格的形象和行跡，以爲一般人的典範，揭示出來的意涵是：人只要經過後天的修持和對社會的奉獻，就可「德合天地、道濟天下」成爲理想的人格。（這樣的人格觀點在民間信仰也看得到，試看我們中國自古以來所信仰的神祇都是由人昇華而成的。諸如媽祖、關聖帝、文昌帝君等，無一不是活在古代的人，皆因生前對人民有貢獻，顯神跡拯救百姓，進而跨越人格而具有神格）。〔註73〕

　　如果說人格理論是文化思潮的顯影，那麼經由上述中西方對人格的體會與設計，西方心理學家的人格理論所觀照出來的是人、神或說人、天分離的二元對立文化，創造主（上帝）和創造物（人與自然）是分割的，兩者之間有不可跨越的鴻溝；中國神聖和凡俗之間動態而連續的人格觀照，則顯出天人合一的文化型態。此所以西方的心理學是在重邏輯分析、對立式差異分析的基礎上，把人格的不同層次拿出來加以分析、診斷，然後像開處方一樣提出不同的治療手段，而且，既然上帝是體現最高的、唯一的永恆精神價值，那麼人只要信靠凌塵絕世的存有，不必然要經由自覺的實踐工夫便能開啓靈性，因此對於提供實現永恆價值的途徑，也就不那麼重要了；而先秦諸子則是依著綜合整體、直觀合一和群體化的圓融綜合思考方式，〔註74〕相信人有自我覺察的靈性，只要願意實踐，便可以體現，因而對於現實人格的不美好雖深有憾焉，仍提供給世人一個理想人格的藍本，並由此畫出一張張的人格地圖，教人如何由階而升的充實精神生命以與天地同格，並即此修己善群，重建人文秩序或家國天下。

〔註73〕關於中國文化中人可以爲神的現象，請參見李亦園《文化與修養》（台北：幼獅，1997），頁109～12。

〔註74〕參見張平《孔子西遊記——中西人格研究法之比較》（南京：江蘇教育出版社。1998），頁163。

第八章 結 論

　　回顧本書各章，吾人先於緒論中檢討近年來關於討論人的視角，說明為何以「先秦人格類型」立論之所由。接著，第二章概論「人格」的界義與西方人格心理學家的人格類型觀，探索「人格」的涵義及為中西人格比較做準備。結果發現西方人格心理學者，由於性情和時代思潮的研究範型不同，對人的觀察也跟著不同，我們從西方現代心理學第一、二、三、四勢力的發展發現，西方心理學的人格觀已由身移向心進而靈性，甚而是身心靈合一的完整觀照。這樣的發展已經擺脫過去將人完全往下拉平物性、病態化的問題，由一般無心的心理學轉化成高度的心理學而愈來愈貼近「心理學」（Psychology）這一名詞的本義——即靈心（Psyche）與科學（logos）的結合。同時也和先秦四家七子的動態人格發展有了契接的可能。第三章即通過先秦諸子迥異於時俗「相人術」的「非相」觀人系統，斟定先秦諸子「聽言」、「觀行」的直觀式理路。

　　第四、五、六三章分別由道德修養、心靈涵養和才能事功三方面討論先秦四家七子對人格類型的區分。此三章長篇鉅幅，不嫌繁瑣的條理分析，實為得出結論的豐厚基礎。且從各家對人格類型的區分，我們看到思想家不同性情的反映和思想理路的異同處，同時藉由他們對人格類型的觀察也解決或印證某些學術上的問題和論調。例如：

　　我們從《老子》聖人的心靈內涵中發現，所謂的慈、不仁是對儒家仁愛的反省和存全，而理想統治者的無為之治所反對的仁義、禮義是對僵化的禮樂文明提出反省。因此，《老子》以「反者，道之動」（四十章）為中心的思想，當是對形式生命（禮）的「反省」也是對精神生命（道）的「返歸」，屬於「超禮歸道」型的思維性格。而莊子對儒家聖人、君子雖有批判，其批判

也是一種反省，非原則性、正面否定，故而其對君子重新賦予道家式的意義，並讚許儒家道術和儒門「窮約不失俗」的君子之德，而其理想人格也是超越禮樂，不爲「禮樂外縛、仁義內縛」，能遊乎逍遙之境的精神自由境界者，可說是「超禮以遊道」的思索。綜合起來看，老、莊貴自然、尙無爲，而以「任其性命之情」爲善，其理想人格乃超世者而非遁世者，他們用超越人文的角度加以反省現實的問題，希望實存世間的人文結構因著人心的淨化提升而變得美好。表面看似反對人文、否定禮樂文化，其實是超越禮樂的「超人文」思想性格，旨在提供一套具體可行的生命智慧與修養方法，讓人在眞實的文明世界中，擁有美善的生命與生活。順此引申，若扣緊「周文疲弊」的時代機緣來說，吾人可以將道家老莊「以質救文」的思想視爲一種「文化治療學」。那麼「聖人」是治療文化病痛的醫生，而「小國寡民」和「至德之世」是治療之後的文化理想國。

其次，從莊子三重人格境界的提出和他高揚人格自由，力主「不以人助天」、「天人不相勝」及「有人之形，無人之情」、「天人不二」的人格理境來看，發現莊子「知天」抑且「知人」。荀子所以說莊子「蔽於天而不知人」，實因其從群體、參運自然的觀念，來釐定人格價值，並強調人的能群和倫理精神出發，故而有此不相應的批評。

再者，從墨子托古所寄託的理想人格中，我們發現墨子提到的聖王：堯舜禹湯文武並稱者六，禹湯文王者四，文王者三，而未專及禹或如儒家孔孟一般俱道堯舜。一般論者說墨學淵源於或源於大禹、夏政或說同儒家皆源於堯舜等等說法都有待商榷，吾人由此較贊同清汪中《述學・墨子後序》「多學古聖而自道」的說法。另外，墨子把「尊天明鬼」視爲聖人、聖王重要的素質，並以鬼神之智明於聖人，且說聖人執禮祭祀時不要像儒家一樣「執無鬼而學祭禮」，可見有論者將墨子祭祀鬼神認定是：「完全只由於祭祀本身有實用價值」的說法恐怕是偏蔽觀點下所作的解釋。[註1] 至於墨子把天鬼當作有意志的人格神一樣尊敬，和其「尙力」、「非命」的主張是否像姜國柱、[註2] 侯外廬 [註3] 所說的

[註1] 唐端正的說法，參見《先秦諸子論叢（續篇）》一書（台北：東大，1983），頁73 關於唐的觀點，早有論者如蔡仁厚、陳問梅指出其非，惟未有論證說明，本文之說適可補其不足。

[註2] 參見姜國柱《中國歷代思想史（一）先秦卷》（台北：文津，1993），頁 202～4。

[註3] 參見侯外廬《中國思想通史第一卷》（北京：人民，1986），頁221。

有尖銳的矛盾？按照墨子，其理想人格乃為一非命而強力從事以利天下的政治強者，而其利天下本是「天意」的要求，「非命」也是本於天志而有，而天志的內容是在人間為「義」。因此在墨子的觀念中，天是有意志、道德的「意志天」，其意志的可否，端賴人的行為是否為義決定；墨子所謂的「命」，指的是一種天生註定，無可抗拒的偶然，人無法自我操控，完全交由偶然的命運撥弄。墨子既尊意志之天，當然不會有天外之命，而天鬼的賞罰禍福也完全可以在人的行為善惡中找到理由和根據，半點不由乎無可奈何的「命」，依此，明鬼、非命、尚力三者之間若落到人格的實踐，並沒有尖銳的矛盾，甚且在理想人格身上找到兼融並蓄的特質，姜氏、侯氏的質疑於此可以豁然。

　　至於韓非所謂的法術勢三者，究竟是平列平等關係，沒有優先性問題；還是縱貫上下關係，有其價值的優先性？依本文，從韓非以國君為立論重心，並由「術」的優劣力言統治者的層次，此其所以稱上君最多的名稱為善於用術，不受欺闇的「明主」，其「術論」文字又在論「法」談「勢」之上，則術應為優先。且依本文研究，韓非言及帝王之術非僅有如熊、牟二者所稱之「陰森險忍」，亦有其清虛用靜、含斂謙退的靈慧成分。既然韓非所謂的上君——聖人，是一位具有虛靜冷智的御臣術而不燭己、不受欺的英主，那麼就「當謂」和「必謂」而言，儒家的道德仁義修養當是可使君主成為真正不燭己、不受欺而明照四海、善察忠諫之言的明君、明主。用此觀之，韓非的反儒其實是迫於現實所趨而非應然。如果時空轉換，君王的術用修養也可以和道德相容，客觀的法和主觀的道德或可以並行不悖，從而綜合會通，並轉出具有現代法治精神及道德理想的政治結構。

　　第七章我們一方面綜納分析先秦四家七子所判分的人格類型，發現他們都有理想和現實兩個對比區分的類型，並有動態發展的人格取向，且皆以「內聖外王」為理想人格的模型。另一方面，我們藉由和西方人格理論的比較，看到中西雙方不同的人觀和文化傾向及其會通之處。如由西方「人格理論即思想家個人的表現」的觀點，看到先秦諸子心目中的諸多人格類型，乃是其個人思想的投影。誠如緒論所述，因於個人所信仰的知識架構和價值系統不同，其品人的標準也就有所不同。故當我們瞭解雙方的人格品鑑，和不同人格境界的畫像後，便可尋繹先秦諸子的性情傾向和他們個人的人格類型。結果發現不管先秦思想家們性情的起點是什麼，都不礙他們可以自我修為成健全、成熟、具高度靈性的人格。而且我們還發現西方人格心理學經過百轉千折的發展，才將人格

的核心轉向超個人的靈性方面，中國卻早在幾千年前就洞察到這一部分。

總上各章所述，吾人有幾個看法：

一、先秦諸子人格類型論深鉅影響後代品人之學

先秦是中國人格思想形成的一個重要時期，儒、道、墨、法各家都提出他們的人格理論和類型，中國人的「人格」觀成於此一個時期，並深深影響後代的人格思想。此如：

孔、孟、荀三大儒都肯定人的核心在於道德內涵，人和禽獸最大的不同來自於人有「仁心」、「四端之心」和「能辨」禮義的心。儒家的理想人格，標誌著人如何通過「志道、據德、依仁」；「盡心知性」和「化性起偽」的道德修養以達到「上下天地同流」、「天地萬物吾一體」的人格境界。道家老莊和儒家雖不同道，其理想人格境界也是經由「無爲自然」的心靈修養，讓精神不斷的淨化、超越、提升最終達到「與天地同大」、「天地與我並生，萬物與我爲一」的自由無礙、逍遙無待之境。儒道二者呈現的都是人與天地宇宙同一的人格。儒家要人止於至善，呈現的是豐富完備的人文之美。道家則以「反璞歸眞」爲依歸，強調任運自然的樸實之美，一崇「善」，一尚「眞」。這兩種人格之美一直爲中國的士大夫所嚮往，而且是中國歷史人文精神重要的人格表徵，王夫之（船山）《詩廣傳》所說的「得志於時而謀天下則好孔孟；失志於時而謀其身，則好老莊。」正是這種儒道兼蓄的人格結構。

歷代史書皆有表彰「儒林人物」的傳記，而後人也常用「儒」來形容各階層對文化傳承有貢獻，或積極投入社會關懷的質文兼具者，遂有「儒將」、「儒俠」、「儒臣」、「儒士」甚至是「儒僧」這樣的名詞。其實自漢獨尊儒術，儒家成爲中國文化的主流後，儒家對人格類型的判分，和對人格內涵的塑造，多少影響中國人的深層意識和思維方式。直到廿一世紀的今天，仍有以「聖人、君子」來作爲推崇、企慕人的載體或用「小人、僞君子、鄉愿」責斥、貶抑人者，都是放在儒家的人格框架上來說的。

班固《漢書》的〈古今人表〉算是最早受儒家人格思想影響的品評之作。他把上自伏羲，下至項羽的歷史人物，約一千五百多人分爲「三級九等」悉數列出，從而訂善惡，辨智愚，其將聖人、仁人、智人分列入上上、上中、上下前三等。而中賢及狂狷之士居第四等，尚可語道的泛泛之才居於第五等，偶而向道尚非下愚者居於第六等，不明大道遜於中者居於第七等，愚不入道

者屬第八等，有穢惡之行爲禍國者居於九等。並特別高揚聖君賢相、貶抑亡君亂臣者，而將先夏時期的「聖君」列爲第一等，賢相多爲二、三等；亡國之君多爲第九等，弒君的亂臣則七、八、九不等，皆屬等而下之者。且他對諸子的評價又以儒家爲尊，並以仲尼爲第一等人，孟荀並列爲第二等人，老子、韓非子、墨子俱在第四等而莊子更在六等。由此可知班固品評人物的標準正是儒家所講究的內聖外王的道德修養層次。而漢代據以選拔官吏的品藻人物之清議制度，也是依照儒家名教倫理的標準來論人。而劉義慶以名士立場所記載魏晉時期名門士族種種風韻的《世說新語》，其三十六門中首揭孔門四科，由德行到文學，亦可看到儒家論人的影子。宋明理學家常要觀聖賢氣象，和尋孔顏樂處以加強道德修養和提高精神境界，並以「寄身心性命」於物外又「不離日用常行內」，讓自身與天地萬物渾然一體的聖人氣象爲理想人格，更是儒家品人的極致表現。二程首創「氣象」一詞，意指人的精神修養所表現於外在的精神狀態，依他的區分和描繪，孔子是聖人，其氣象如天地，其才無所不包，無所不能；顏子是亞聖，其氣象如春生、如和風慶雲那樣溫和明媚、吉祥而遠大；孟子是賢人，其氣象如秋殺一般蕭條零落，氣勢嚴嚴。〔註4〕凡此人格分判都是本於儒家合內聖外王成己成物之教而有。

　　魏晉時期，因應九品官人的選才制度，月旦品人之風盛，然而由於名教倫理已經敗壞、腐化到淪爲政治迫害的工具，因此論人的標準已由清議轉向清談，原本奉道德名教爲依據的人格準衡，已轉成強調風骨、氣質及韻味的自然作風。吾人由人格座標的位移可看到由儒家向道家思潮發展的痕跡。此時道家「貴眞」、「求眞」的人格思想滲透到當時人們的生活中，品人高下遂有「性足體備」與「懷情尚眞」之別。而王弼、何晏、阮籍、嵇康以往，更將「自然之道」在人格生命深處內化爲「眞」，做爲建構人之所以爲人的本質、本體的最高原則與價值標準，並把莊子強調養神、重精神和超越形質的理想人格看作是最高的標準，道家的理想人物在魏晉得到了復興。譬如阮籍的理想人格「大人先生」是「與造物同體，天地並生，逍遙浮世，與道俱成」的自然無爲之境（〈大人先生傳〉）。而《世說新語》也常用「清和」、「清通」、「清眞」、「清淳」等字眼來形容和品鑒人的優質性。〔註5〕而「不爲五斗米折腰」甘守貧賤，過著「結廬在人境，而無車馬喧」逍遙乎物外、任眞自得的陶淵明不僅是魏晉人物風度的展

〔註4〕參見《二程遺書》卷五，頁1（收入《四部備要二程全書》）。
〔註5〕參見徐麗眞〈《世說新語》才性之美析論〉《哲學雜誌》22，1997，頁141～52。

現，更活出莊子筆下的眞人境界。我們可以說，魏晉奉去僞存眞、反璞歸眞爲最高原則和標準的人格表現使道家的人格思想得到了延續。〔註6〕

　　墨子尚力重義的人格形象，不僅寄寓在理想人格類型的設計上，也形諸言行動作，使墨子之徒「皆可使之赴火、蹈刃、死不旋踵」(《淮南子‧泰族》)。墨子弟子在墨子身先士卒，自苦爲義，摩頂放踵利天下而爲之的人格精神感召下，都懷抱扶弱鋤強的救世熱忱，不惜舍己爲人、冒險犯難。各個都是英武豪爽、見義勇爲的俠義之士，後期墨家甚至認爲個人與天下發生利益衝突時，應捨棄個人利益，乃至「殺己以利天下」(〈大取〉)並把此種「損己而益所爲，爲身之所惡以成人之急」(〈經說上〉)的人格特質概括爲一個「任」字，這樣的精神到墨學後期漸漸變成以「重然諾」、「信守約」，執義勇爲、不計禍福、視死如歸的精神，此雖與墨子所提倡的任俠仗義精神有出入，仍爲我國的人格世界樹立了一個仗義任俠的慷慨形象。並在司馬遷《史記‧游俠列傳》「其行雖不軌於正義，然其言必信，其行必果，已諾必誠，不愛其軀，赴士之阨困」的「游俠」人格中獲得彰顯。

　　至於韓非子的理想人格雖不似儒、道、墨三家一般強調德性修爲，但其重法、用術、任勢的強者形象，也讓我們看到領導統御者如何運用組織資源及社會法律制度，有效的管理臣下或百姓。讓「人存政舉，人亡政息」的人治之弊減至最低。其所展現的是講求紀律「務法」的人格形象。這樣的人格形象在太史公《史記‧循吏列傳》裡「奉職循理」或曰「奉法循理」的循吏身上得到了體現。此太史公曰：「法令所以導民也，刑罰所以禁姦也，文武不備，良民懼。然身修者，官未曾亂也。奉職循理，亦可以爲治。」(《史記‧循吏列傳》)

　　以上分就各家對後代人格思想的影響來論述，下面再論集成先秦各家人格思想影響的──劉邵《人物志》。儘管隋、唐志都把劉邵《人物志》列爲名家的作品，劉氏倒是在自序中表明其書乃「依聖訓，志序人物」，以孔子的思想爲基礎甄別人才，並將最高人格指標放在「兼德而至」、「聖人之目」的「中庸」之德上，且以「平淡無味」的「中和之質」最貴(〈九徵〉)，要皆以儒家的人格術語來指謂。實則，不管是觀察人的方法或是建構人格理論的內涵都可看到劉邵雜取儒、道、墨、法四家相關於人格思想的觀點。首先他通過外在行爲的「表徵研究法」來探察人的性情之質量才能，即是依據先秦諸子「聽言觀行」的察

〔註6〕參見高華平《魏晉玄學人格美研究》(四川：巴蜀出版社，2000)，頁68～9。

人之道；〔註7〕其次，他序列人物，以中庸、德行、偏材三度比孔子所言上智、中資、下愚三等，抗、拘二型則比乎孔子所謂的狂狷，且視中庸、中和爲兼德、兼材的理想人格，以拘、抗爲偏才之人，此皆本於孔子的人格思想，惟在人格的內涵上有取於道家，因此所謂「中庸之德」、「中和之質」者，乃以「平淡無味」加以界定，認爲必至平淡，才能不以名色自標，銷盡一切精采，而能心無沾滯，因應變化，無施不可，〔註8〕此說道家意味濃厚。加上劉邵《人物志》所以有此知人、論人、品人之論，目的無非是從政府的立場出發加以品流人物，期使「眾材得其序，而庶幾之業興矣」，所以他將人分成十二流並一一分析其性格及才能的長短和適合擔任的職務。這樣積極的意態實與墨子通過「尚賢」以知人善任，韓非子藉「量能授官」的術用之道來建立國家社會事功的用意一致無二。綜括言之，劉邵的《人物志》揉和會通先秦四家的道德、心靈和才能、功利等人格思想來物色人才以爲世用。〔註9〕

二、先秦諸子建構的理想人格是現代人的典範

　　歷史雖然已經過去，卻形成一種存在方式。當我們審視自己的時候，會發現許多附著於自己身上的歷史印記，因此，我們既然無法回到過去遙遠的年代，也無法完全擺脫歷史的影響，則當「努力去認識，看我們所接受的傳統中，哪些是損害我們的命運和尊嚴的，又有哪些會給予我們力量和啓示，從而相應地塑造我們的生活」（愛因斯坦語）。〔註10〕

　　相反的，如果我們在自詡是文明巨人的同時不再尊重歷史，且無視於歷史上任何的聖賢豪傑、志士仁人，那麼將如尼采所說的：一個可以鄙視的時代正在來臨，因爲人們不再鄙視自己。龍應台在〈在迷宮中仰望星斗〉〔註11〕一文中也說：「沒有歷史素養所看到的現實只是孤立的表象，看不到深層的問題，找不到未來的方向」。本文探討先秦諸子的人格類型思想的目的之一，正

〔註7〕　關於劉邵「表微研究法」的觀人之道，請參見楊國樞〈劉邵的人格理論及其詮釋〉《人觀、意義與社會》（台北：中研院民族所，1993），頁114～7。

〔註8〕　參見江建俊《漢末人倫鑒識之總理則——劉邵人物志研究》（台北：文史哲，1983），頁80。

〔註9〕　參見錢穆〈略述劉邵人物志〉《中國學術思想史論叢》（台北：東大，1985三版），頁60。

〔註10〕　參見王翔《道家的人格理想》（江蘇：江蘇教育，1996），頁3。

〔註11〕　參見龍應台《百年思索》（台北：時報），1999，頁16～7。

在於能穿越歷史，通古鑑今，以找到未來的方向。

　　吾人由先秦四家七子的論人標準、對現實人格的批判和理想人格的塑造，發現他們都對現實的人格感到憂心，但他們並不因此悲觀，反而從應然的價值肯定自己，並期待深許理想人格能應世以挽狂瀾，儒、道兩家尤其強調由階而升的成聖之道，他們似乎要告訴人們，唯有理想人格最配得上冠以人類之名，並藉由理想人格的呈現，提出整治社會文化、家國天下的良方。這樣的人格理想滲透到現代生活，並非意謂要用聖人的標準和理想來要求現代人，而是教我們可以從各家的理想人格，看到人的精神價值核心，從而瞭解每個人的性格、氣質和血統的起點也許不同，但人格的養成卻可以讓我們臻乎至真、至善、完美的生活境界。換句話說，人的性格、氣質和血統由遺傳決定，人的人格靠自己塑造。

　　今日的民主政體，講求民主制度的運作，固可不必再像過去「以君為師」的君主專制時代，要求領導者成為聖人。但今日的為政者或經營領導者，若能不自我設限地「執古之道，以御今之有」，〔註12〕以惑於榮利、昧於世俗、為名韁利鎖的現實人格為誡，取法乎理想人格，那麼在上位者憑著自己良好的人格情操，及身體行道所建立的誠信，將深深的影響著在下位者及其子民。值得日趨金權化、媚俗化的政治人物深省。同理，如果人是中國思想的阿基米德點，從積極意義來說，儒家提出的理想人格有利於人們協調人際關係，穩定社會秩序，提高人們的道德修養水平。而老、莊的理想人格類型，則有利於個體的生存發展，在某種程度上起著解放個性的積極作用。儒道兩家的人格讓我們得到兩個啟示：其一是人的有限生命可以融入到宇宙大生命的無限整體中，從而獲得無待的自由和永恆的圓滿，這種對於個體生命意義的自覺探索，拓寬了價值關懷的領域。〔註13〕其二是，成功和成長的路必須並行不悖、並育不害。成功指數唯有和成長指數有正比的提昇，才能享有成功的榮耀。是以領導者的品格與心靈涵養反映著政治的品質，只有操守高尚和具有高度心靈品質的領導者才能「利用厚生」、「民利百倍」。而墨、法兩家所強調的「尚義任俠」、「務法用術」的理想統治者更是現代領導管理者的最佳典範，試想：沒有俠骨義腸和勇於任事的主管，又如何帶領旗下的員工，鞏固團結而成為全力以赴的核心團體？沒有強而有力的組織架構和有效的御下之術，如何有效推動事務的進行？

〔註12〕引文見《老子》十四章。
〔註13〕參見劉黎明《先秦人學研究》（成都：巴蜀書社，2001，頁5。

三、站在自家文化的直路上開啟會通西方之路

　　中西文化在文化初始，雖然不約而同的提示出「人是哲學的目的」。但當古希臘人忙於用知識建構人類世界的存在框架，並從生理解釋氣質的異同時，我們的先人已在人生價值的體認上下工夫，展現出人格的最高點，並指出自我修養、超越之路。由此反映出來的西洋文化是「從身體出發，慢慢發展到心底」，而中國則「徑直從心發出來，而影響全面」深入靈性層次。西方的結構性較高，中國的概括性較強。

　　然而，若從判斷人格類型理論這種知識的價值等級來看，西方心理學者基於病態人格的治療而形成的人格理論處於最低層次。因為人格理論既然以「人」為研究對象，隱然是要以化解人的困境，提升人格的境界為最終目的，可是基於生理或心理潛意識而形成的人格理論把「人」當作「物」來看待。這雖然是不可逃的事實，也是不可免的過程，但是不能只停留在這個過程中。一旦停留在這個過程，人的困境仍在，會迫使人再向上尋求方法解決其困境。西方心理學雖曾在科學知識的殿堂裡，探索了人各種身心理的結構，並找出一套套心理治療的方法，人生的價值卻一直沒有安頓下來；於是很弔詭的，心理學是近代科學的產物，原以為科學可以解決人「心」的困境，到頭來卻發現心理學對解決人「心」的問題有其局限。而當他們發現這一侷限時，危機已經產生了。面對這樣的文明危機，西方的人格心理學家開始把視野轉移到東方的人格智慧上，而發展出所謂的「超人格理論」，他們發現原來心靈的解藥，在遠古中國的先秦時期就被提煉出來了。

　　只不過，當別人漸漸把唯西方、唯科學的研究方向和視角朝向我們自家文化來了，我們卻仍漠視自己的文化祖產，一味向西方取經，承襲唯科學主義及化約主義的解釋模式，而以量化為主要研究方法。李安德就對這樣的現象深不以為然，他說：

> 當西方心理學家投入人本及超個人心理學研究並廣徵博引東方先哲
> 的智慧哲理以詮釋人的超個人經驗時，我國心理學界多未予以理
> 會，亦未對我國先賢智者的有關思想做深入研究，創建國情化的心
> 理及諮商理論。〔註14〕

這的確是目前心理學界值得省思的地方。我們固然不能否認西方第一、二勢

〔註14〕引文見李安德著、若水譯《超個人心理學——心理學的新典範》序言（台北：
　　　　桂冠，1998），頁8。

力的主流心理學，對於人心理、物性的層次和病態的心理的確有很精微的分析，對於診斷病情、瞭解病人心理史也有很大的幫助，但他們只從人的實然看人，把病人視爲毫無自由意志的存在，一味以「還原法」讓病人回憶過去或消除潛意識的障礙來診療精神患者，並未提供一個有意義的出路，讓病人從存在的生活中了解、洞悟現在及追求未來的價值，這樣只是在抑制病情而非治療病人，對人的成長和病人的幫助其實有限，此所以西方心理學有因應第三、四勢力心理學的存在治療、意義治療之說來修正和擴大人的內涵，但像這樣把人當人看，從人的應然意義來看的人格觀，在先秦時代早就源遠流長，我們怎能妄自菲薄、棄之不顧呢？

李紹崑曾回顧美國心理學的思潮並指出：美國心理學界走了數十年的彎路，中國心理學界莫再邯鄲學步了，挺起腰來走直路吧！〔註15〕尤其當今西方心理學界已經邁向超個人心理學的第四思潮，超個人心理學家有相當部分受到中國思想的影響，肯定中國高度概括性的人格內涵，這當是結合中西方思想與實踐的大好因緣。本書「先秦諸子之人格類型論」便是在這條直路和因緣上所做的立論。

事實上，西方的「超人格理論」既然強調人性的完整與不可分割性，而人不僅是社會文化的產物更是文化的創造者、社會建構者，那麼在這樣的思潮發展下，已經無法單存從心理科學的角度來探討，而必須進入人文精神的領域；也不應限於以知識的角度來探討，而必須「知」、「行」合一。這對近代心理科學是個重要的啓示。筆者撰寫本文最大的受益就是經歷西方心理科學的方式來認識「人」之後，重新發現認識「人」的正確道路、上乘的道路不在西方，而在中土。正是「眾裏尋他千百度，驀然回首，那人卻在燈火闌珊處」。期待未來有更多秉持本土心理學「三要」原則所做的論述，以建立邁向自主性、具國情化的本土心理學。也希望未來有更多研究中國傳統思想者，能正視心理學對當今社會的影響，通過和西方心理學的不斷對話，互相借鑒，吸取引進其精於分析的理論架構，從而滋養豐富自家文化思想。

〔註15〕參見李紹崑《美國的心理學界》（台北：商務印書館，1991），頁172。

重要參考書目

依作者姓氏筆劃先後排列

一、專書部分

1. 丁原植,《郭店竹簡老子釋析與研究》,台北:萬卷樓,1999。
2. 丁興祥校閱,陳正文等譯,《人格理論》,台北:揚智文化,1997。
3. 王翔,《逍遙人生──道家的人格理想》,江蘇:江蘇教育,1996。
4. 王冬珍、王讚源,《墨子》(上、下),台北:國立編譯館,2001。
5. 王師邦雄,《中國哲學論集》,台北:學生,1994。
6. 王師邦雄,《老子哲學》,台北:東大,1980。
7. 王師邦雄,《韓非子的哲學》,台北:東大,1977。
8. 王船山,《莊子解》,台北:里仁,1983。
9. 王陽明,《傳習錄‧卷上》,台北:黎明,1986。
10. 王裕安,《墨子研究論叢三》,濟南:山東人民,1995。
11. 尤煌傑、潘小慧,《人的意義》,台北:五南,2001。
12. 弗洛姆著,徐進夫譯,《心理分析與禪》,台北:幼獅,1983 四版。
13. 弗洛姆著,孫石譯,《自我的追尋》,台北:志文,1988。
14. 弗洛姆著,于人瑞譯,《超越佛洛伊德》,台北:志文,1991。
15. 弗蘭克著,趙可式、沈錦惠合譯,《活出意義來》,台北:光啓,1992。
16. 弗蘭克著,游恆山譯,《生存的理由──與心靈對話的意義治療學》,台北:遠流,1992。
17. 朱熹著、趙順孫纂疏,《四書纂疏》(復性書院刻本),台北:新興,1972。
18. 朱義祿,《儒家理想人格與中國文化》,瀋陽:遼寧教育,1991。
19. 朱義祿,《從聖賢人格到全面發展──中國理想人格探討》,陝西:人民,

1992。

20. 朱建民,《儒家的管理哲學》,台北:漢藝色研,1994。

21. 朱啓新,《中國春秋戰國史》,北京:人民,1994。

22. 朱耀廷,《諸子百家論人才》,北京:北京大學北京:1988。

23. 朱耀廷、李月修,《諸子人才觀與現代人才學》,北京:中國廣播電視,1998。

24. 竹添光鴻會箋,《左傳會箋》,台北:鳳凰,1978。

25. 江光榮,《人性的迷失與復歸——羅傑斯的人本心理學》,台北:貓頭鷹,2001。

26. 江建俊,《漢末人倫鑒識之總理則——劉邵人物志研究》,台北:文史哲,1983。

27. 牟宗三,《中國哲學的特質》,台北:學生,1976。

28. 牟宗三,《名家與荀子》,台北:學生,1982。

29. 牟宗三,《才性與玄理》,台北:學生,1978。

30. 牟宗三,《中國哲學十九講》,台北:學生,1983。

31. 吳汝鈞,《老莊哲學的現代析論》,台北:文津,1998。

32. 呂明・陳紅雯譯,《第三思潮:馬斯洛心理學》,台北:師大書苑,1992。

33. 宋巴特著,張丕介譯,《人學》,台北:天華,1979。

34. 李安德著、若水譯,《超個人心理學——心理學的新典範》,台北:桂冠,1998。

35. 李亦園、楊國樞主編,《中國人的性格》,台北:桂冠,1988。

36. 李亦園,《文化與修養》,台北:幼獅,1997。

37. 李紹崑,《美國的心理學界》,台北:商務印書館,1991。

38. 李滌生,《荀子集釋》,台北:文津),1997。

39. 李樹喜,《成才選才用才——中國人才史》,1992。

40. 杜維明,《人性與自我修養》,台北:聯經,1992。

41. 杜維明著,陳靜譯,楊儒賓導讀,《儒教》,台北:麥田,2002。

42. 沈志安,《中華相術》,台北:文津,1995。

43. 沈清松,《現代哲學論衡》,台北:黎明,1990。

44. 狄卡波奧著,莊耀嘉編譯,《健康性格》,台北:桂冠,1981。

45. 車文博,《人本主義心理學》,台北:東華,2001。

46. 金白鉉,《莊子哲學中天人之際研究》,台北:文史哲,1986。

47. 金耀基,《從傳統到現代》,台北:張老師,1992。

48. 周富美，《救世的苦行者——墨子》，台北：時報文化公司，1998。

49. 邵瑞珍、皮連生編，《教育心理學》，台北：五南，1993。

50. 尚明，《中國人學史》，北京：對外經濟貿易大學出版，1995。

51. 林淑梨、王若蘭、黃慧眞譯，《人格心理學》，台北：心理，1994。

52. 林毓生，《思想與人物》，台北：聯經，1983。

53. 侯外廬，《中國思想通史第一卷》，北京：人民，1986。

54. 姜國柱，《中國思想通史第一卷》，北京：人民，1986。

55. 紀剛，《做一個完整的人——從人的七個位格談群的文化觀》，台北：文
    化建設基金管理委員會，1995。

56. 韋昭，《國語》，台北：藝文，1966。

57. 韋政通，《荀子與古代哲學》，台北：商務，1985。

58. 韋政通，《中國哲學思想批判》，台北：水牛，1986。

59. 韋政通，《傳統中國理想人格的分析》，台北：桂冠，1988。

60. 唐君毅，《中國文化之精神價值》，台北：正中，1981 三版。

61. 唐君毅，《中國哲學原論，原道篇》，台北：學生，1983。

62. 唐君毅，《人文精神之重建》，台北：學生，1988。

63. 馬斯洛著，結構群編譯，《動機與人格》，台北：結構群文化，1991。

64. 唐端正，《先秦諸子論叢（續篇）》，台北：東大，1983。

65. 唐·理查·里索（Don Richard Riso）著，《性格型態：心理取向的九種人
    格分類》，台北：遠流，1994。

66. 唐·理查·里索（Don Richard Riso）著，《了解人格九型》，台北：元尊
    文化，1997。

67. 袁保新，《老子之詮釋與重建》，台北：文津，1991。

68. 袁信愛，《先秦人學研究》，輔大哲研所博士論文，1994。

69. 孫中原，《墨子及其後學》，北京：新華，1993。

70. 孫中原，《墨學通論》，遼寧：遼寧教育，1993。

71. 孫詒讓，《墨子閒詁》，台北：河洛，1980。

72. 徐師漢昌，《先秦諸子》，台北：臺灣書店，1997。

73. 徐師漢昌，《韓非的法學與文學》，台北：維新，1979。

74. 徐復觀，《周秦漢政治社會結構之研究》，台北：學生，1975。

75. 徐復觀，《中國人性論史》，台北：商務，1982。

76. 祝平一，《漢代的相人術》，台北：學生，1980。

77. 翁惠美，《荀子論人研究》，台北：正中，1988。

78. 高柏園,《莊子內七篇思想研究》,台北:文津,1992。

79. 高柏園,《韓非哲學研究》,台北:文津,1994。

80. 高華平,《魏晉玄學人格美研究》,四川:巴蜀,2000。

81. 高齡芬,《王弼老學之研究》,台北:文津,1992。

82. 崔大華,《莊子歧解》,河南:中州古籍,1988。

83. 張平,《孔子西遊記——中西人格研究法之比較》,南京:江蘇教育,1998。

84. 張春興、楊國樞合著,《心理學》,台北:三民,1973。

85. 張素貞,《韓非子的實用哲學》,台北:中央日報,1989。

86. 張純一,《墨子集解》,台北:文史哲,1982。

87. 張起鈞、吳怡,《中國哲學史話》,台北:東大,1989。

88. 張蓓蓓,《漢晉人物品鑒研究》,臺灣大學中文研究所論文,1983。

89. 梁啓超,《墨子學案》,台北:商務,1921。

90. 梁啓超,《先秦政治思想史》,台北:中華,1968。

91. 梁啓雄,《荀子柬釋》,台北:河洛,1974。

92. 郭永玉,《孤立無援的現代人——弗洛姆的人本精神分析》,台北:貓頭鷹,2000。

93. 郭慶藩編、王孝魚整理之,《莊子集釋》,上下,台北:群玉堂,1991。

94. 陳奇猷校注,《韓非子集釋》,台北:河洛,1974。

95. 陳立夫,《人理學》,台北:臺灣中華,1981。

96. 陳問梅,《墨學之省察》,台北:學生,1988。

97. 陳啓天,《中國政治哲學概論》,台北:華國,1951。

98. 陳啓天,《增訂韓非子校釋》,台北:商務,1994。

99. 陳啓天,《韓非子校釋》,台北:商務,1969。

100. 陳問梅,《墨學之省察》,台北:學生,1988。

101. 陳鼓應註譯,《老子今註今譯及評介》,商務,1983。

102. 陳鼓應,《莊子今註今譯》,台北:商務,1992。

103. 陳鼓應,《老莊新論》,台北:五南,1993。

104. 陳維德,《墨子教育思想研究》,台北:文史哲 1981。

105. 陳德和,《從老莊思想詮詁莊書外雜篇的生命哲學》,台北:文史哲,1993。

106. 常若松,《人類心靈的神話——榮格的分析心理學》,台北:貓頭鷹,2000。

107. 傅佩榮,《釐清自我的真相》,台北:天下遠見,2003.。

108. 傅偉勳,《從創造的詮釋學到大乘佛學》,台北:東大,1999。

109. 勞思光,《中國哲學史》,香港:崇基,1980。

110. 程兆熊，《道家思想——老莊大義》，台北：明文，1985。

111. 曾師昭旭，《論語的人格世界》，台北：漢光，1987。

112. 曾師昭旭，《道德與道德實踐》，台北：漢光，1983。

113. 普汶著，洪光遠、鄭慧玲譯，《人格心理學》，台北：桂冠，1995。

114. 凱倫・魏著，翁靜育譯，《認識九型人格——重現古老的靈魂智慧》，台北：世茂，1997。

115. 彭運石，《走向生命的巔峰——馬斯洛的人本心理學》，台北：貓頭鷹，2001。

116. 單繩武，《心理與教育》，台北：古今文化，1994。

117. 黃錦鋐，《新譯莊子讀本》，台北：三民，1974。

118. 黃世瑞，《墨家思想新探》，台北：水牛，1983。

119. 黃光國，《王者之道》，台北：學生，1991。

120. 楊中芳，《中國人、中國心〔人格與社會篇〕》，台北：遠流，1991。

121. 楊伯峻，《孟子譯注》，台北：源流，1982。

122. 楊俊光，《墨子新論》，江蘇：江蘇教育，1992。

123. 楊倞注，王先謙集解，《荀子集解》，台北：文光，1971。

124. 楊國樞主編，《本土心理學的開展》，台北：桂冠，1993。

125. 楊儒賓，《莊周風貌》，台北：黎明，1991。

126. 蔣伯潛廣解，朱熹集註，《廣解四書》，台北：東華，1986。

127. 雷登・貝克等著，葉玄譯，《存在主義與心理分析》，台北：巨流，1979。

128. 雷禎孝，《《中國人才》思想史》，北京：展望，1987。

129. 榮格著，楊儒賓譯，《東洋冥契的心理學——從易經到禪》，台北：商鼎文化，1992。

130. 榮格著，劉國彬、楊德友合譯，《榮格自傳》，台北：張老師，1997。

131. 熊十力，《韓非子評論》，台北：學生，1977。

132. 熊哲宏，《心靈深處的王國——佛洛伊德的精神分析學》，台北：貓頭鷹，2000。

133. 熊禮匯、袁振明，《老子與經營管理》，台北：絲路，1998。

134. 劉再復，《性格組合論》（上）（下），台北：新地，1988。

135. 劉康德，《魏晉風度與東方人格》，遼寧：遼寧教育，1991。

136. 劉黎明，《先秦人學研究》，成都：巴蜀書社，2001。

137. 劉翔平，《西方心理學名著提要》，台北：昭明，1999。

138. 劉翔平，《尋找生命的意義——弗蘭克的意義治療學說》，台北：貓頭鷹，

2001。

139. 蔡仁厚，《墨家哲學》，台北：東大，1983。

140. 蔡英文，《韓非的法治思想及其歷史意義》，台北：文史哲，1986。

141. 蔡明田，《老子的政治思想》，台北：藝文，1976。

142. 鄭良樹，《韓非之著作及思想》，台北：學生，1993。

143. 蕭艾，《中國古代相術研究與批判》，湖南：岳麓，1996。

144. 蕭公權，《中國政治思想史》，台北：中國文化大學部，1985。

145. 蕭萬源、徐遠和主編，《中國古代人學思想概要》，北京：東方，1994。

146. 賴炎元、傅武光，《新譯韓非子》，台北：三民，2000。

147. 樓宇烈校釋，《《老子》周易王弼注校釋》，台北：華正，1981。

148. 薛克誠、洪松濤、吳定求主編，《人的哲學——馬克思主義人學理論新探》，1992。

149. 薛保綸，《墨子的人生哲學》，台北：國立編譯館，1986。

150. 憨山，《莊子內篇注》，收入嚴靈峰編，《無求備齋莊子集成續編》，25，台北：藝文。

151. 譚宇權著，《莊子哲學評論》，台北：文津，1998。

152. 譚家健，《墨子研究》，貴陽：貴州教育，1995。

153. 嚴復，《評點老子道德經》，上篇，台北：廣文書局，1961。

154. 嚴靈峰，《墨子簡編》，台北：商務印書館，1995。

155. 黨士豪，《心理學與教育》，台北：水牛，1987。

156. 瀧川龜太郎，《史記會註考證》，台北：宏業，1976 再版。

157. 蘭妮‧巴倫、伊莉莎白‧華蓋利著，李美珍譯，《尋找靈魂伴侶——從人格九型解析人際關係》，台北：世茂，1997。

二、期刊部分

1. 丁千惠，〈莊子寓言人物再論——孔門弟子〉，《臺中商專學報》26，1994.06，頁 103～27。

2. 丁千惠，〈莊子政治型寓言人物的角色功能論〉，《臺中商專學報》28，1996.06，頁 1～21。

3. 丁千惠，〈因名見義——論莊子的寓名人物〉，《鵝湖》22：3＝255，1996.09，頁 23～31。

4. 丁千惠，〈虛實相生——莊子寓言人物的衍創舉隅〉，《鵝湖》22：2＝254，1996.08，頁 28～35。

5. 丁原植，〈老子思想中「聖人」觀念的提出〉，《哲學與文化》18：2／3

＝201／202，1991.02，頁 209～22。

6. 尹振環，〈儒家道家兩種相反相成的治國思想〉，《孔孟月刊》32：5＝377，1994.01，頁 11～16。

7. 方立天，〈早期儒家人格觀及其現代意義〉，《哲學與文化》，1991.04，頁 341～4。

8. 方立天，〈儒道的人格價值及其會通〉，《宗教哲學》1：1，1995.01，頁 23～30。

9. 王文波，〈超個人心理學：心理學整合的新趨向〉，《晉陽學刊》，2002.6，頁 54～7。

10. 王永智，〈人類共生主義的道德理想——兼論儒家倫理的現代價值〉，《宗教哲學》1：4，1995.10，頁 63～71。

11. 王永智，〈論道家的生命哲學〉，《宗教哲學》2：3＝7，1996.07，頁 95～103。

12. 王志跃，〈莊子人論研究——兼述先秦儒道人論之歧異與互補〉，《宗教哲學》1：2，1995.04，頁 45～53。

13. 王師邦雄，〈從修養工夫論莊子「道」的性格〉，《鵝湖》21：6＝246，1995.12，頁 7～15。

14. 王師邦雄，〈莊子系列（5）：德充符〉，《鵝湖》18：10＝214，1993.04，頁 28～37。

15. 王師邦雄，〈莊子思想及其修養工夫〉，《鵝湖》17：1＝193，1991.07，頁 1～12。

16. 王師邦雄，〈莊子齊物論儒墨兩行之道〉，《鵝湖》17：8＝200，1992.02，頁 9～13。

17. 王師邦雄，〈道家「報怨以德」的無為思想〉，《宗教哲學》3：1＝9，1997.01，頁 1～16。

18. 王師邦雄，〈道家思想的倫理空間——論莊子「命」與「義」理念〉，《現代化研究》10，1997.04，頁 3～10。

19. 王長華，〈功用與意義——從孔墨對比角度看墨子價值觀〉，《孔孟月刊》32：7＝379，1994.03，頁 18～23。

20. 王啓康，〈關於超個人心理學幾個主要理論問題的辨析〉，《華中師範大學學報》，41 卷第 5 期，2002，頁 75～81。

21. 王通訊，〈我的人才研究之路〉，《中國人才》，2001 年 5 期，頁 24～7。

22. 田兆元，〈尋覓「道」的蹤跡——論莊子美學的終極理想〉，《中國文化月刊》153，1992.07，頁 84～94。

23. 石朝穎，〈以當代詮釋學角度來看儒道會通問題〉，《宗教哲學》1：1，

1995.01，頁 45～61。

24. 石曉楓，〈「物我一體」的觀照與肯定──「莊子・齊物論」內涵及其啟示〉，《國文學報》26，1997.06，頁 19～33。

25. 朱歧祥，〈釋儒──由古文字論儒的發生〉，《第四屆近代中國學術研討會》1998，頁 81～7。

26. 朱高正，〈論儒──從，《周易》，古經證「儒」的本義〉，《中國文哲研究通訊》第 6 卷第 4 期，頁 109～21。

27. 朱嵐，〈君子、仁人、聖人〉，《孔孟月刊》，35：8＝416，1997，頁 19～24。

28. 朱義祿，〈從人的價值觀看莊子的學說〉，《中國文化月刊》168，1993.10，頁 29～44。

29. 朱榮智，〈莊子的人生理想〉，《國立編譯館館刊》，1989.06，頁 149～58。

30. 朱維煥，〈莊子所言之「心」之闡釋〉，《文史學報》(中興大學)25，1995.03，頁 1～7。

31. 衣俊卿，〈人學研究：域界釐定與範式轉換〉，《哲學動態》2006 年第 6 期，頁 5～7。

32. 杜宇民，〈從「內聖外王」到「外儒內道」──中國古代士人理想人格之轉型〉，《天府新論》，1995，6 期，頁 39～44。

33. 何曉明，〈孟子「浩然之氣」與中國士大夫人格修養〉，《孔孟學報》，1996.03，頁 33～45。

34. 余敦康，〈魏晉玄學與儒道會通〉，《宗教哲學》1：1，1995.01，頁 99～111。

35. 吳汝鈞，〈莊子的終極關懷〉，《哲學雜誌》17，1996.08，頁 172～97。

36. 吳汝鈞，〈莊子的靈臺心與自然諧和論〉，《哲學與文化》21：8＝243，1994.08，頁 680～94。

37. 吳晉生，〈試論墨子的正義觀〉，《墨子研究論叢二》，山東大學，1993，頁 238～49。

38. 呂耀懷，〈「韓非子」治家論初探──兼與孔、孟有關思想比較〉，《哲學與文化》，25：6＝289，1998.06，頁 575～582。

39. 宋榮培，〈關於莊子的社會危機意識和自由意識的問題〉，《哲學雜誌》20，1997，頁 170～184。

40. 李正治，〈莊子「超禮遊道」型的禮樂思索〉，《鵝湖》17：1＝193，1991.07，頁 33～40。

41. 李正治，〈墨子「以義反禮」型的禮樂思索〉，《鵝湖》17：6＝198，1991.12，頁 1～10。

42. 李宗桂，〈中國哲學研究的回顧、反思和展望——以中國大陸爲例〉，《哲學雜誌》，22 期，1997.01，頁 109～26。

43. 李治華，〈莊子之聖人、眞人、至人、神人及天人的層次新論〉，《人文及社會學科教學通訊》7：5＝41，頁 89～97。

44. 李宣侚，〈莊子的生命理境〉，《鵝湖》，1990.04，頁 46～53。

45. 李哲賢，〈弱者道之用——老子弱道哲學析論〉，《哲學與文化》23：4＝263，1996.04，頁 1474～83。

46. 李哲，〈老學與孔學比較研究〉，《哲學與文化》，25：2＝285，1998.02，頁 140～6。

47. 李紹崑，〈墨子的生命觀〉，《哲學與文化》22：4＝251，1995.04，頁 332～6。

48. 李偉泰，〈韓非一書中的歷史解釋與歷史事實〉，《中山學術文化集刊》19，頁 711～5。

49. 李傳印，〈略論宋明理學家的理想人格設計〉，《江漢論壇》8，1977，頁 14～6。

50. 沈清松，〈從簡樸生活與環保哲學論心靈改革關係〉，《理論與政策》11：2＝42，1997.03，頁 39～49。

51. 沈清松，〈復全之道——意義、溝通與生命實踐〉，《哲學與文化》，24：8＝279，1997.08，頁 725～37。

52. 沈清松主持，〈道家智慧與當代心靈——超脫心靈、齊物心靈與環保心靈的哲理奠基〉，《哲學雜誌》13，頁 4～35。

53. 沈翠蓮，〈莊子修養工夫及其理想境界〉，《孔孟月刊》32：5＝377，1994.01，頁 17～21。

54. 周景勳，〈莊子寓言中的生命哲學〉，《哲學與文化》，1990.09，頁 814～25。

55. 林月惠，〈韓非子思想的特色、精義與限制——由其非儒的論點談起〉，（《嘉義師院學報》：7）1993，頁 119～46。

56. 林安梧，〈「儒家思想與成人教育」——論孔子「仁教」哲學中的成人教育思想〉，《鵝湖》19：10＝226，1994.04，頁 1～8。

57. 林安梧，〈論儒家的宗教精神及其成聖之道——不離於生活世界的終極關懷〉，《宗教哲學》1：1，1995.01，頁 123～9。

58. 林秀珍，〈莊子「逍遙遊」的超個人心理學分析〉，《鵝湖》21：9＝249，1996.03，頁 38～40。

59. 林盃坽，〈由荀子的立論來看人格形成與環境的關係〉，《孔孟學報》，1990.03，頁 203～39。

60. 邵漢明，〈莊子人學二題〉，《哲學與文化》18：1＝200，1991.01，頁 64～74。

61. 胡適，〈說儒〉，原載《歷史語言研究所集刊》4：3，後收錄於《胡適文存》，第 4 集，卷 1，台北：遠流，1992，頁 1～130。

62. 封思毅，〈道家思想對應君主政治之遞變——復古說、虛君說無君說〉，《中國國學》25，1997.10，頁 39～44。

63. 胡楚生，〈老子「三寶」釋義——兼論馬一浮對老子思想的批評〉，《中國文化月刊》139，1991.05，頁 44～53。

64. 唐君毅，〈孔子與人格世界〉，《中華人文與當今世界》，台北：學生，1975。

65. 孫德玉，〈先秦儒家人格教育思想論略〉，《孔孟月刊》，1997.06，頁 1～5。

66. 翁聖峰，〈《漢書·古今人表》試論〉，輔仁《國文學報》13，1998，頁 177～211。

67. 袁保新，〈當代新道家？！——代道家哲學研究之回顧與展望〉，《中央《人文學報》》12，1994.06，頁 57～68。

68. 孫明君，〈莊子哲學中的三重人格境界〉，《齊魯學刊》，1996，5 期，頁 85～90。

69. 馬西沙，〈孔老的追求〉，《宗教哲學》1：1，1995.01，頁 83～88。

70. 高柏園，〈莊子「德充符」的自處之道及其相關問題〉，《淡江大學中文學報》1，1992.03，頁 204～233。

71. 高柏園，〈莊子思想中的唯美性格——以勞思光、徐復觀為中心討論〉，《鵝湖》21：1＝241，1995.07，頁 14～22。

72. 徐麗真，〈《世說新語》才性之美析論〉，《哲學雜誌》22，1997，頁 141～52。

73. 章太炎，〈原儒〉，《國故論衡》，台北：世界，1917，頁 116～20。

74. 婁立志，〈墨子理想人格的建構與實施〉，《齊魯學刊》，1995，第 3 期，頁 48～51。

75. 崔永東，〈試析墨子的理想人格設計〉，《清華大學學報》（哲學社會科學版）第 9 卷第 2 期，1994，28～33。

76. 崔新建，〈從開拓走向深化——人學研究的回顧與展望〉，《河北學刊》，1998 年 1 月，頁 17～22。

77. 張建仁，〈儒道理想人格之比較〉，《新疆師範大學學報》，第 3 期，1996，頁 28～35。

78. 張揚明，〈泛論中華文化與老孔學術思想兼及儒道會通〉，《宗教哲學》1：1，1995.01，頁 63～74。

79. 張揚明，〈論中華文化與儒道會通兼釋老子新生疑義－下－〉，《道教文化》

6：2＝62，1997.04，頁 11～20。

80. 張智彥，〈老子的「和諧」思想與現代文明〉，《中國文化月刊》189，1995.07，頁 24～34。

81. 張靖亞，〈墨荀的樂論及其中所描述的人之存在狀態〉，《鵝湖》24：4＝280，1998.10，頁 36～42。

82. 張德文，〈「中庸」論人格設計及其理論基礎〉，《孔孟月刊》1997.08，頁 1～8。

83. 張德文，〈孟子論人格美及其塑造〉，《孔孟月刊》，1994.06，頁 11～6。

84. 許抗生，〈簡論中國傳統文化的儒道思想互補〉，《宗教哲學》1：1，1995.01，頁 11～21。

85. 許波，〈人本主義健康人格和儒家理想人格的比較研究〉，《心理學探新》21，2001，第 1 期，頁 3～8。

86. 陳全得，〈韓非子中有關孔子形象及兩家學說異同之比較〉，《中華學苑》41，1991.06，頁 61～87。

87. 陳志尚，〈人學──21 世紀的顯學〉，《北京大學學報》，1995 年第 3 期，頁 46～51。

88. 陳貞吟，〈試論莊子之養生哲學〉，《孔孟月刊》32：10＝382，1994.06，頁 20～7。

89. 陳鼓應，〈「天和人和」與「心和」──談道家的和諧觀〉，《明報月刊》32：8＝380，1997.08，頁 72～9。

90. 陳鼓應，〈莊子的悲劇意識自由精神〉，《國文天地》7：1＝73，1991.06，頁 59～64。

91. 陳榮波，〈老子的環保美學〉，《哲學雜誌》7，1994.01，頁 98～103。

92. 陳榮捷，〈仁的概念之開展與歐美之詮釋〉，《王陽明與禪》，（台北：學生，1984），頁 7～9。

93. 陳德和，〈畸人與真人──莊子大宗師的超越性和圓融性〉，《鵝湖》，19：3＝219，1993.09，頁 45～54。

94. 郭沫若，〈駁說儒〉，《青銅時代》，（東京：雄渾社，1981），頁 434～62。

95. 郭永玉，〈超個人心理學的形成與發展〉，《國外社會科學》2001 年第 3 期，頁 39～42。

96. 郭永玉，〈榮格及其學派與超個人心理學〉，《武漢大學學報》55 卷，第 5 期，2002，頁 535～8.。

97. 傅佩榮，〈莊子人觀的基本結構〉，《哲學與文化》，15：1，1988，頁 61～72。

98. 傅佩榮、林安梧，〈「人性向善論」與「人性善向論」──關於先秦儒家

人性論的論辯〉,《哲學雜誌》5,1993.06,頁 78～107。

99. 傅佩榮,〈道家的邏輯與認識方法〉,《哲學論評》14,1991.01,頁 99～111。

100. 傅武光,〈老子和孔子誰高?〉,《國文天地》12:7＝139,1996.12,頁 14～7。

101. 傅武光,〈最好的政治〔老子〕〉,《國文天地》12:8＝140,1997.01,頁 22～3。

102. 傅偉勳,〈弗蘭克與意義治療法〉,《批判的承繼與創造的發展》,(台北:東大,1991),頁 171～9。

103. 曾師昭旭,〈論道家美學中的道──境界與虛靈〉,《鵝湖》17:11＝203,1992.05,頁 8～15。

104. 曾師昭旭,〈論良心教與人文教〉,《宗教哲學》2:4＝8,1996.10,頁 1～7。

105. 曾師昭旭,〈論莊子的整體存在感與人我相通感〉,《鵝湖》7:1＝193,1991.07,頁 13～16。

106. 曾師昭旭,〈論儒道兩家之互爲體用義〉,《宗教哲學》1:1,1995.01,頁 1～10。

107. 湯一介,〈論老莊哲學中的超越性與內在性問題〉,《中國文化月刊》144,1991.10,頁 4～13。

108. 程潮,〈儒家理想人格的三種發展模式〉,《孔孟月刊》38:12＝456,2000,頁 7～12。

109. 程林輝,〈老子的人生哲學〉,《人文學報》17,1995.04,頁 49～63。

110. 馮滬祥,〈老子管理哲學及其現代應用〉,《國立中央大學人文學報》15,1997.06,頁 123～71。

111. 黃登山,〈老子論人生〉,《東吳中文學報》3,1997.05,頁 77～93。

112. 黃漢青,〈莊子內篇與外雜篇處世論與政治觀之比較〉,《臺中商專學報》24,1992.06,頁 23～50。

113. 楊汝舟,〈道家思想概觀〉,《中道》,34～38,1992,頁 25～38。

114. 楊海文,〈「仁且智」與孟子的理想人格論〉,《孔子研究》,第四期,2000,頁 40～9。

115. 楊國榮,〈人格境界與成人之道──理學的人格理論及其內蘊〉,《孔孟月刊》1993.06,頁 14～21。

116. 楊國榮,〈儒家人格學說發微〉,《鵝湖月刊》,1994.05,頁 30～5。

117. 楊國樞,〈劉邵的人格理論及其詮釋〉,《人觀、意義與社會》,(台北:中研院民族所,1993),頁 89～127。

118. 楊韶剛，〈走向整合的超個人心理學〉，《心理學探新》19 卷，67 期，1999，頁 19～24。

119. 楊鴻銘，〈莊子寓言兩則分析論〉，《孔孟月刊》34：12＝408，1996.08，頁 43～4。

120. 葉海煙，〈老子的人的哲學〉，《東吳哲學傳習錄》1，1992.03，頁 23～35。

121. 葉海煙，〈莊子的人的哲學〉，《哲學與文化》19：1＝212，1992.01，頁 1201～11。

122. 葉海煙，〈齊物論與人間世——一場知識與權力的對話〉，《哲學與文化》23：11＝270，1996.11，頁 2168～76。

123. 葉海煙，〈論莊子的終極關懷〉，《哲學年刊》10，1994.06，頁 97～112。

124. 葛榮晉，〈評儒家人格要素論〉，《孔孟月刊》，1990.03，頁 26～31。

125. 葛魯嘉，〈超個人心理學對西方文化的超越〉，《長白學刊》，1996，第 2 期，頁 84～127。

126. 鄔昌林，〈從「老子」對待文明的態度看儒道的異同及其現代意義〉，《宗教哲學》1：2，1995.04，頁 27～44。

127. 鄔昆如，〈莊子的生死觀〉，《哲學與文化》21：7＝242，1994.07，頁 584～91。

128. 趙雅博，〈儒字釋義〉，《大陸雜誌》第 79 卷第 5 期。

129. 廖柏森，〈論語中理想人格之探討〉，《中國文化月刊》，1990.11，頁 103～16。

130. 廖俊裕，〈從「人本心理學」到「超個人心理學」——儒學「學統」建立的一個面向〉，《研究與動態》5，2002，頁 11～5。

131. 劉笑敢，〈老子之自然與無為——古典意含與現代意義〉，《中國文哲研究集刊》10，1997.03，頁 25～58。

132. 劉笑敢，〈關於老子之道的新解釋與新詮釋〉，《中國文哲研究通訊》7：2＝26，1997.06，頁 1～40。

133. 劉學智，〈老子及道家學說的文化價值重估〉，《哲學與文化》21：8＝243，1994.08，頁 703～11。

134. 蔡方鹿，〈儒學傳統理想人格和價值取向及其現代意義〉，《鵝湖月刊》，1994.5，頁 36～39。

135. 蔡仁厚，〈唐君毅先生論人格《世界》〉，《儒學的常與變》，台北：東大，1990，頁 164～188。

136. 蔡忠道，〈先秦儒道的聖人論試析〉，《宗教哲學》3．4＝12，1997.10，頁 10～25。

137. 蔡明田，〈先秦儒道思想的理想人格〉，《理想與現實》，台北：聯經，1982。

138. 蔡俊傑，〈韓非子思想探析——哲學思想篇〉，《師友》320，1994.02，頁56～9。

139. 蔡俊傑，〈韓非子思想探析——教育思想篇〉，《師友》21，1994.03，頁55～57。

140. 鄭基良，〈老子生死學研究〉，空大《人文學報》5，1996.05，頁89～109。

141. 鄭基良，〈莊子生死學研究〉，空大《人文學報》6，1997.05，頁129～58。

142. 蕭璠，〈韓非政治思想試探〉，《臺大歷史學報》第 8 卷，1981。

143. 錢穆，〈駁胡適之說儒〉，《東方文化》第 1 卷第 1 期，1954，頁123～8。

144. 錢穆，〈中國文化與中國人〉，《歷史與文化論叢》，台北：東大，1979，頁64～80。

145. 錢耕森，〈「道法自然」新論——道家與廿一世紀〉，《孔孟月刊》34：9＝405，1996.05，頁37～43。

146. 鮑師國順，〈荀子與儒效〉，《第三屆傳統文化與現代社會學術研討會論文》，1998.11.29，頁1～16。

147. 戴晉新，〈墨子的歷史思想〉，《輔仁歷史學報》，1991.12，頁1～13。

148. 薛保綸，〈老子及道家的人生哲學〉，《哲學與文化》22：5＝252，1995.05，頁401～9。

149. 饒宗頤，〈釋儒〉，《東方文化》第 1 卷第 1 期，1954，頁111～22。

150. 謝大寧，〈莊子對孔子的評價〉，《中國學術年刊》12，1991.04，頁 45～56。

151. 謝宗榮，〈「人自然化」與「自然人化」的循環互動——莊子藝術精神在山水畫中的體現（上）〉，《鵝湖》，1996.03，頁24～9。

152. 鍾雲鶯，〈「莊子之「夢」探析」〉，《鵝湖》23：5＝269，1997.11，頁43～51。

153. 顏清梅，〈從「逍遙遊」談莊子的人生觀〉，《中國文化月刊》139，1991.05，頁89～103。

154. 魏元珪，〈老子的人生境界暨對人世的透視〉，《宗教哲學》2：1＝5，1996.01，頁79～94。

155. 魏元珪，〈老子的歷史智慧〉，《中國文化月刊》191，1995，09，頁 2～33。

156. 魏元珪，〈老子論美與生活的藝術〉，《宗教哲學》1：2，1995.04，頁 1～26。

157. 魏元珪，〈老子論道德修養與生命體證－下－〉，《中國文化月刊》189，1995.07，頁2～23。

158. 魏元珪，〈道家思想暨對文化的貢獻〉，《中國文化月刊》193，1995.11，

頁 3～19。

159. 羅思美，〈莊子自然美學之意義〉，《孔孟月刊》35：11＝419，1997.07，頁 28～33。

160. 蘇新鋈，〈道家棄仁義的眞諦〉，《中國書目季刊》27：4，1994.03，頁 88～93。